辽宁省一流本科课程配套教材

普通话教程

薛 猛　赵慧英　刘 璐 / 主编

大连理工大学出版社

图书在版编目(CIP)数据

普通话教程 / 薛猛，赵慧英，刘璐主编. -- 大连：大连理工大学出版社，2025.2(2025.2重印). -- ISBN 978-7-5685-5266-0

Ⅰ. H102

中国国家版本馆CIP数据核字第2024CW1034号

PUTONGHUA JIAOCHENG

大连理工大学出版社出版

地址：大连市软件园路80号　邮政编码：116023
营销中心：0411-84707410　84708842　邮购及零售：0411-84706041
E-mail:dutp@dutp.cn　URL:https://www.dutp.cn
辽宁星海彩色印刷有限公司印刷　大连理工大学出版社发行

幅面尺寸：170mm×240mm　　印张：14.25　　字数：279千字
2025年2月第1版　　　　　　　　　　　　2025年2月第2次印刷

责任编辑：邵　婉　朱诗宇　　　　　　　　　责任校对：张　娜
封面设计：张　莹

ISBN 978-7-5685-5266-0　　　　　　　　　　定　价：56.00元

本书如有印装质量问题，请与我社营销中心联系更换。

序

语言自古是人类的思维工具,也是重要的交流工具。人一生下来,就要通过语言来完成社会化的过程,用语言传递信息、交流思想、表达情感。更深意义上说,人的存在,其实就是一种语言的存在。随着人类生产、生活的发展,思维和审美的提升,语言承载了越来越多的文化意义,需要我们理解和传承。普通话的推广和普及,便是其中的重中之重。

普通话是官方语言,是国家通用语言。中国的官话,春秋时称雅言,至今绵延数千年,观之类史诗,沧桑而典雅,庄重兼活泼,既描述了历史的进程,又延展着文化的意蕴,是工具,是情思,更是文化。它利沟通,促发展,商代的进步就是明证;它也是情感和精神的纽带,浸润着无限的美和爱,中国伟大的诗词艺术今古共鸣即为事实。

作为现代汉民族共同语,如今,普通话就是国家的通用语言,此一点宪法有述,法律有约。如何才能更好地推广普及普通话,一方面传承经典、濡润心灵,一方面促进经济发展、社会文明,同时也提高语言规范化水平呢?高水平的教材建设责无旁贷。

本教材即聚焦于文化传承、社会发展和学生语言素养提升,守正于价值观导引与关键能力建构,创新于方法和感悟,是一本有想法、有努力的教材。

从思想性上来说,本教材聚力文化积淀,每章皆可见思政元素、优秀传统文化习得与传承、语言的系统认识以及自我效能感的积极推进,力争使学生的语言素养逐渐得以积累与内化,进而成为生命的自觉。

从知识性上来说,本教材着眼于关键能力建构,诠释知识,又主张元认知。教材对普通话语音原理的要点进行了一一说明,又把主要力量置于语音辨析上,在此过程中,点拨方法,形成能力。为此,教材又讲求信息化、数字化、网络化,于关键之处设音频示范,置代表性微课,引学生互动和自省,有合于时代性的数智创新。

从实操性上来说,本教材不讲授受,而求发展,注重学习的系统性和自主性,鼓励举一反三和学以致用,以实践为主线,"做中学、学中思、思中做",意图明确,并为之提供了支架,包括认知支架、资源支架和行动支架等,方便学习,促进发展。教材尤其重视社会性参与,全力建设各类情境。如个体体验情境,支持学生通过体验形成经验和能力;又如社会情境,帮助学生在各种仿真性的情境中进行深度学习和有效训练。当普通话的学习关涉社会参与,语言的效用就非常明显了。学习普通话不仅在于习得,更在于实用,使用语言的目的不是使用本身,更是传递意图、思想、情感和精神。

  综而言之,本教材条理清晰,逻辑严谨,要点合理,既能守正,亦肯创新,将普通话至简实用、美在其中的特质完整呈现,将学习普通话的路径、方法深嵌于系统的理论阐释和知识延展中,方便得宜、实用高效,追求特色与创新。

  当今时代,面对人类命运共同体的构建、AI技术的普及,面对经济社会的高度发展和文化政治的深度交融,人们必须学好、用好普通话,不断以发展之光照亮自己的生活。无论是提高语言规范性、加强思维逻辑、增进语言素养,还是涵泳审美能力、坚守文化自信,本教材都将是极好的助力。冀望读者善读之、勤操之,用语言的能量充盈自己,更好地连接世界,沟通未来。

编 者

2025 年 2 月

目 录

第一章 绪 论 ... 1
第一节 新时代高质量推广普通话 ... 1
第二节 普通话相关的法律、法规与要求 ... 9
第三节 普通话的测试与标准 ... 14
第四节 普通话与方言 ... 21
思考 ... 24
练习 ... 24
拓展 ... 31

第二章 语音概论 ... 59
第一节 语音与交际 ... 59
第二节 语音的属性 ... 66
第三节 语音的单位 ... 72
第四节 国际音标与汉语拼音方案 ... 74
思考 ... 78
练习 ... 78
拓展 ... 78

第三章 普通话的语音系统 ... 79
第一节 声 母 ... 79
第二节 韵 母 ... 82
第三节 声 调 ... 86
第四节 音 变 ... 88
思考 ... 97
练习 ... 97
拓展 ... 99

第四章　普通话语音的辨读 ·· 114
第一节　声母的发音与辨读 ··· 114
第二节　韵母的发音与辨读 ··· 119
第三节　声调的发音与辨读 ··· 123
第四节　语流音变 ·· 124
思考 ··· 126
练习 ··· 126
拓展 ··· 130

第五章　普通话与有声语言表达 ······································ 131
第一节　有声语言表达概论 ··· 131
第二节　普通话朗读 ··· 141
第三节　普通话即兴表达 ·· 156
思考 ··· 179
练习 ··· 179
拓展 ··· 181

参考文献 ·· 219
后　记 ·· 221

第一章 绪 论

第一节 新时代高质量推广普通话

2017年,习近平总书记在中国共产党第十九次全国代表大会上的报告中对"新时代"进行了界定,明确指出,"这个新时代,是承前启后、继往开来、在新的历史条件下继续夺取中国特色社会主义伟大胜利的时代,是决胜全面建成小康社会、进而全面建设社会主义现代化强国的时代,是全国各族人民团结奋斗、不断创造美好生活、逐步实现全体人民共同富裕的时代,是全体中华儿女勤力同心、奋力实现中华民族伟大复兴中国梦的时代,是我国日益走近世界舞台中央、不断为人类作出更大贡献的时代。"[①]新时代,包括普通话在内的国家通用语言文字的推广和发展面临着新的情境、要求与挑战,如何高质量发展是其中的核心要求。

一、意义与价值

对于任何民族和国家而言,语言文字都是最重要的交际工具和信息载体,是文化传承与发展的基础要素,是民族文化的鲜明标志。许慎在《说文解字·叙》中提出"盖文字者,经艺之本,王政之始,前人所以垂后,后人所以识古",即如此意。对于处于中国式现代化建设时期的我国,亦是如此。我国政府在2021年发布《国务院办公厅关于全面加强新时代语言文字工作的

[①] 习近平.决胜全面建成小康社会 夺取新时代中国特色社会主义伟大胜利——在中国共产党第十九次全国代表大会上的报告.中华人民共和国中央人民政府网站,2017-10-27

意见》(国办发〔2020〕30号)中明确指出,语言文字地位与作用体现在三个"事关"、四个特性上。三个"事关"是指"事关国民素质的提高和人的全面发展,事关历史文化传承和经济社会发展,事关国家统一和民族团结"。① 这三个"事关"也是语言文字支撑国家综合实力的重要体现。四个特性是指"基础性、全局性、社会性和全民性"②。

语言文字是重要的文化资源、经济资源、安全资源和战略资源。文化资源,对于中华民族而言,语言文字本身就是文化,是传承弘扬中华优秀传统文化的有效载体;经济资源,语言文字对经济发展而言是必要的助力,大力推进推普工作,有益于乡村振兴,有益于自由贸易实验区的各类信息交流,有益于"一带一路"建设工作以及经济相关虚拟空间的人机交互,适应智能时代的经济发展需求;安全资源,从国家安全语言服务角度看,积极维护语言主权安全、语言资源安全、语言文字安全和语言技术安全,可以增强国家认同感,展现文化自信,保障国家主权;战略资源,从国家战略上看,高质量普及国家通用语言文字,能更好地铸牢中华民族共同体意识,更深层次建设中华民族共有精神家园。习近平总书记在河南安阳殷墟博物馆考察时指出,中国的汉文字非常了不起,中华民族的形成和发展离不开汉文字的维系。基于此,加大国家通用语言文字推广力度,是当下语言文字工作的核心与关键,能给青少年的成长做好中国底色,扣好人生的第一粒扣子,同时有益于构建人类命运的共同体,向世界传递中国声音。

2024年8月,中国首部国产大型3A游戏《黑神话:悟空》在万众期待中正式上线。此游戏选景极富特色,创新性展示了中国名胜山水、建筑以及中华优秀传统文化,且制作精良,有极强吸引力。这款游戏除却汉语界面推荐使用简体中文,即使在英文语言设置下也使用了汉语拼音。8月19日,《黑神话:悟空》制作人冯骥在接受新华社采访时,也说明了游戏中的一些名词海外翻译时采用了汉语拼音,如"悟空"没有译为"Monkey King",而是直接翻译为"Wukong"(图1-1),因为它"足够好听,而且足够清楚";悟空使用的兵器"金箍棒"也没有翻译成"镀金的长棍子",而是直接用拼音"Jin Gu Bang";"妖怪"被译为"Yaoguai"。

这就是语言文字的文化和经济价值。同样,从审美的视角看,美的声音的传递也可以激活听者的审美情趣,对审美偏爱、审美标准和审美理想的发展都有影

---

①②国务院办公厅.国务院办公厅关于全面加强新时代语言文字工作的意见.中华人民共和国中央人民政府网站,2021-11-30

图 1-1 《黑神话:悟空》游戏界面①

响。听觉对人大脑皮层活动有着显性的影响,优美的声音(包括语音)能激活听者美的感受,其中存在着明显的线性关系(图 1-2)②。

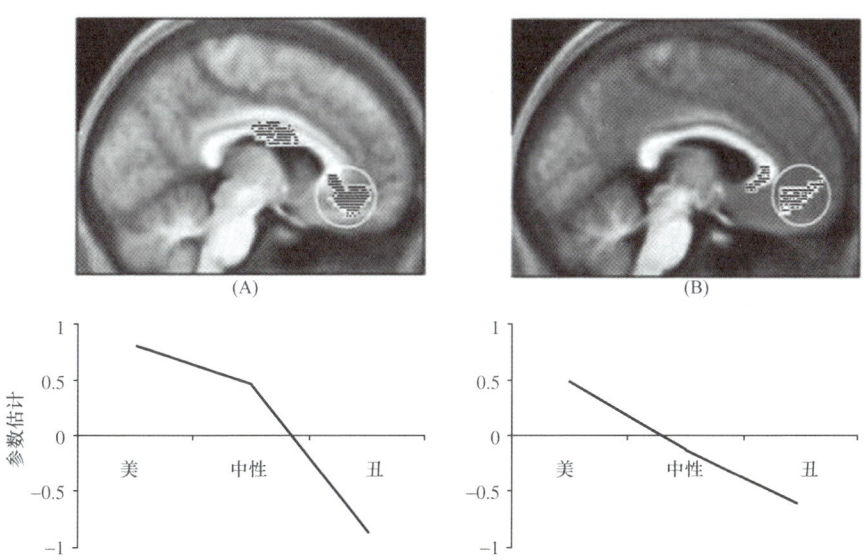

图 1-2 审美评价对大脑皮层活动的调节

对于(A)视觉刺激和(B)音乐刺激,内侧眶额叶皮层中显示的美评级(美丽、冷漠和丑陋)调制的平均参数估计。在这两种情况下,我们都观察到了与美丽等级的线性关系。来自 Ishizu 和 Zeki(2011)。

① 中国中央电视台.[面对面]冯骥:重走西游.央视网,2024-10-13
② 萨米尔·泽基.克莱夫·贝尔的"有意味的形式"和神经生物美学.孟凡君,卢幸妮,译.马克思主义美学研究,2021,24(02):24-48

二、目标与任务

高质量推广普通话是新时代语言文字工作的中心任务,意义重大。从方向上看,中国共产党第十八次全国代表大会提出"推广和规范使用国家通用语言文字",党的第十九届六中全会提出"全面推行国家通用语言文字教育教学",党的第二十次全国代表大会提出要"加大国家通用语言文字的推广力度"。很显然,包括普通话推广在内的语言文字工作是刻不容缓的,而且不是简单的习得,更重要的是发展:一方面要坚持提高普及程度,另一方面要积极提高普及质量。提高普及质量,就要从普通话普及率较高的东部省份和基础较好的城市入手,重点进行创新发展和特色发展。

新时代语言文字工作指导思想和具体目标是明确的,《国务院办公厅关于全面加强新时代语言文字工作的意见》(国办发〔2020〕30号)中提出了新时代推广普通话的工作方针,即"聚焦重点、全面普及、巩固提高",并设定了新时代语言文字工作的主要目标,"到2025年,普通话在全国普及率达到85%,语言文字规范化、标准化、信息化水平进一步提高,语言文字科技水平和创新能力明显提升,中华优秀语言文化得到更好传承弘扬,与人民群众需求相适应的语言服务体系更加完善。到2035年,国家通用语言文字在全国范围内的普及更全面、更充分,普通话在民族地区、农村地区的普及率显著提高,国家语言文字事业取得长足发展,基本实现新时代语言文字工作治理体系和治理能力现代化"[①]。

2021年,教育部、国家乡村振兴局、国家语委印发《国家通用语言文字普及提升工程和推普助力乡村振兴计划实施方案》(教语用〔2021〕4号),提出实施三大行动,即"聚焦民族地区,服务铸牢中华民族共同体意识,集中力量开展推普攻坚行动;聚焦农村地区,巩固推普脱贫攻坚成果,助力乡村振兴战略,实施推普助力乡村振兴计划;聚焦普通话普及率已达到85%的省份和基础较好的城市地区,以更全面更充分普及为目标,开展国家通用语言文字高质量普及行动。"[②]

三大行动聚焦了新时期国家通用语言文字工作的关键点,同时,按照"聚焦重点、全面普及、巩固提高"的新时代推普方针来进行分类指导和精准施策,具体实施"两工程和两计划"工作。"两工程":一是国家通用语言文字普及提升工程,以民族地区、农村地区为重点,进一步提升国家通用语言文字的普及水平和质

[①] 国务院办公厅.国务院办公厅关于全面加强新时代语言文字工作的意见.中华人民共和国中央人民政府网站,2021-11-30
[②] 教育部、国家乡村振兴局、国家语委.国家通用语言文字普及提升工程和推普助力乡村振兴计划实施方案.中华人民共和国中央人民政府网站,2021-12-23

量;二是中华经典诵读工程,打造特色品牌活动,建设优质资源和传播平台,加强人才队伍建设,深化语言文化的交流合作,提升社会大众特别是青少年的语言文化能力和素养。"两计划":一是推普助力乡村振兴计划,在已完成推普助力脱贫攻坚计划的基础上,与乡村振兴有效衔接,提出推普助力乡村振兴计划,特别是加大青壮年劳动力的"职业技能+普通话"的培训,巩固拓展推普助力脱贫攻坚的成果,并与乡村振兴有效衔接;二是经典润乡土计划,培育和挖掘语言文字与文化助力乡村教育、乡村产业发展、乡村文化建设的特色模式,建设一批优秀的创新案例,推动中华经典更好地服务乡村振兴战略。

三、学校是国家通用语言文字教育的基础阵地

2021年,《国务院办公厅关于全面加强新时代语言文字工作的意见》(国办发〔2020〕30号)中提出,"加强学校语言文字工作,全面落实国家通用语言文字作为教育教学基本用语用字的法定要求。坚持把语言文字规范化要求纳入学校、教师、学生管理和教育教学、评估评价等各个环节,开展学校语言文字工作达标建设。建立完善学生语言文字应用能力监测和评价标准。大力提高教师国家通用语言文字核心素养和教学能力。加强教材建设,确保国家通用语言文字规范标准的贯彻落实。建设书香校园,提高学生国家通用语言文字听说读写能力和语文素养。除国家另有规定外,学位论文应当使用国家通用语言文字撰写"[①]。

这是一个新的提法,主要是坚持语言文字的规范化建设,开展评价标准建设,提高教师的语言文字素养,加强教材建设,加强书香校园建设。另外,其中的第六条"全面加强民族地区国家通用语言文字教育",强调了三点:一是"道德与法治、语文、历史"三科统编教材;二是加强民族地区教师国家通用语言文字培训;三是学前儿童学会普通话。教育部自2021年起连续开展民族地区学前教育"童语同音"普通话能力提升培训项目,有效促进了学前儿童普通话教育的发展。

2017年,教育部发布《关于进一步加强学校语言文字工作的意见》,在主要目标中明确提出培养学生的一种能力和两种意识:一种能力是指语言文字应用能力;两种意识是自觉规范使用国家通用语言文字的意识和自觉传承弘扬中华优秀文化的意识。

2022年,教育部发布《高等学校服务国家通用语言文字高质量推广普及的若干意见》。其中,第二条提出,全面加强国家通用语言文字教学:一是提高大学

[①] 国务院办公厅.国务院办公厅关于全面加强新时代语言文字工作的意见.中华人民共和国中央人民政府网站,2021-11-30

生语言文字应用能力,要求大学生具有一种能力和两种意识,强化语言文明教育,自觉抵制庸俗和暴力的语言;二是提升教师语言文字教育教学能力,将国家通用语言文字和传承弘扬中华优秀语言文化有机融入课程思政,将推广普及国家通用语言文字作为教师社会服务考核的重要内容;三是加强学校语言文字规范化和校园文化环境建设,一校一品牌建设书香校园,加强语言文化类学生社团建设。第三条提出,要主动融入推普,助力乡村振兴和文化强国建设。一是服务全面推进乡村振兴,主要指不断地整合资源,面向农村和民族地区的教师,青壮年劳动力、基层干部等重点领域人群和社会大众开展"普通话+职业技能"培训,积极开展经典润乡土计划,服务区域经济发展和乡村文化传承;二是提出传承弘扬中华优秀文化,这里是指高校应该建设文化类优质课程和名师讲座,深入实施中华经典诵读工程,有效举办古文字知识宣传和教育活动;三是增进与港澳台语言文字的交流,主要指合作机制和交流合作的活动;四是深化语言文化国际交流合作。提倡学术成果中文首发,提倡以学校为主,主办国际学术交流活动中,将中文作为主要语言,鼓励参与语言文字在国际标准化中的工作。第四条提出,要积极探索推普服务社会应用和人民群众需求新手段。一是增加国家通用语言文字服务社会供给,加强国家通用语言文字宣传推广和语言志愿服务应急语言服务,充分利用新媒体平台,加强国家通用语言文字知识普及和政策宣传;二是推动语言文字科学研究,聚焦社会应用,推动语言文字与人工智能、大数据、云计算等相关学科的深度融合,从法理、学理、事理等角度做好推广国家通用语言文字政策的研究,并注意将研究成果向社会应用等方面转化;三是探索数字化赋能推普新举措,主要是创新数字化、智能化推普新模式,提升国家通用语言文字的学习使用效能,积极建设国家通用语言文字数字化资源教学和科研平台。

认真开展以上工作,按新时代推普方针及工作重点,全面普及、巩固与提高。

另外,国家积极完善语言文字工作的体制和机制,《国务院办公厅关于全面加强新时代语言文字工作的意见》(国办发〔2020〕30号)中直接提出"国家语委统筹全国语言文字工作。健全完善'党委领导、政府主导、语委统筹、部门支持、社会参与'的管理体制,建立分工协作、齐抓共管、协调有效的工作机制"。

四、普通话推广工作取得了重要成果

新时代,普通话推广工作取得了重要成果,筑牢了语言文字强国的基石。

第一方面,推广普及工作取得明显成效和历史性进展。

2022年,教育部召开"教育这十年"系列新闻发布会,具体介绍党的十八大以来语言文字事业的改革发展成就。其中提出,十年来,国家大力推广普及国家通用语言文字,相关工作取得了历史性进展。全国普通话普及率从70%提高到了 80.72%，识字人口使用规范汉字的比例超过 95%，文盲率下降至 2.67%，对铸牢中华民族共同体意识、构筑中华民族共有精神家园、各民族参与伟大复兴进程和共享伟大成果贡献了力量。

回溯 2000 年，普通话推广普及率是 53.06%，2020 年达到 80.72%，平均每年有 1400 万群众，从不会说到会说普通话，沟通交流的范围得到明显拓展。识字人口使用规范汉字比例也超过了 95%，成果是令人振奋的。截至 2022 年，仅从学前教育阶段儿童普通话教育师资培训即"童语同音"项目推广情况看，国家通用语言文字的推广普及至少覆盖了 7 个民族省区，培训超过 1.6 万名农村幼儿园教师，开展了百千万结对工程，超过 50 万学前儿童受益。在国家通用语言文字推广普及的过程中，注意加强了国家通用语言文字的教育教学服务，注重落实立德树人的根本任务，先后推行了《关于进一步加强学校语言文字工作的意见》《高等学校服务国家通用语言文字高质量推广普及的若干意见》。

第二方面，中华优秀传统文化传承弘扬更加坚定有力。

为切实发挥语言文字在传承中华优秀传统文化、革命文化和社会主义先进文化中的重要作用，2018 年起，教育部、国家语委开展了中华经典诵读工程，参赛人数超过了 200 万；全面而细致地开展了"典耀中华"主题读书行动；2016 年起，举办了中国诗词大会，全网累计播放量超过 40 亿。同时，关注到了古文字与中华文明传承的发展工程，推动以甲骨文为代表的中华优秀传统文化传承发展，发挥古文字在中华文明传承发展中的作用，加强地名文化遗产保护，加强中国当代学术和文化的外译工作，提高用外语传播中华文化的能力。在此期间，推进了中华思想文化术语的传播工程，建设了标准化的内涵更丰富而科学的术语体系，深刻展现和传承中华思想文化。基于语言文化传承的考虑，系统开展了中国语言资源保护工程，旨在利用现代化的技术手段记录整理存储各民族语言，包括濒危语言、汉语、方言和口头语言。记录保存下来的语言材料是一种语言资源，具有文化承载价值、文化展示价值、科学研究价值和经济开发价值。

第三方面，语言文字标准化、信息化水平不断提升。

新世纪以来，语言文字的标准化和信息化工作不断有新的探索与成果。国家推进了语言文字的标准化建设工作，例如《通用规范汉字表》，以此推进国家通用语言文字的标准化和普及工作。还出台了《国家通用手语常用词表》《国家通用盲文方案》等标准化建设标志性成果，为国家通用语言文字的有效推行提供了助力。在信息化建设方面，强调了语言文字信息技术的创新发展，推进语言文字融媒体应用，大力推进语言文字与人工智能、大数据、云计算等信息技术的深度融合，充分发挥语言文字信息技术在国家信息化智能化建设中的基础支撑作用。

第四方面，语言文字交流合作持续深化拓展。

从国际视野看,语言文字的意义和价值在于民族声音的展示与传递,我国注意贡献中国智慧和中国方案,这是我们值得骄傲的。2014年,中国政府与联合国教科文组织共同举办世界语言大会,就语言能力与社会可持续发展、语言能力与教育创新、语言能力与国际交流合作等议题进行讨论,达成共识,称为"苏州共识"。这是中国声音的世界性传递,彰显了国家力量,提升了国际性影响力。2018年,中国政府和联合国教科文组织在中国长沙共同举办首届世界语言资源保护大会,讨论并通过了《岳麓宣言》,2019年正式发布,这就是中国声音、中国智慧。同时,国际中文教育高质量发展,截至2022年全球180多个国家和地区开展中文教学,81个国家将中文纳入国民教育体系,正在学习中文的人数超过3000万。尤其要指出的是,我国一直注重加强双边和多边语言文化的交流:一是强调了加强国际中文教育服务,大力提升中文在学术领域的影响力,提倡科研成果中文首发,推动提高中文在国际组织、国际会议的使用地位和使用比例;二是提出拓展语言文字国际交流合作,推动中华经典诵读的海外传播,打造富有特色的交流品牌。

第五方面,语言文字工作治理体系和治理能力现代化水平显著提升。

中国式现代化是当前中国社会物质文明和精神文明相协调的现代化,是人与自然和谐共生的现代化,是走和平发展道路的现代化,也是语言文字工作高质量发展的现代化。国家已经采取了多种举措,一是提出了新的语言文字工作管理体制即"党委领导、政府主导、语委统筹、部门支持、社会参与",在既有管理体制基础上,增强党委领导,体现了新时代加强党对语言文字工作领导的根本要求;二是首次提出省级人民政府语言文字工作的重要事项,及时向国家语委报告,压实地方主体责任;三是注意了语言文字相关法律法规体系的建设,颁行、修订了《中华人民共和国国家通用语言文字法》,完善了《中华人民共和国教育法》,出台了《地名管理条例》,同时,还注意加强了语言生活导引,定期开展语言专项调查和语言生活状况监测,加强国家应急语言服务,建设国家语言志愿服务队伍,提升科研保障和引领能力,提高研究水平和决策咨询能力,加强国家通用语言文字智库建设,提升科研工作管理水平,加强语言文字科研成果转化。另外,还注意夯实人才队伍基础,截至2023年12月,在全国范围内先后建设三批共187家国家级语言文字推广基地,在国家通用语言文字的推广普及、助力乡村振兴和经典润乡土等方面作出了重大贡献。国家通用语言文字是中华民族共同体的重要标志之一,是各民族共享的中华文化符号和中华民族形象,更是铸牢中华民族共同体意识的文化基因。

2020年在北京召开的新时代第一次全国语言文字工作会议,对于语言文字的实践提出了明确要求,指明了路向。一是守正创新、深化改革,既要有所坚持,又要有所推进;二是完善法律法规建设,在既有的法律法规不断完善修订的前提下,不断健全工作机制,不断推进法律法规的针对性和完善性;三是发挥学校教育的基础阵地作用、党政机关的带头作用、新闻媒体的示范作用和公共服务行业的窗口作用。同时,明确提出,要服务国家通用语言文字的高质量推广普及,这是工作重点,有着提纲挈领的意义与作用。2024年,全国语言文字工作会议在北京召开。会议指出,要深入学习贯彻习近平总书记关于语言文字工作的重要指示批示精神,深刻把握高质量发展这个新时代的硬道理对语言文字工作提出的新要求、加快发展新质生产力为语言文字工作提供的新赛道、建设教育强国为语言文字工作赋予的新使命,进一步增强做好新时代语言文字工作的责任感和使命感。语言文字工作要聚焦教育强国建设,夯实教育现代化的语言基石。要全面贯彻落实教育强国建设规划纲要,加大国家通用语言文字推广普及力度,传承发展中华优秀语言文化,强化规范标准建设和数字赋能,不断提升语言文字工作服务能力和治理现代化水平,推动语言文字事业高质量发展。

第二节 普通话相关的法律、法规与要求

一、《中华人民共和国宪法》的相关规定

1982年通过的《中华人民共和国宪法》,第一章"总纲"第十九条明确规定:"国家推广全国通用的普通话。"2018年通过的《中华人民共和国宪法修正案》,仍在第一章"总纲"第十九条明确规定:"国家推广全国通用的普通话。"

《中华人民共和国宪法》中的推广普通话条款赋予相关部门推广国家通用语言文字的宪法责任,确立了国家通用语言文字的主导和优先地位。

《中华人民共和国宪法》关于"国家推广全国通用的普通话"的规定,有以下理解:

一是"国家推广",意味着国家有权力也有责任落实国家通用语言文字制度,既是宪法的政策目标条款,也赋予相关部门推广国家通用语言文字的宪法责任,构成"宪法委托条款"。

二是"推广",意味着国家需要采取各种措施扩大普通话的使用范围,确保国家通用语言文字的广泛使用;国家机关应该率先使用国家通用语言文字。

1992年,我国提出"大力推行、积极普及、逐步提高"的推广普通话基本方针。2020年,新时代推广普通话基本方针调整为"聚焦重点、全面普及、巩固提高",呼应《中华人民共和国宪法》的目标与要求。

二、《中华人民共和国国家通用语言文字法》的相关规定

《中华人民共和国国家通用语言文字法》在第九届全国人民代表大会常务委员会第十八次会议上修订通过,2001年1月1日起施行。此法确立了普通话和规范汉字的"国家通用语言文字"的法定地位。

该条例是中华人民共和国成立以来第一部关于语言文字的法律,确定了普通话和规范汉字作为通用语言文字的地位,科学地总结了新中国成立以来语言文字工作的经验。它的颁布有利于促进现代经济、科技和社会发展,有利于各民族之间的交往。

本法第二章对国家通用语言文字的使用作出了规定,明确规定了使用国家通用语言文字的场合,适用于国家机关、学校、出版物、广播电台、电视台、影视屏幕、公共场所的设施及招牌、广告、商品包装和说明、企业事业组织名称、公共服务行业和信息技术产品等范围。

第二章第一条指出目的性,即"为推动国家通用语言文字的规范化、标准化及其健康发展,使国家通用语言文字在社会生活中更好地发挥作用,促进各民族、各地区经济文化交流"。

第二条进行界定,明确国家通用语言文字是指普通话和规范汉字。

第三条提出"国家推广普通话,推行规范汉字"。其中,推广是指范围,推行是一种制约。从指导思想上看,推广普通话,是与宪法保持一致的,体现了主权意识和主体地位。

第五条"三个有利于"的提法,是顺应国家与社会发展的需要,标志着我国通用语言文字的使用全面走上法制的轨道。这对于进一步普及文化教育特别是推进素质教育,提高国民素质,促进祖国的统一、民族的团结、社会的进步,有着重要的作用,也使国家通用语言文字在社会生活中更好地发挥作用。

第二章第十条、第十六条、第十七条、第十九条,分别对学校教育教学、方言使用、普通话能力标准、繁体字异体字使用作了具体明确的规定。

例如第十条要求"普通话和规范汉字为基本的教育教学用语用字"。

第十六条要求"在一定条件下才能使用方言"。

第十七条要求"在必要情形下,可以保留或使用繁体字、异体字"。

第十九条要求"以普通话作为工作语言的岗位,其工作人员应当具备说普通话的能力"。

上述要求主要是为了促进语言文字的规范化、标准化,使语言文字在社会生活中更好地发挥作用。

三、《中华人民共和国教育法》的相关规定

根据2021年4月29日第十三届全国人民代表大会常务委员会第二十八次会议《关于修改〈中华人民共和国教育法〉的决定》第三次修正《中华人民共和国教育法》。此法在总则的第十二条指出：国家通用语言文字为学校及其他教育机构的基本教育教学语言文字，学校及其他教育机构应当使用国家通用语言文字进行教育教学。这是以文载道、以文传声、以文化人的积极实现。

基于此，在工作和学习中，应坚持把语言文字规范化要求纳入学校、教师、学生管理和教育教学、评估评价等各个环节，开展学校语言文字工作达标建设。建立完善学生语言文字应用能力监测和评价标准。大力提高教师国家通用语言文字核心素养和教学能力。加强教材建设，确保国家通用语言文字规范标准的贯彻落实。建设书香校园，提高学生国家通用语言文字听说读写能力和语文素养。除国家另有规定外，学位论文应当使用国家通用语言文字撰写。

四、《幼儿园管理条例》的相关内容

《幼儿园管理条例》是经国务院批准，1989年9月11日由国家教育委员会令第4号发布，自1990年2月1日起施行。

该条例在第四章"幼儿园的保育和教育工作"第十五条中明确提出：幼儿园应当使用全国通用的普通话。这是一种规定与要求。

相应地，2020年，《中共中央 国务院关于抓好"三农"领域重点工作确保如期实现全面小康的意见》同样指出：大力提升中西部地区乡村教师国家通用语言文字能力，加强贫困地区学前儿童普通话教育。

2021年《教育部办公厅关于实施学前儿童普通话教育"童语同音"计划的通知》在"工作目标"中也指出：使民族地区、农村地区学前儿童逐步具备基本的普通话交流能力，为进入义务教育阶段学习奠定良好语言基础。在第六条"创设良好环境"中指出：重点发展学前儿童学习普通话的口头语言表达能力；组织丰富多彩的活动，让幼儿多听、多说、想说、敢说、有机会说普通话。

在幼儿阶段学习和使用普通话，有重要的意义。一是有利于建设中华民族共有精神家园；二是有利于促进教育高质量发展。从实践层面看，我们应该加强幼儿语言学习方法的研究；加强师资队伍建设；加强学习资源建设；加强质量检测；创造良好环境。

五、《中共中央关于制定国民经济和社会发展第十四个五年规划和二〇三五年远景目标的建议》的相关规定

2020年10月29日《中共中央关于制定国民经济和社会发展第十四个五年规划和二〇三五年远景目标的建议》由中国共产党第十九届中央委员会第五次全体会议通过。该建议在第十二条"改善人民生活品质,提高社会建设水平"中提出,"加大国家通用语言文字推广力度",这和后来党的二十大报告中的相关要求是一致的,为新时代国家语言文字事业的发展、国家通用语言文字的推广普及指明了方向,提供了根本遵循。

国家通用语言文字是各民族共享的中华文化符号和中华民族形象,铸牢了中华民族共同体意识的文化基因。

六、专项要求

2013年,国务院发布《关于公布〈通用规范汉字表〉的通知》(国发〔2013〕23号),集数十年汉字规范之大成,在促进国家经济社会和文化教育事业发展方面发挥重要作用。

2017年,教育部和国家语委印发《关于进一步加强学校语言文字工作的意见》(教语用〔2017〕1号),制定《中小学语言文字工作指导标准》,要求强化新时期学校语言文字工作。

2018年,国家语言文字工作委员会规范标准审定委员会审定《国家通用手语常用词表》《国家通用盲文方案》,并发布实施,我国3300多万听力和视力残疾人有了自己的"普通话"和"规范字"。

2020年,国务院办公厅发布《关于全面加强新时代语言文字工作的意见》(国办发〔2020〕30号),要求全面加强和积极推进全社会的语言文字工作。

2021年,教育部、国家乡村振兴局、国家语委印发《国家通用语言文字普及提升工程和推普助力乡村振兴计划实施方案》(教语用〔2021〕4号),要求继续加大国家通用语言文字推广力度,重点提升普及程度和质量。

2022年,为贯彻落实党的二十大报告提出的"加大国家通用语言文字推广力度",教育部、国家语委印发《关于加强高等学校服务国家通用语言文字高质量推广普及的若干意见》(教语用〔2022〕2号)。

2023年,国家通用语言文字推广普及工作表彰大会暨国家语委全体委员会议在京召开。会议强调"加大国家通用语言文字推广力度"是党的二十大报告的明确要求,是习近平总书记和党中央对新时代新征程语言文字事业发展作出的

战略性部署。语言文字要在高质量发展、服务自信自强、数字化赋能、大格局构建上下功夫。

七、全国语言文字会议的要求

2020年10月，在北京召开中华人民共和国成立以来第四次、新时代第一次全国语言文字会议。会议指出要深入贯彻习近平总书记关于语言文字工作的重要指示精神，落实党中央、国务院加强新时代语言文字工作的决策部署，守正创新，深化改革，构建与时代发展相适应的语言发展规划，推进语言文字工作治理体系和治理能力现代化。要坚定不移推广及国家通用语言文字，发挥学校教育的基础阵地作用、党政机关的带头作用、新闻媒体的示范作用、公共服务行业的窗口作用，全面提升普及水平和质量。

会议后，《中国教育报》撰文指出：要加快推进语言文字治理体系和治理能力现代化。修订国家通用语言文字法，完善语言文字规范标准体系，完善"党委领导、政府主导、语委统筹、部门支持、社会参与"的工作机制，强化各级语言文字工作部门统筹管理职责。

2022年3月召开全国语言文字工作会议。会议强调提高政治站位，全力抓好国家通用语言文字推广普及，服务铸牢中华民族共同体意识和落实立德树人根本任务；围绕建设数字中国，进一步加强语言文字信息化、规范化、标准化建设。

2023年4月召开全国语言文字工作会议，要求深刻领悟教育、科技、人才"三位一体"战略布局对语言文字工作作出的新部署，要坚持以习近平新时代中国特色社会主义思想为指导，紧紧围绕深入学习贯彻党的二十大精神这条主线，从政治高度加大国家通用语言文字推广力度，大力传承弘扬中华优秀语言文化，扎实推进语言文字工作数字化和智能化，持续提升中文的国际地位和影响力，着力构建语言文字工作治理新格局。

2024年，全国语言文字工作会议在北京召开。会议指出，要深入学习贯彻习近平总书记关于语言文字工作的重要指示批示精神，深刻把握高质量发展这个新时代的硬道理对语言文字工作提出的新要求、加快发展新质生产力为语言文字工作提供的新赛道、建设教育强国为语言文字工作赋予的新使命，进一步增强做好新时代语言文字工作的责任感和使命感。会议强调，语言文字工作要聚焦教育强国建设，夯实教育现代化的语言基石。要全面贯彻落实教育强国建设规划纲要，加大国家通用语言文字推广普及力度，传承发展中华优秀语言文化，强化规范标准建设和数字赋能，不断提升语言文字工作服务能力。

第三节　普通话的测试与标准

关于普通话水平测试,我国有明确的法律规定。《中华人民共和国国家通用语言文字法》明确规定,凡以普通话作为工作语言的岗位,其工作人员应当具备说普通话的能力;以普通话作为工作语言的播音员、节目主持人和影视剧演员、教师、国家机关工作人员的普通话水平应当分别达到国家规定的等级标准,对尚未达到国家规定的普通话等级标准的要进行培训。

一、普通话测试的名称、性质和方式

普通话测试的名称是"普通话水平测试"(PUTONGHUA SHUIPING CESHI,缩写为PSC),是标准参照性考试,它测试的方式是计算机辅助测试。

普通话水平测试不是语言知识的测试,也不是涵盖"听、说、读、写"全部语言技能的测试,而是注重测查运用普通话"规范以及熟练程度"的专业测试,以口试方式进行。

测试以语音为测查重点,同时测查词汇和语法。语篇能力和语用能力不是测查重点,但也有所涉及。

普通话水平测试1994年正式实施,是促进普通话推广普及和应用水平提高的基本措施之一,是推广普通话工作科学化、制度化、法治化的重要成果和显著标志。

2001年施行的《中华人民共和国国家通用语言文字法》第十九条规定:凡以普通话作为工作语言的岗位,其工作人员应当具备说普通话的能力。

2003年,教育部颁布《普通话水平测试管理规定》,推进测试的规范化和标准化。

2021年11月16日,教育部第2次部务会议审议通过新版《普通话水平测试管理规定》,并予以公布,自2022年1月1日起施行。新修订的《普通话水平测试管理规定》中,普通话测试的部分内容和方式有所调整。

普通话水平测试既是一项法律规定性测试,又是一项服务性测试。

二、普通话水平测试的内容和范围

普通话水平测试的内容是语音、词汇和语法。普通话水平测试的范围是由国家测试机构进行单独编制,即《普通话词语表》《普通话与方言词语对照表》《普通话与方言常见语法差异对照表》《普通话水平测试用朗读作品表》《普通话水平测试用话题》。

三、测试的构成和评分

1. 读单音节字词

这一部分一共 100 个音节，3.5 分钟读完，10 分。单音节字词的测试目的是考查应试人声母、韵母、声调的标准程度。

测试

读单音节字词（100 个音节，共 10 分，限时 3.5 分钟）。
→从左至右逐行朗读：

亚	住	染	题	后	挽	闯	游	君	凑
稳	掐	酱	椰	铂	峰	账	焦	碰	暖
扑	龙	碍	离	鸟	取	密	承	滨	盒
专	此	艘	雪	肥	薰	硫	表	嫡	迁
套	滇	砌	藻	刷	坏	滚	杂	倦	屈
所	惯	实	栽	额	屡	弓	拿	物	粉
躺	肉	铁	日	帆	萌	绳	猫	窘	内
雄	伞	蛙	廊	夸	戴	罗	并	狂	饱
魄	而	沈	贤	润	麻	养	盘	自	您
浅	恩	走	月	光	念	星	空	净	蓝

100 个音节中 70% 选自《普通话词语表》"表一"，30% 选自"表二"。100 个音节中四个声调的出现次数大致是均衡的。

从单音节字词的评分看，有三项标准：语音是否错误；语音是否有缺陷；是否超时。

单音节字词在朗读过程中需要注意的事项：不要读题干；横向朗读；如果出现多音字，可以任选一个；保持恰当的节奏；关注声母、韵母、声调的科学发音；注意时间的限制。

综合以上要求，需要开展必要的练习：

桩	波	滤	辛	桶	侠	构	喂	此	盯	柳	腔	驾	泥	蒸	怎
允	愁	主	亭	砍	披	袋	抓	胁	歪	北	僧	偶	债	孔	主
党	取	烘	鸡	东	床	饼	炉	泽	捐	材	仍	聊	佛	志	寺

2. 读多音节词语

这一部分一共 50 个音节,2.5 分钟,20 分。

测 试

读多音节词语(50 个音节,共 20 分,限时 2.5 分钟)。
→从左至右逐行朗读

文化	刚才	松软	扇面儿	灯笼
优美	操场	少女	篡夺	牛顿
沉默	富翁	暖和	持续	火星儿
全部	对照	家伙	盛情	连绵
宏伟	原则	外国	好玩儿	侵略
森林	愉快	下来	昆虫	意思
声明	患者	未曾	感慨	脖颈儿
群体	红娘	觉得	排演	赞美
运输	抓紧	儿童	症状	机灵
昂首	教育	健康	资源	服务

从测试目的看,主要是考查声母、韵母、声调、变调、轻声、儿化读音的标准程度。这部分词语 70％ 选自《普通话词语表》"表一",30％ 选自"表二"。上声与上声相连的词语不少于 3 个,轻声不少于 3 个,儿化音 4 个。

从评分标准看,语音错误、语音缺陷、是否超时仍然是重点。

读多音节词语的注意事项是明确的,例如不要读题干,要横向朗读,要注意变调、轻声和儿化;要注意保持科学的节奏,尤其要注意的是不能字化。什么是字化?比如说"尽早",如果"尽"字的韵母读饱满、完整,"尽早"这个词语就读成"尽"和"早"两个单音节字,就是字化。还要注意不要超时。

综合以上要求,需要开展必要的练习。

亲切 照相 爽快 已有 书面 群众 军阀 明白
修养 盼望 随后 报答 爱国 恰好 完善 从中
暖瓶 深化 难怪 温柔 内在 调和 总得 幼儿
粗茶淡饭 夸张 学习 孩子 典雅 妇女 公民
的确 灯泡儿 书法 宁静 伶俐 清晰 爱情

3. 朗读短文

本题要求在 4 分钟的时间内朗读一篇 400 个音节的短文,分值是 30 分。测试目的是要考查朗读书面作品的能力。除了考查声母、韵母、声调的语音标准程度,还要考查音变、停连、语调以及自然流畅程度。

第一章 绪 论

测 试

朗读短文(400个音节,共30分,限时4分钟)

　　从肇庆市驱车半小时左右,便到了东郊风景名胜鼎湖山。下了几天的小雨刚停,满山笼罩着轻纱似的薄雾。

　　过了寒翠桥,就听到淙淙的泉声。进山一看,草丛石缝,到处都涌流着清亮的泉水。草丰林茂,一路上泉水时隐时现,泉声不绝于耳。有时几股泉水交错流泻,遮断路面,我们得寻找着垫脚的石块跳跃着前进。愈往上走树愈密,绿阴愈浓。湿漉漉的绿叶,犹如大海的波浪,一层一层涌向山顶。泉水隐到了浓阴的深处,而泉声却更加清纯悦耳。忽然,云中传来钟声,顿时山鸣谷应,悠悠扬扬。安详厚重的钟声和欢快活泼的泉声,在雨后宁静的暮色中,汇成一片美妙的音响。我们循着钟声,来到了半山腰的庆云寺。这是一座建于明代、规模宏大的岭南著名古刹。庭院里繁花似锦,古树参天。有一株与古刹同龄的茶花,还有两株从斯里兰卡引种的、有二百多年树龄的菩提树。我们决定就在这座寺院里借宿。

　　入夜,山中万籁俱寂,只有泉声一直传送到枕边。一路上听到的各种泉声,这时候躺在床上,可以用心细细地聆听、辨识、品味。那像小提琴一样轻柔的,是草丛中流淌的小溪的声音;那像琵琶一样清脆的,//是在石缝间跌落的涧水的声音;那像大提琴一样厚重回响的,是无数道细流汇聚于空谷的声音;那像铜管齐鸣一样雄浑磅礴的,是飞瀑急流跌入深潭的声音。还有一些泉声忽高忽低,忽急忽缓,忽清忽浊,忽扬忽抑,是泉水正在绕过树根,拍打卵石,穿越草丛,流连花间……

　　蒙眬中,那滋润着鼎湖山万木,孕育出蓬勃生机的清泉,仿佛汩汩地流进了我的心田。

节选自谢大光《鼎湖山听泉》

　　测试用的短文是从《普通话水平测试用朗读作品》中选取的。朗读短文的评价标准一共有六项:语音标准程度,包括是否有漏读、增读;词汇和语法标准程度;停连是否得当;语调是否偏误;是否流畅;是否超时。

　　朗读技巧推荐三种:

　　其一是读准确。会意准确,停连得当,找准重音。

　　其二是艺术性。节奏恰切,富于变化,引起共鸣。

　　其三是传递感。运用恰当的语气与他人分享,真实、自然。

　　朗读短文的注意事项:不要回读;注意语音标准程度;注意音变;注意停连;

注意语调;注意朗读的节奏;不能超时。

综合以上要求,需要开展必要的练习。

仲夏,朋友相邀游十渡。在城里住久了,一旦进入山水之间,竟有一种生命复苏的快感。

下车后,我们舍弃了大路,挑选了一条半隐半现在庄稼地里的小径,弯弯绕绕地来到了十渡渡口。夕阳下的拒马河慷慨地撒出一片散金碎玉,对我们表示欢迎。

岸边山崖上刀斧痕犹存的崎岖小道,高低凸凹,虽没有"难于上青天"的险恶,却也有踏空了滚到拒马河洗澡的风险。狭窄处只能手扶岩石贴壁而行。当"东坡草堂"几个红漆大字赫然出现在前方岩壁时,一座镶嵌在岩崖间的石砌茅草屋同时跃进眼底。草屋被几级石梯托得高高的,屋下俯瞰着一湾河水,屋前顺山势辟出了一片空地,算是院落吧!右侧有一小小的蘑菇形的凉亭,内设石桌石凳,亭顶褐黄色的茅草像流苏般向下垂泻,把现实和童话串成了一体。草屋的构思者最精彩的一笔,是设在院落边沿的柴门和篱笆,走近这儿,便有了"花径不曾缘客扫,蓬门今始为君开"的意思。

当我们重登凉亭时,远处的蝙蝠山已在夜色下化为剪影,好像就要展翅扑来。拒马河趁人们看不清它的容貌时豁开了嗓门儿韵味十足地唱呢!偶有不安分的小鱼儿和青蛙蹦跳成声,像是为了强化这夜曲的节奏。此时,只觉世间唯有水声和我,就连偶尔从远处赶来歇脚的晚风,也悄无声息。

当我渐渐被夜的凝重与深邃所融蚀,一缕新的思绪涌动时,对岸沙滩上燃起了篝火,那鲜亮的火光,使夜色有了躁动感。篝火四周,人影绰约,如歌似舞。朋友说,那是北京的大学生们,结伴来这儿度周末的。遥望那明灭无定的火光,想象着篝火映照的青春年华,也是一种意想不到的乐趣。

节选自刘延《十渡游趣》

4. 命题说话

本题限时 3 分钟,分值 40 分。考查应试者在无任何文字凭借的前提下说普通话的水平,主要考查应试者语音标准程度、词汇语法的规范程度、自然流畅程度。

第一章 绪 论

> **测 试**
>
> 命题说明(请在下列话题中任选一个,共40分,限时3分钟)
>   1. 难忘的旅行
>   2. 小家、大家与国家

测试的题目是从《普通话水平测试用话题》中选取的,由应试人从给定的两个话题中选定一个话题连续说一段话,应试人要单向说话。

命题说话的测试标准一共有五项。一是语音标准程度;二是词汇和语法的规范程度;三是自然流畅程度;四是缺时和无效语料情况;五是雷同和离题情况。

命题说话的具体建议:

第一方面,了解自由说话的规范。

(1)聚焦语音标准程度

语音标准程度首先应注意语音缺陷情况。一方面关注前文提及过的声母、韵母和声调存在的缺陷。另一方面还要注意方音、语调、句调问题;注意自由说话和朗读的区别,不能把单音节字、多音节词的朗读状态使用到自由说话中。

其次应注意发音错误。

请朗读下面易读错字词。

因为	比较	质量	什么
尽管	肖像	肉脯	应试
暂时	享受	晕车	模样
当天	馄饨	强迫	玫瑰

(2)聚焦词汇语法规范程度

有应试者存在误会,认为词汇语法的规范程度就是没有病句。其实不仅如此,还要做到没有方言,病句和方言都是词汇与语法不规范的表现。例如:

我有说过 我去到上海 倍儿好看 她是我的老对儿

方言一般分为地域方言和社会方言。

地域方言和社会方言可以从以下几个方面来考查。

第一,都是语言分化的结果,是语言发展不平衡的体现。

第二,都没有全民性特点,社会方言通用于某个阶层,地域方言通用于某个地域,当然,就地域而言,地域方言在一定的范围内有一定的全民性。方言词汇和方言句法结构都要注意回避。

还需注意的是,方言和普通话词语存在区别。

例如"温暖",上海说成"暖热",南昌说成"热沸",梅州说成"烧暖"①。

方言语法也不应使用。

普通话"这只鸡死了",上海、江苏、浙江、广东和广西等地方言里常常没有"这",常说"只鸡死了"②;普通话动词"给","把书给她",湖北和湖南等地常说成"把","把书把她"③。

(3)聚焦自然流畅程度

测试中经常存在的问题:一是书面语色彩过于明显,有背稿子、语调生硬、朗读腔等表现;二是表达不流畅,断断续续,常有冗余的话语;三是停顿时间过长,或者停顿次数较多;等等。

(4)说话时间

进行说话训练时,单位时间为 180 秒。在训练时,需要关注以下几个方面。第一是在无文字凭借的情况下,有逻辑、有内涵地说清一个题目,和他人交流,和他人共享我们的感受,有话可说;第二是远离无效语料,说话内容要和说话题目正相关;第三是不能雷同,不能过多地借用他人语言表情达意;第四是符合说话的规范形式,不能用"吟诵、歌唱"等形式表现。

第二方面,对应性行动建议。

行动建议聚焦内容、原则和技巧三个方面,具体如下:

(1)认真审题

不要看错题目,并围绕选定的题目说话,不说无关的话。

(2)从我说起

自由说话,常见练习是叙述类、说明类和议论类三个类型。无论是哪一类都从我说起,主要是讲述自己的故事,谈自己的理解。可以从小事说起,可以多列举自己经历的事例,真情实感,逻辑通透,自然而然。

(3)语速自然

语速适中,3 分钟 600～700 字。

语速过快,将出现语音、词汇和语法问题。

语速过慢,则语调生硬,有朗读腔,不自然。

(4)书面语言不宜过多

自由说话,重在表达自然、真实,不必通过华丽的辞藻去修饰和表现,也不必追求对仗、排比等修辞,"口语"能更准确和自然地表达自己的想法。

---

①国家语委普通话与文字应用培训测试中心.普通话水平测试实施纲要.北京:语文出版社,2022:321

②国家语委普通话与文字应用培训测试中心.普通话水平测试实施纲要.北京:语文出版社,2022:334

③国家语委普通话与文字应用培训测试中心.普通话水平测试实施纲要.北京:语文出版社,2022:336

(5)熟能生巧

可以选择有体验或共鸣的话题,准备自己熟悉的素材,列出说话提纲,反复练习,最终提升自由讲话的关键能力。

言为心生,一切的技术训练其实都是辅助,生活才是有声语言的源泉,积极的人生态度、丰富的生活情感、主动的内心体验和较高的自我效能感水平,才是有声语言的源头活水。

综合以上要求,需要开展必要的练习。

我的一天　朋友　我的兴趣爱好

四、应试人普通话水平等级认定

目前,普通话水平等级是三级六等:

97分及其以上为一级甲等;92分(含)至97分(不含)为一级乙等;87分(含)至92分(不含)为二级甲等;80分(含)至87分(不含)为二级乙等;70分(含)至80分(不含)为三级甲等;60分(含)至70分(不含)为三级乙等。

第四节　普通话与方言

在人类历史的前进过程中,通常有族群性特点,语言文字亦如是。为了交流和沟通,出现了共同语,即一个民族全体成员通用的语言,但是,民族语言有地方分支,即局部地区人群使用的语言,这就出现了方言。[①]

语言和文化共生推动历史的发展,由古至今,锦绣广袤的中华大地养育了勇敢勤劳的中国人民,孕育了灿烂多姿的中华文化及其语言,方言也是其中一种。现代汉语七大方言语言主要特点见表1-1。

表1-1　　　　　　　现代汉语七大方言语音主要特点表

方言名称 \ 比较项目 特点	声母方面		韵母方面		声调方面	
	有无浊塞音、浊塞擦音 $b、d、g、dz、dʐ、dʑ$	有几组塞擦音、擦音 $tʂ、tʂʰ、ʂ、ts、tsʰ、s、tʃ、tʃʰ、ʃ$	有无鼻音韵尾 $-m、-n、-ŋ$	有无入声韵尾 $-p、-t、-k、-ʔ$	调类数目	其他特点
北方方言	没有	有 tʂ 组、ts 组	有 $-n、-ŋ$ 两个	只有少数地区有 $-ʔ$	一般4个,个别3个、5个	西北方言有鼻化韵母
吴方言	都有	多数地区只有 ts 组	有 $-n、-ŋ$ 两个	只有 $-ʔ$	7个或8个(上海年轻人5个)	单元音韵母多,复元音韵母少

[①] 黄伯荣,廖序东.现代汉语[增订六版](上).北京:高等教育出版社,2017:5

(续表)

方言名称 \ 比较项目 \ 音方特点	声母方面		韵母方面		声调方面	
	有无浊塞音、浊塞擦音 b、d、g、dz、dʐ、dʑ	有几组塞擦音、擦音 tʂ、tʂʰ、ʂ、ts、tsʰ、s、tʃ、tʃʰ、ʃ	有无鼻音韵尾 —m、—n、—ŋ	有无入声韵尾 —p、—t、—k、—ʔ	调类数目	其他特点
湘方言	日趋消失	有 tʂ、ts 组	有 —n、—ŋ 两个	有入声,但无入声韵尾	有5个或6个	①x 和 u 相拼时念 f ②n 和 l 相混
赣方言	没有	只有 ts 组	有 —n、—ŋ 两个	只有 —t、—k	一般 6 个	①有 l 无 n,但有 nʑ ②把北方话一部分念 t 的字念成 tʰ
客家方言	没有	只有 ts 组	有 3 个	有 —p、—t、—k	一般 6 个	①x 和 u 相拼时念 f ②没有 tɕ、tɕʰ、ɕ
闽方言	厦门、潮州有 b、g	只有 ts 组	有 3 个	有 —p、—t、—k 或 —ʔ	有 7~8 个	①没有 f ②把北方念 ts、tsʰ 的一些字念成 t、tʰ
粤方言	没有	只有 tʃ 组	有 3 个	有 —p、—t、—k	一般 9 个,个别 10 个	①x 和 u 相拼时念 f ②没有 tɕ、tɕʰ、ɕ

说明:表中使用了国际音标,但省去了括号[ ]。

我国有五十六个民族,总计一百多种语言。这些语言分属于五大语系,即汉藏语系、阿尔泰语系、南亚语系、南岛语系和印欧语系。从各大语系在地理上所占的面积看,汉藏语系最大,阿尔泰语系次之,其余三个语系所占面积比较小。如果从单种语言审视,汉语及其方言的使用人口最多,地理分布最广,遍布全国各地。

汉语及其方言有悠久的历史。《礼记·王制》说:"中国夷蛮戎狄,皆有安居。和味宜服,利用备器,五方之民,言语不通,嗜欲不同。"其中的"五方之民,言语不通",是哪类言语不通,是不同民族有不同语言,还是同一民族有不同方言,都不能确定,但仍描述了语言和方言存在的可能性,它们都统称为华夏语言。华夏语言一直伴随着华夏民族的融合。在北方地域,华夏语言混化统一为汉语,语言演变过程中的所谓"雅言"就是此类汉语的标准语。"雅言"不仅是语言角度的统一,也是文化传承的重要工具。《论语·述而》说:"《诗》《书》、执礼,皆雅言也。"《诗经》就是用雅言记录的。雅言的历史可以追溯到几千年前,对中国古代的文化、教育和生活产生了深远的影响。

北方汉语随着历代北方汉人的南迁,又与南方不同地域居民语言融合,形成新的语言,即以北方古汉语为主体,形成形形色色的南方方言。现代汉语南方各大方言中吴语、湘语、粤语、赣语的直接源头应是古代北方汉语,是从古汉语分化而来的。其中有更多的次生语言,例如闽语是从吴语分化的,客家方言是从赣语分化的,等等。

据当前的研究成果,各大方言都可以梳理出发展历史,大致在南宋前就形成了,只有徽语的历史尚不明确。元明之后,方言地理只是发生若干局部或微观的演变。[①]

方言,是局部地区人们使用的,我国学界有研究认为现代汉语方言是"十区说",《中国语言地图集》即如此,但仍有争论,本书采用方言"七区说",即根据各方言的特点,尤其是语音上的差异,现代汉语可分为七大方言区。按黄伯荣、廖序东版《现代汉语》(增订六版),方言分布是清晰的:

北方方言,以北京话为代表,内部一致性较强。在汉语各方言中,它分布地域最广,使用人口约占汉族总人口的73%。北方方言可分为四个次方言:华北、东北方言,西北方言,西南方言,江淮方言。

吴方言,分布在上海市、江苏省长江以南、镇江以东地区,南通的小部分、浙江的大部分地区。典型的吴方言以苏州话为代表,使用人口约占汉族总人口的7.2%。

湘方言,以长沙话为代表,分布在湖南省除西北角以外的大部分地区。使用人口约占汉族总人口的3.2%。

赣方言,以南昌话为代表,分布在江西省除东北沿长江地带和南部以外的大部分地区。使用人口约占汉族总人口的3.3%。

客家方言,以广东梅县话为代表,主要分布在广东东部和北部、福建西部、江西南部和广西东南部等地区。使用人口约占汉族总人口的3.6%。

闽方言,主要有五个次方言区。闽东方言区,以福州话为代表;闽南方言区,以厦门话代表;闽北方言区,以建瓯话代表;闽中方言区,以永安话代表;莆仙方言区,以莆田话代表。使用人口约占汉族总人口的5.7%。

粤方言,以广州话为代表,主要分布在广东、广西大部地区,也是香港、澳门地区主要交际工具。使用人口约占汉族总人口的4%。

当前加大力度推广和规范使用国家通用语言文字,并不是消灭方言,而是要采用多种手段和形式保护方言文化。中国的汉字非常了不起,做好文字保护工作也是为了更好地传承优秀的文化传统。

在语言学习数智化的今天,一个重要的数字化赋能平台是中国语言文字数

---

① 游汝杰.从方言地理看多元一体的中华文化.中国共产党新闻网站,2023-2-22

字博物馆。为响应国家教育数字化战略行动,中国语言文字数字博物馆于2022年启动建设工作。2023年3月,中国语言文字数字博物馆一期正式开馆上线。2023年8月,教育部、国家语委精心打造的中国语言文字数字博物馆移动端"语博"App正式上线。2024年5月17日,中国语言文字数字博物馆网站和移动端App同步上线一批多类型多模态的语言文化数字资源,升级优化功能服务。

中国语言文字数字博物馆旨在收藏、研究、展示、阐释中华优秀语言文化,进行分期分阶段建设,以融合数字资源和丰富互动体验为方向,坚持"成熟一批上线一批"。

1. 新时代高质量推广普通话的目标与任务是什么?
2. 如何理解学校是国家通用语言文字教育的基础阵地?
3. 新时代我国推普工作取得了哪些令人瞩目的成果?
4. 《中华人民共和国国家通用语言文字法》有哪些关于普通话的规定?
5. 现代汉语有哪些方言区?

模拟试卷(试卷1)

一、读单音节字词(100个音节,共10分,限时3.5分钟)

抬 暖 军 弯 纸 券 卡 浮 胸 改 名 翻 词 广 跌 渠 忍 再 吵 忙
浅 临 黑 穷 而 舵 流 巷 酒 终 字 蔓 抓 唐 梗 怀 抹 腌 颊 童
膘 拟 旬 拗 爷 邹 测 秧 宣 整 茶 槛 虐 揣 蹭 蛙 润 守 御 根
俩 若 播 闯 粟 拈 横 否 脆 舌 经 室 拐 烘 题 药 浊 丛 盼 真

二、读多音节词语(100个音节,共20分,限时2.5分钟)

快乐　　工人　　旦角儿　　含量　　村庄　　开花　　灯泡儿
红娘　　特色　　荒谬　　　而且　　定额　　观赏　　部分
浸润　　捐税　　收缩　　　笑脸　　趋势　　加塞儿　内容
若干　　爆发　　原材料　　创办　　抓紧　　盛怒　　运用

美景	面子	压迫	必需品	佛学	一直	启程
棒槌	山峰	铸造	刺激	无穷	打听	通讯
木偶	昆虫	天下	做活儿	跨度	就算	构造

三、朗读短文(400个音节,共30分,限时4分钟)

　　照北京的老规矩,春节差不多在腊月的初旬就开始了。"腊七腊八,冻死寒鸦",这是一年里最冷的时候。在腊八这天,家家都熬腊八粥。粥是用各种米,各种豆,与各种干果熬成的。这不是粥,而是小型的农业展览会。

　　除此之外,这一天还要泡腊八蒜。把蒜瓣放进醋里,封起来,为过年吃饺子用。到年底,蒜泡得色如翡翠,醋也有了些辣味,色味双美,使人忍不住要多吃几个饺子。在北京,过年时,家家吃饺子。

　　孩子们准备过年,第一件大事就是买杂拌儿。这是用花生、胶枣、榛子、栗子等干果与蜜饯掺和成的。孩子们喜欢吃这些零七八碎儿。第二件大事是买爆竹,特别是男孩子们。恐怕第三件事才是买各种玩意儿——风筝、空竹、口琴等。

　　孩子们欢喜,大人们也忙乱。他们必须预备过年吃的、喝的、穿的、用的,好在新年时显出万象更新的气象。

　　腊月二十三过小年,差不多就是过春节的"彩排"。天一擦黑儿,鞭炮响起来,便有了过年的味道。这一天,是要吃糖的,街上早有好多卖麦芽糖与江米糖的,糖形或为长方块或为瓜形,又甜又黏,小孩子们最喜欢。

　　过了二十三,大家更忙。必须大扫除一次,还要把肉、鸡、鱼、青菜、年糕什么的都预备充足——店//铺多数正月初一到初五关门,到正月初六才开张。

节选自老舍《北京的春节》

四、命题说话(下列话题任选一个,共40分,限时3分钟)

　　1.我喜爱的动物　2.家乡(或熟悉的地方)

模拟试卷(试卷 2)

一、读单音节字词(100 个音节,共 10 分,限时 3.5 分钟)

播 坠 配 迟 美 湿 烽 如 叠 暂 疼 刺 拟 私 芦 翁 龟 咔 黑 抢
即 牵 絮 病 纸 捧 禅 膜 闪 否 惹 盗 怎 伶 醋 凝 扫 聊 而 宣
够 槛 挥 茎 且 熊 准 剖 喘 民 刷 纺 人 兑 灾 炭 擦 挠 撒 军
绿 锅 肯 耗 窘 瘸 绣 章 镖 沉 眯 硕 润 色 测 脓 苔 俩 逛 学

二、读多音节词语(100 个音节,共 20 分,限时 2.5 分钟)

宣传	外省	频率	制造	棉球儿	耽误	陶冶
橄榄	状态	疟疾	打嗝儿	运行	重量	跨度
撇开	嫂子	历史	勇猛	身份	挖潜	奥秘
锦标赛	方向	安慰	照片儿	存活	持续	柔和
哺乳	盘算	创伤	害怕	家庭	收购	以内
挫折	儿童	丢掉	摸黑儿	决定	摧毁	军人
同事	作风	棒棰岛	工厂	窘困	恰好	原料

三、朗读短文(400 个音节,共 30 分,限时 4 分钟)

燕子去了,有再来的时候;杨柳枯了,有再青的时候;桃花谢了,有再开的时候。但是,聪明的,你告诉我,我们的日子为什么一去不复返呢?——是有人偷了他们罢:那是谁?又藏在何处呢?是他们自己逃走了罢:现在又到了哪里呢?

去的尽管去了,来的尽管来着;去来的中间,又怎样地匆匆呢?早上我起来的时候,小屋里射进两三方斜斜的太阳。太阳他有脚啊,轻轻悄悄地挪移了;我也茫茫然跟着旋转。于是——洗手的时候,日子从水盆里过去;吃饭的时候,日子从饭碗里过去;默默时,便从凝然的双眼前过去。我觉察他去的匆匆了,伸出手遮挽时,他又从遮挽着的手边过去;天黑时,我躺在床上,他便伶伶俐俐地从我身上跨过,从我脚边飞去了。等睁开眼和太阳再见,这算又溜走了一日。我掩着面叹息,但是新来的日子的影儿又开始在叹息里闪过了。

在逃去如飞的日子里,在千门万户的世界里的我能做些什么呢?只有徘徊罢了,只有匆匆罢了;在八千多日的匆匆里,除徘徊外,又剩些什么呢?过去的日子如轻烟,被微风吹散了,如薄雾,被初阳蒸融了;我留着些什么痕迹呢?我何曾留着像游丝样的痕迹呢?我赤裸裸//来到这世界,转眼间也将赤裸裸的回去罢?但不能平的,为什么偏白白走这一遭啊?

你聪明的,告诉我,我们的日子为什么一去不复返呢?

节选自朱自清《匆匆》

四、命题说话(下列话题任选一个,共 40 分,限时 3 分钟)

1. 谈服饰　2. 向往的地方

模拟试卷(试卷 3)

一、读单音节字词(100 个音节,共 10 分,限时 3.5 分钟)

插　雨　颇　而　槛　略　鸣　拔　兄　司　短　挠　日　骨　滑　冰　恩　辞　欧　敬
溜　火　止　用　娶　仇　掐　闷　刻　秦　萧　笙　拜　垒　裁　瓜子　肺　旺　别
翻　荀　两　税　挤　屯　兼　慌　裹　聂　哑　伪　润　筛　饶　逮　族　鲜　邹　窜
花　蓄　尼　膘　俊　宋　行　钻　层　判　撒　约　您　马　聋　鹤　药　农　跟　碎

二、读多音节词语(100 个音节,共 20 分,限时 2.5 分钟)

倘使	苍翠	强求	蒙古包	从而	粉末儿	旋转
情怀	合同	财产	手脚	默然	起飞	跨越
挂念	山歌	高傲	端详	口语	禁令	决议
耽误	增加	作用	难怪	少女	个体	上下
危害	荒谬	斥责	撇开	砂轮儿	原料	诞生
尊贵	大多数	思想	本子	状况	柔软	训练
药品	政党	脖颈儿	定律	英雄	人均	没谱儿

三、朗读短文(400 个音节,共 30 分,限时 4 分钟)

立春过后,大地渐渐从沉睡中苏醒过来。冰雪融化,草木萌发,各种花次第开放。再过两个月,燕子翩然归来。不久,布谷鸟也来了。于是转入炎热的夏季,这是植物孕育果实的时期。到了秋天,果实成熟,植物的叶子渐渐变黄,在秋风中簌簌地落下来。北雁南飞,活跃在田间草际的昆虫也都销声匿迹。到处呈现一片衰草连天的景象,准备迎接风雪载途的寒冬。在地球上温带和亚热带区域里,年年如是,周而复始。

几千年来,劳动人民注意了草木荣枯、候鸟去来等自然现象同气候的关系,据以安排农事。杏花开了,就好像大自然在传语要赶快耕地;桃花开了,又好像在暗示要赶快种谷子。布谷鸟开始唱歌,劳动人民懂得它在唱什么:"阿公阿婆,割麦插禾。"这样看来,花香鸟语,草长莺飞,都是大自然的语言。

这些自然现象,我国古代劳动人民称它为物候。物候知识在我国起源很早。古代流传下来的许多农谚就包含了丰富的物候知识。到了近代,利用物候知识来研究农业生产,已经发展为一门科学,就是物候学。物候学记录植物的生长荣枯,动物的养育往来,如桃花开、燕子来等自然现象,从而了解随着时节//推移的气候变化和这种变化对动植物的影响。

节选自竺可桢《大自然的语言》

四、命题说话(下列话题任选一个,共40分,限时3分钟)

1. 印象深刻的书籍(或报刊)　　2. 对美的看法

模拟试卷(试卷4)

一、读单音节字词(100个音节,共10分,限时3.5分钟)

刻　肥　勤　闪　百　训　磕　俩　濒　坡　远　刷　浮　俏　拗　兄　蚌　额　惩　超
邢　吞　腺　浊　海　军　吹　热　份　贰　穷　垮　谋　止　庙　邹　胞　抢　疯　伤
虹　嫩　催　槛　扒　苍　东　翁　价　含　埋　乳　略　短　阳　骨　索　草　驴　怀
仍　港　挠　宣　泉　经　尊　丢　枕　贼　拐　垒　字　拔　梯　女　撞　尼　算　沉

二、读多音节词语(100个音节,共20分,限时2.5分钟)

装饰　　胸口　　走访　　迅速　　醉心　　梨核儿　　国民
特征　　招牌　　小朋友　溶洞　　考虑　　春天　　　精确
内在　　打盹儿　苍穹　　婴儿　　祈求　　富翁　　　审美
先生　　海关　　育才　　快乐　　如下　　东北　　　人文

下班	钢铁	打扮	恩情	战略	难怪		豆芽儿
远景	定额	职能	将军	火锅儿	冲刷		盘算
来宾	圆舞曲	挎包	疲倦	磁场	自以为是		

三、朗读短文(400个音节,共30分,限时4分钟)

　　我爱月夜,但我也爱星天。从前在家乡,七八月的夜晚,在庭院里纳凉的时候,我最爱看天上密密麻麻的繁星。望着星天,我就会忘记一切,仿佛回到了母亲的怀里似的。

　　三年前在南京,我住的地方有一道后门,每晚我打开后门,便看见一个静寂的夜。下面是一片菜园,上面是星群密布的蓝天。星光在我们的肉眼里虽然微小,然而它使我们觉得光明无处不在。那时候我正在读一些天文学的书,也认得一些星星,好像它们就是我的朋友,它们常常在和我谈话一样。

　　如今在海上,每晚和繁星相对,我把它们认得很熟了。我躺在舱面上,仰望天空。深蓝色的天空里悬着无数半明半昧的星。船在动,星也在动,它们是这样低,真是摇摇欲坠呢!渐渐地我的眼睛模糊了,我好像看见无数萤火虫在我的周围飞舞。海上的夜是柔和的,是静寂的,是梦幻的。我望着许多认识的星,我仿佛看见它们在对我眨眼,我仿佛听见它们在小声说话。这时我忘记了一切。在星的怀抱中我微笑着,我沉睡着。我觉得自己是一个小孩子,现在睡在母亲的怀里了。

　　有一夜,那个在哥伦波上船的英国人指给我看天上的巨人。他用手指着://那四颗明亮的星是头,下面的几颗是身子,这几颗是手,那几颗是腿和脚,还有三颗星算是腰带。经他这一番指点,我果然看清楚了那个天上的巨人。看,那个巨人还在跑呢!

节选自巴金《繁星》

四、命题说话(下列话题任选一个,共40分,限时3分钟)

　　1.我的一天　　2.对幸福的理解

普通话水平测试用话题[1]

说明:

本材料共有话题50例,供普通话水平测试第五项——命题说话测试使用。本材料仅是对话题范围的规定,并不规定话题的具体内容。

1. 我的一天
2. 老师
3. 珍贵的礼物
4. 假日生活
5. 我喜爱的植物
6. 我的理想(或愿望)
7. 过去的一年
8. 朋友
9. 童年生活
10. 我的兴趣爱好
11. 家乡(或熟悉的地方)
12. 我喜欢的季节(或天气)
13. 印象深刻的书籍(或报刊)
14. 难忘的旅行
15. 我喜欢的美食
16. 我所在的学校(或公司、团队、其他机构)
17. 尊敬的人
18. 我喜爱的动物
19. 我了解的地域文化(或风俗)
20. 体育运动的乐趣
21. 让我快乐的事情
22. 我喜欢的节日
23. 我欣赏的历史人物
24. 劳动的体会
25. 我喜欢的职业(或专业)
26. 向往的地方

---

[1] 国家语委普通话与文字应用培训测试中心.普通话水平测试实施纲要.北京:语文出版社,2022:470-471

27. 让我感动的事情
28. 我喜爱的艺术形式
29. 我了解的十二生肖
30. 学习普通话（或其他语育）的体会
31. 家庭对个人成长的影响
32. 生活中的诚信
33. 谈服饰
34. 自律与我
35. 对终身学习的看法
36. 谈谈卫生与健康
37. 对环境保护的认识
38. 谈社会公德（或职业道德）
39. 对团队精神的理解
40. 谈中国传统文化
41. 科技发展与社会生活
42. 谈个人修养
43. 对幸福的理解
44. 如何保持良好的心态
45. 对垃圾分类的认识
46. 网络时代的生活
47. 对美的看法
48. 谈传统美德
49. 对亲情（或友情、爱情）的理解
50. 小家、大家与国家

1. 习近平总书记关于语言文字工作的重要论述和要求

习近平总书记关于教育的重要论述和关于语言文化的重要指示批示精神为语言文字事业发展举旗定向，提供强大思想引领。

推广国家通用语言文字。2014年4月，习近平总书记在新疆考察时强调,"学好汉语将来找工作会方便些,更重要的是能为促进民族团结多作贡献"。2015年8月,习近平总书记在中央第六次西藏工作座谈会上强调,推广国家通用语言文字,努力培养爱党爱国的社会主义事业建设者和接班人。

加强国家通用语言文字教育。2019年9月,在全国民族团结进步表彰大会上,习近平总书记指出,要搞好民族地区各级各类教育,全面加强国家通用语言文字教育,不断提高各族群众科学文化素质。

构建和谐语言生活。2014年3月,习近平主席在联合国教科文组织总部发表演讲,阐述了构建和谐语言生活的理念:"如果世界上只有一种花朵,就算这种花朵再美,那也是单调的。"2014年9月,习近平总书记在中央民族工作会议上指出:"语言相通是人与人相通的重要环节。语言不通就难以沟通,不沟通就难以达成理解,就难以形成认同。"

加强语言文化国际交流合作。习近平总书记在国际交往中,多次谈到各国间语言文化交流的重要性,2014年3月在同德国汉学家、孔子学院教师代表和学习汉语的学生代表座谈时指出:"一个国家文化的魅力、一个民族的凝聚力主要通过语言表达和传递。掌握一种语言就是掌握了通往一国文化的钥匙。学会不同语言,才能了解不同文化的差异性,进而客观理性看待世界,包容友善相处。"2018年8月,习近平总书记在全国宣传思想工作会议上指出,要推进国际传播能力建设,讲好中国故事、传播好中国声音,向世界展现真实、立体、全面的中国。

传承弘扬中华优秀传统文化。习近平总书记在2014年5月参观北京市海淀区民族小学时指出:"中国字是中国文化传承的标志,书法课必须坚持"。2019年11月,习近平总书记致信祝贺甲骨文发现和研究120周年,提出"深入研究甲骨文的历史思想和文化价值,促进文明交流互鉴"。2024年6月,习近平总书记考察果洛西宁民族中学,详细询问了学生构成、课程设置、体育锻炼、普通话水平等情况。

党的二十大胜利闭幕后,习近平总书记在河南安阳考察时强调:"中国的汉文字非常了不起,中华民族的形成和发展离不开汉文字的维系。"

这些论述明确了当前包括普通话高质量推广在内的语言文字工作的意义、价值和方向。

2.党的十八大、十九大、二十大的会议要求

中国共产党第十八次全国代表大会提出"推广和规范使用国家通用语言文字"。

党的十九届五中全会提出"提高民族地区教育质量和水平,加大国家通用语

言文字推广力度"。

党的十九届六中全会提出"全面推行国家通用语言文字教育教学"。

中国共产党第二十次全国代表大会更是明确提出"加大国家通用语言文字推广力度"。

这些都是党对语言文字工作高质量发展提出的殷切希望和直接要求。

3. 提高语言文字国际影响力的要求

近十年来,语言文字战线坚持统筹国内国际两个大局,促进中外文明交流互鉴。

积极推进国际中文教育高质量发展。制定发布首个面向外国学习者、全面评价其中文水平的规范标准《国际中文教育中文水平等级标准》,并积极推动走向世界,已向海外发布8个语种对照版,与20多个语言教育机构进行标准对接。

现在正积极建立海外普通话水平测试站,打造中文水平考试(HSK)品牌。中文的国际地位和影响力随国家综合实力的提升而显著提升。

目前,中俄、中法、中德以及中国与东盟等双边和多边语言文字国际交流合作进一步加大。十几年来,国家加快推进语言文字工作治理体系和治理能力现代化,大语言文字工作格局不断健全。

教育部新闻发布会指出,截至2021年底,联合国教科文组织、联合国粮食及农业组织、世界旅游组织等10个联合国下属专门机构将中文作为官方语言,180多个国家和地区开展中文教育,76个国家将中文纳入国民教育体系,外国正在学习中文人数超2500万,累计学习和使用中文人数近2亿。

我国国家通用语言文字的国际影响力巨大,适时修订相关法律及规定正是提升这种影响力的应有之义。

4. 国务院办公厅关于全面加强新时代语言文字工作的意见[①]

国办发〔2020〕30号

各省、自治区、直辖市人民政府,国务院各部委、各直属机构:

语言文字是人类社会最重要的交际工具和信息载体,是文化的基础要素和鲜明标志。语言文字事业具有基础性、全局性、社会性和全民性特点,事关国民

[①]国务院办公厅.国务院办公厅关于全面加强新时代语言文字工作的意见.中华人民共和国中央人民政府网站,2021-11-30

素质提高和人的全面发展,事关历史文化传承和经济社会发展,事关国家统一和民族团结,是国家综合实力的重要支撑,在党和国家工作大局中具有重要地位和作用。新中国成立以来,特别是党的十八大以来,在党和国家的高度重视下,我国的语言文字事业取得了历史性成就。同时,国家通用语言文字推广普及仍不平衡不充分,语言文字信息技术创新还不适应信息化尤其是人工智能的发展需求,语言文字工作治理体系和治理能力现代化水平亟待提升。为全面加强新时代语言文字工作,经国务院同意,现提出如下意见。

一、总体要求

(一)指导思想。以习近平新时代中国特色社会主义思想为指导,全面贯彻党的十九大和十九届二中、三中、四中全会精神,按照党中央、国务院决策部署,坚持以人民为中心的发展思想,以推广普及和规范使用国家通用语言文字为重点,加强语言文字法治建设,推进语言文字规范化、标准化、信息化建设,科学保护各民族语言文字,构建和谐健康语言生活,传承弘扬中华优秀语言文化,提升国家文化软实力,为铸牢中华民族共同体意识、建设社会主义现代化强国贡献力量。

(二)基本原则。

——坚持服务大局、服务人民。立足我国发展新的历史方位,聚焦国家发展战略,加强顶层设计,充分发挥语言文字的政治、社会、文化、育人和对外交流功能,提高语言文字工作服务国家发展大局的能力,推进语言文字工作治理体系和治理能力现代化,服务人民群众学习使用语言文字和提升科学文化素质的需求。

——坚持推广普及、提高质量。坚定不移推广国家通用语言文字,加大民族地区、农村地区国家通用语言文字推广普及力度,提高普及程度,提升普及质量,增强国民语言能力和语言文化素养。

——坚持遵循规律、分类指导。准确把握我国语言国情,遵循语言文字发展规律,牢固确立国家通用语言文字的主体地位,树立科学语言文字观,改革创新、稳中求进、因地制宜、分类施策,妥善处理好各类语言文字关系,构建和谐健康语言生活。

——坚持传承发展、统筹推进。充分发挥语言文字的载体作用,深入挖掘中国语言文字的文化内涵。处理好传承优秀传统文化与适应现代化建设需求的关系。完善体制机制,优化资源配置,形成多方合力。

(三)主要目标。到2025年,普通话在全国普及率达到85%,语言文字规范化、标准化、信息化水平进一步提高,语言文字科技水平和创新能力明显提升,中华优秀语言文化得到更好传承弘扬,与人民群众需求相适应的语言服务体系更加完善。

到 2035 年,国家通用语言文字在全国范围内的普及更全面、更充分,普通话在民族地区、农村地区的普及率显著提高,国家语言文字事业取得长足发展,基本实现新时代语言文字工作治理体系和治理能力现代化。

二、坚定不移推广普及国家通用语言文字

(四)大力提高国家通用语言文字普及程度。按照"聚焦重点、全面普及、巩固提高"的新时代推广普通话工作方针,分类指导,精准施策。聚焦民族地区、农村地区,聚焦重点人群,加大国家通用语言文字推广力度,继续推进国家通用语言文字普及攻坚,大幅提高民族地区国家通用语言文字普及程度和农村普通话水平,助力乡村振兴。创新开展全国推广普通话宣传周和常态化宣传活动,增强全社会规范使用国家通用语言文字的意识。开展全国普通话普及情况调查和质量监测。建设一批有示范引领作用的国家语言文字推广基地。

(五)坚持学校作为国家通用语言文字教育基础阵地。加强学校语言文字工作,全面落实国家通用语言文字作为教育教学基本用语用字的法定要求。坚持把语言文字规范化要求纳入学校、教师、学生管理和教育教学、评估评价等各个环节,开展学校语言文字工作达标建设。建立完善学生语言文字应用能力监测和评价标准。大力提高教师国家通用语言文字核心素养和教学能力。加强教材建设,确保国家通用语言文字规范标准的贯彻落实。建设书香校园,提高学生国家通用语言文字听说读写能力和语文素养。除国家另有规定外,学位论文应当使用国家通用语言文字撰写。

(六)全面加强民族地区国家通用语言文字教育。在民族地区中小学推行三科统编教材并达到全覆盖,深入推进国家通用语言文字授课,确保少数民族初中毕业生基本掌握和使用国家通用语言文字、少数民族高中毕业生熟练掌握和使用国家通用语言文字。严把教师准入关,民族地区少数民族教师资格申请人普通话水平应至少达到三级甲等标准,并逐步达到二级乙等以上标准。加强民族地区教师国家通用语言文字教育教学能力培训。加强学前儿童普通话教育,学前学会普通话。开展"职业技能+普通话"能力提升培训,提高民族地区青壮年劳动力的普通话应用水平。充分利用现代化信息技术,提高民族地区国家通用语言文字教育教学质量。

(七)提升国民语言文字应用能力。学校、机关、新闻出版、广播影视、网络信息、公共服务等系统相关从业人员,国家通用语言文字水平应达到国家规定的等级标准。开展国家通用语言文字示范培训,提高教师、基层干部等人群国家通用

语言文字应用能力。开发普通话学习资源。推进普通话水平测试，完善国家通用语言文字应用能力测评体系。开展国民语言教育，提升国民语言文化素养，提高国民语言能力。

三、加快推进语言文字基础能力建设

（八）加强语言文字规范化标准化建设。加大行业系统语言文字规范化建设力度，强化学校、机关、新闻出版、广播影视、网络信息、公共服务等领域语言文字监督检查。将语言文字规范化要求纳入行业管理、城乡管理和文明城市、文明村镇、文明单位、文明校园创建内容。加强对新词新语、字母词、外语词等的监测研究和规范引导。加强语言文明教育，强化对互联网等各类新媒体语言文字使用的规范和管理，坚决遏阻庸俗暴戾网络语言传播，建设健康文明的网络语言环境。加强地名用字、拼写管理。鼓励有条件的地方开展城市、区域语言文字规范化建设工作。不断完善语言文字规范体系和标准体系。建立国际中文教育相关标准体系。做好规范标准的发布实施、推广宣传、咨询服务和评测认证工作。

（九）推动语言文字信息技术创新发展。发挥语言文字信息技术在国家信息化、智能化建设中的基础支撑作用，提升语言文字信息处理能力，推进语言文字的融媒体应用。大力推动语言文字与人工智能、大数据、云计算等信息技术的深度融合，加强人工智能环境下自然语言处理等关键问题研究和原创技术研发，加强语言技术成果转化及推广应用，支持数字经济发展。加强语言文字信息化平台建设，建设好全球中文学习平台，提供优质学习资源和信息服务资源。

（十）加强语言文字科学研究。支持语言文字基础研究和应用研究，鼓励学科交叉，完善相关学科体系建设。加强语言文字科研基地、平台建设，完善科技创新体系布局，提高研究水平和决策咨询能力，加强国家语言文字智库建设。提升科研工作管理水平，加强语言文字科研成果转化。

四、切实增强国家语言文字服务能力

（十一）研究制定国家语言发展规划。加强国家语言发展规划，将国家通用语言文字推广普及、语言文字规范化标准化信息化建设、民族语文教育、语言资源保护利用、外语教育、国际中文教育、语言人才培养等统一规划、统一部署。完善高校多语种外语教育规划和语种结构，培养和储备复合型语言人才。加强语言产业规划研究。坚持政府引导与市场运营相结合，发展语言智能、语言教育、语言翻译、语言创意等语言产业。

（十二）提高服务国家战略的能力。围绕国家需求，探索创新服务国家战略的语言文字政策和举措。加强粤港澳大湾区、自由贸易试验区、"一带一路"建设

等方面的语言服务。定期开展语言专项调查,为制定国家战略规划提供支撑。开展语言生活状况监测。加强国家应急语言服务。

(十三)满足人民群众多样化语言需求。建立语言服务机制,建设国家语言志愿服务队伍。提升城乡社区语言服务能力,提高少数民族进城务工经商人员语言文化服务质量。编制发布国内外语言政策和语言生活状况报告。加快手语和盲文规范化、标准化、信息化建设,加快推广国家通用手语和国家通用盲文,加强手语、盲文学科建设和人才培养,为听力、视力残疾人提供无障碍语言文字服务。为来华旅游、留学、工作、居住人员提供语言服务。

五、积极推进中华优秀语言文化传承发展

(十四)传承弘扬以语言文字为载体的中华优秀文化。实施中华经典诵读工程,加强中华优秀语言文化的研究阐释、教育传承、资源建设及创新传播。推动社会各界和各级各类学校开展中华经典诵写讲活动,加强中小学经典诗文教育、规范汉字书写教育。实施经典润乡土计划,助力乡村振兴战略。推动以甲骨文为代表的中华优秀传统文化传承发展,发挥古文字在中华文明传承发展中的作用。推进中华思想文化术语传播。加强地名文化遗产保护。培养更多学贯中西、融通中外的语言文化学者。加强中国当代学术和文化的外译工作,提高用外语传播中华文化的能力。

(十五)深化与港澳台地区语言文化交流合作。支持和服务港澳地区开展普通话教育,合作开展普通话水平测试,提高港澳地区普通话应用水平。加大与港澳台地区青少年语言文化交流力度,组织开展中华经典诵读展演、语言文化研修等活动。加强与港澳台地区在科技术语、中文信息技术、语言文字科学研究和人才培养等方面的交流合作。加强台湾地区语言文字政策研究。

(十六)保护开发语言资源。大力推进语言资源的保护、开发和利用。科学保护方言和少数民族语言文字。加强民族文字教材管理,提升民族语文教学质量。建设完善国家语言资源数据库,促进语言资源的开放共享。建设网络中国语言文字博物馆。推进中国语言资源保护工程建设,打造语言文化资源展示平台等标志性成果。

六、大力提升中文国际地位和影响力

(十七)加强国际中文教育和服务。加强国际中文教师队伍建设。吸引更多海外中文教师来华攻读中文国际教育相关硕士博士学位。构建全球普通话水平测试体系。完善国际中文教育考试标准。加强中文在海外华文学校的推广应用,加强海外华文教师培训。大力提升中文在学术领域的影响力,提倡科研成果

中文首发。推动提高中文在国际组织、国际会议的使用地位和使用比例。促进汉语拼音的国际应用。

（十八）拓展语言文字国际交流合作。拓展双边和多边语言政策和语言文化交流合作。推动中华经典诵读海外传播，打造交流品牌。建立与重点国家语言文字工作机构的政策、规划交流机制。推动将语言文字交流合作纳入政府间人文交流机制、"一带一路"文化交流与合作建设工程。

七、加强组织保障

（十九）加强党对语言文字工作的领导。把坚持和加强党的领导贯穿语言文字工作全过程。各级政府要高度重视语言文字工作，切实把语言文字工作纳入政府议事日程和相关工作绩效管理目标，建立健全工作机制、配足配齐工作人员。综合运用法律、行政、教育、科技等手段，履行政府依法监管语言文字应用和提供语言文字公共服务的职责，加快推进语言文字工作治理体系和治理能力现代化。把语言文字工作纳入各级政府履行教育职责评价体系，省级人民政府语言文字工作重要事项要及时向国家语委报告。强化县乡两级国家通用语言文字工作职能。

（二十）完善语言文字工作体制机制。国家语委统筹全国语言文字工作。健全完善"党委领导、政府主导、语委统筹、部门支持、社会参与"的管理体制，建立分工协作、齐抓共管、协调有效的工作机制。各级教育（语言文字）部门要积极发挥牵头协调、统筹推进作用。相关职能部门要依法履行语言文字工作职责，将语言文字规范要求纳入队伍建设、行业规范、监督检查等范围。健全国家语委委员会议、咨询委员会等议事机制。创新社会参与语言文字事业机制。探索多元化、多渠道、多层次经费投入机制。鼓励通过社会捐赠等方式支持语言文字事业。

（二十一）夯实语言文字工作法治基础。贯彻落实国家通用语言文字法。推动完善语言文字法律制度，制定相关配套规章。依法加强管理，确保国家通用语言文字作为机关的公务用语用字，作为学校、新闻出版、广播影视、公共服务等领域的基本用语用字。指导地方根据国家通用语言文字法的规定，完善相关地方性法规。将语言文字规范化要求纳入相关行业法规规章和规范标准。推动开展国家通用语言文字法执法检查。健全语言文字依法管理和执法监督协调机制。将语言文字法律法规的学习宣传纳入普法规划和普法教育内容。

（二十二）加强语言文字工作队伍建设。加强语言文字系统干部队伍培养培训，提高语言文字工作治理能力和水平。开展普通话水平测试员、相关行业从业人员语言文字培训。完善人才培养和使用机制，建设高质量语言文字科研人才队伍。健全激励机制,依法依规表彰奖励为语言文字事业发展作出突出贡献的组织和个人。

国务院办公厅
2020 年 9 月 14 日

5. 教育部 国家语委关于加强高等学校服务国家通用语言文字高质量推广普及的若干意见①

教语用〔2022〕2 号

各省、自治区、直辖市教育厅(教委),新疆生产建设兵团教育局,部属各高等学校、部省合建各高等学校:

学校是语言文字工作的基础阵地,高等学校在其中发挥着重要作用。长期以来特别是党的十八大以来,高等学校语言文字工作取得了长足进展,但也存在着从更高站位推广普及国家通用语言文字发挥作用不够充分,大学生语言文字应用能力不足,语言文字科学研究不能完全适应社会语言生活新发展,学校语言文字工作体制机制不够健全等问题。为贯彻落实党的二十大精神,深入贯彻《国务院办公厅关于全面加强新时代语言文字工作的意见》,进一步加强高等学校语言文字工作,充分发挥高等学校在服务国家通用语言文字高质量推广普及中的作用,现提出如下意见。

一、总体要求

以习近平新时代中国特色社会主义思想为指导,深入贯彻落实党的二十大精神,全面落实习近平总书记关于教育的重要论述和关于语言文化的重要指示批示精神,立足服务铸牢中华民族共同体意识,坚持服务国家发展大局和人民群众需求、坚持立德树人根本任务、坚持特色示范引领、坚持数字化赋能和创新驱动,聚焦高质量推广普及国家通用语言文字,将语言文字工作与高校人才培养、科学研究、社会服务、文化传承创新和国际交流合作等有机融合,更好服务教育和语言文字事业高质量发展,为教育强国和文化强国建设贡献力量。

---

① 教育部,国家语委.关于加强高等学校服务国家通用语言文字高质量推广普及的若干意见.中华人民共和国中央人民政府网站,2022-11-13

二、全面加强国家通用语言文字教育教学

（一）提高大学生语言文字应用能力。学生应具有"一种能力两种意识"（即语言文字应用能力和自觉规范使用国家通用语言文字的意识、自觉传承弘扬中华优秀语言文化的意识），高校要将其纳入学校人才培养方案，明确语言文字应用能力及标准并纳入毕业要求。强化学生口语表达、书面写作、汉字书写、经典诗文和书法赏析能力培养，促进语言文字规范使用。支持高校开设大学语文、应用文写作、口语表达、经典诵读等语言文化相关课程。加强语言政策和语言国情教育。强化语言文明教育，引导学生养成良好语言习惯，自觉抵制庸俗暴戾语言。加大普通话培训测试力度，为毕业生就业从事相关职业达到国家规定的普通话水平提供支持。

（二）提升教师语言文字教育教学能力。教师应熟悉党和国家语言文字方针政策及相关法律法规，熟练掌握相关语言文字规范标准，自觉落实国家通用语言文字作为教育教学基本用语用字的法定要求，具有坚定的文化自信，将推广普及国家通用语言文字与传承弘扬中华优秀语言文化有机融入课程思政。落实国家关于高校教师任职资格的普通话等级要求，鼓励具有副教授以上职称或博士学位的教师参加普通话水平测试并达到二级乙等及以上水平。鼓励教师积极参与语言文化类国家统编及相关规划教材、一流课程与教学成果的申报与建设。将参与推广普及国家通用语言文字作为教师社会服务考核的重要内容。分层分类开展培训，提升教师队伍语言文化素养。

（三）加强学校语言文字规范化和校园文化环境建设。将语言文字规范化要求纳入课堂教学质量监控、教材审查和学位论文抽检范围。除国家另有规定外，学位论文应当使用国家通用语言文字撰写。加快推进学校语言文字工作达标建设，2025年前须完成达标建设任务。充分发挥环境育人功能，加强校园语言文化环境建设，突出国家通用语言文字主体地位，弘扬社会主义核心价值观。将语言文字规范化建设纳入文明校园创建内容。建设书香校园，打造校园语言文字品牌活动，实现"一校一品牌"。加强语言文化类学生社团建设。

三、主动融入推普助力乡村振兴和文化强国建设

（四）服务全面推进乡村振兴。鼓励高校积极参与实施国家通用语言文字普及提升工程和推普助力乡村振兴计划，助力扎实推动乡村产业、人才、文化、生态、组织振兴。因校制宜、整合资源，面向农村和民族地区教师、青壮年劳动力、基层干部等重点领域人群和社会大众，开展国家通用语言文字能力提升、"普通话＋职业技能"等培训。积极参与经典润乡土计划，服务区域经济发展和乡土文

化传承,发挥学科专业优势,发掘整理地方特色语言文化资源,探索语言技术、语言生态、语言经济助力乡村产业发展、乡村文化振兴和建设宜居宜业和美乡村的特色模式。

(五)传承弘扬中华优秀语言文化。加强中华优秀语言文化的研究阐释、教育传承及创新传播,推动中华优秀传统文化创造性转化、创新性发展。传承经典诗文、书法、篆刻、曲艺等优秀语言文化,创建语言文化推广项目品牌。加强线上线下、开放共享的语言文化类优质课程与名师讲座建设。深入实施中华经典诵读工程,积极参与诵写讲师资队伍、经典诵读课程和教材体系建设,积极开展节庆日诵读活动。实施中华思想文化术语传播工程,积极参与思想术语的整理、译写、研究及传承教育。积极参与和支持古文字与中华文明传承发展工程建设,加强古文字研究相关人才培养和学科建设,举办古文字知识宣传教育活动。

(六)增进与港澳台语言文化交流。支持开展粤港澳大湾区语言服务和科学研究,为港澳地区开展普通话教育、普通话水平测试、经典文化传播等提供支持服务。鼓励与港澳地区高校建立国家通用语言文字教育合作机制。加强与港澳台地区在中华优秀传统文化、中文信息技术、语言文字科学研究和人才培养等方面的交流合作。

(七)深化语言文化国际交流合作。立足学校特色和区位优势,加强与国外高校、研究机构、国际组织的语言文字交流合作。鼓励有条件的高校参与建立海外普通话培训测试机构。提倡学术成果中文首发,提倡以学校为主举办的国际学术交流活动和国际学术会议将中文作为主要语言。鼓励参与语言文字国际标准化工作,支持有关专家在国际组织机构担任职务、发挥作用。

四、积极探索推普服务社会应用和人民群众需求新手段

(八)增加国家通用语言文字服务社会供给。建好建强现有高校普通话水平测试站点,新建一批测试站点,主动面向社会人员开展普通话水平测试。加强国家通用语言文字宣传推广和语言志愿服务、应急语言服务、特殊人群语言服务等。探索与中小学、幼儿园、地方政府、社区街道等建立长效合作机制,积极开展国家通用语言文字教育教学质量提升结对帮扶、社会应用监测等活动。充分利用新媒体平台,加强国家通用语言文字知识普及和政策宣传,满足社会大众提高生活品质的语言文化新需求。

(九)推动语言文字科学研究聚焦社会应用。加强有组织科研,推动语言文字与人工智能、大数据、云计算等相关学科的深度融合,在语言文字信息技术关键领域有所突破。落实国家语委"十四五"科研规划,提升语言文字科研创新力、服务力和影响力。打造一批语言文字类一流学科与科研成果。以国家语言文字推广基地、国家语委研究基地为引领,建设一批语言文字应用研究高地、决策咨询智库。引导高校围绕国家通用语言文字普及质量提升、推普与铸牢中华民族共同体意识关系、网络空间语言新现象、社会领域应用新需求、面向区域协调发展的语言服务等重大问题开展研究,重点从法理、学理、事理角度做好推广国家通用语言文字政策的研究阐释。推动语言文字科研成果向教育教学、决策咨询、社会应用等方面转化。

(十)探索数字化赋能推普新举措。创新数字化智能化推普新模式,提升国家通用语言文字学习使用效能。鼓励高校语言文字科研成果与教育数字产业之间的转化、融合、赋能。积极建设国家通用语言文字数字化资源、教学和科研平台。支持全球中文学习平台和国家语言资源服务平台建设。鼓励建设特色鲜明的语言资源库、语言博物馆,逐步实现与中国语言文字数字(网络)博物馆、地方文化馆和科技馆等的互联互通。

五、创新高校语言文字工作体制机制

(十一)强化组织领导。学校党委、行政要加强对语言文字工作的领导,将语言文字工作纳入学校党委会或校长办公会议事日程。建立健全"党委领导、行政主导、语委统筹、部门(院系)协同、全员参与"的管理体制。成立由校领导任主任、行政管理部门牵头、有关职能部门和部门(院系)负责人以及专家任委员的语言文字工作委员会。将语言文字工作经费纳入学校年度预算,给予人员、设施条件等保障。各级教育行政部门要加强统筹协调,在政策、经费、项目等方面给予支持。

(十二)推进队伍建设。加强语言文字工作专兼职干部、普通话水平测试员队伍建设,定期开展培(轮)训。整合不同专业的人才资源,建立一支能力突出、经验丰富的国家通用语言文字推广团队。建立由教学、科研、管理人员组成的语言文字专家库。鼓励举办高校语言文字工作论坛、国家语言文字推广基地联盟会议等,促进经验交流和人才培养。

(十三)加强制度保障。逐步建立高校语言文字工作报告制度,按照学校隶属关系向上级教育行政部门报送年度报告(部省合建高校同时报教育部及省级教育行政部门),相关内容作为学校人才培养质量报告组成部分。各级教育行政部门将高校语言文字工作纳入教育督导,强化结果应用。健全考核评价机制和激励机制,依法依规表彰为语言文字事业发展作出突出贡献的组织和个人。

教育部 国家语委
2022 年 11 月 18 日

6. 大学生 PSC"命题说话"环节的特征①

一、命题说话的基本特征

自 20 世纪 80 年代以来,学者们开始从复杂性的视角来研究自然界和人类社会的复杂现象。其中,代表人物美国学者默里·盖尔曼认为,复杂性是系统演化有序性、结构层次性、形态多样性等性质的概念表述,是有效复杂性。法国学者埃德加·莫兰则认为:复杂性既包括有序,也包括无序;既包括随机性,也包括组织化。综合而言,复杂性思维方式一般具有以下几个基本特征:

第一,自组织性。作为一个复杂系统,它能够自我适应环境的变化,并在应对环境变化的过程中自动地发展或改变。"系统的结构不是先验设计的结果,也不是直接由外部条件决定的。它是系统与其环境之间相互作用的结果"②。

第二,非线性。事物发展变化"包括了较高级的秩序、非线性的过程,不可能以一组线性微分方程来进行建模"③。换言之,它是繁复多样的。

第三,不可还原性。事物以系统的方式存在,同时还不断生成和消逝。一个复杂系统,会随着时间而变化发展,是绝对的。

第四,开放性。"复杂系统通常是开放系统,即它们与环境发生相互作用。系统的范围并非系统自身的特征,而常常由对系统的描述目标决定,因而往往受观察者的位置的影响。"④复杂系统都是开放的,与其环境存在着非线性的、有机的相互作用。

PSC 即普通话水平测试,"命题说话"是第四个环节,其目的是"测查应试人在无文字凭借的情况下说普通话的水平,重点测查语音标准程度,词汇、语法规范程度和自然流畅程度"⑤。在复杂性理论宏观视角的关注下,这个环节显示出鲜明的特征,有必要进行清晰的描述以显示和提升其测试价值和技能。

---

①薛猛,叶宏慧.大学生 PSC"命题说话"环节的特征.沈阳师范大学学报:社会科学版,2012,36(02):5-8.(有调整和修改)

②保罗·西利亚斯.复杂性与后现代主义:理解复杂系统.曾国屏,译.上海:上海科技教育出版社,2006:126.

③保罗·西利亚斯.复杂性与后现代主义:理解复杂系统.曾国屏,译.上海:上海科技教育出版社,2006:126.

④保罗·西利亚斯.复杂性与后现代主义:理解复杂系统.曾国屏,译.上海:上海科技教育出版社,2006:126.

⑤国家语言文字工作委员会普通话培训测试中心.普通话水平测试实施纲要.北京:语文出版社,2022:3.

二、命题说话的复杂性特征

（一）自组织性

在大学生群体中，普通话测试的功能集中表现在两个方面：一是毕业、就业的实际需要；二是兴趣爱好。这要求学生群体的普通话能力与水平要与这两个方面的需求相适应。其中，学生群体的自组织性，显示出较强的活力，这是普通话学习、训练和测试过程中的特征之一，命题说话环节，尤其如此。

按要求，省级语言文字工作主管部门根据国家语言文字工作部门发布的《普通话水平测试等级标准》和测试机构对应试人的测试成绩评定，颁发普通话水平测试等级证书。就业对普通话的等级有一定的要求，这种实际需求使参加普通话测试的大学生群体自组织性特点更突出，努力认真，自我发展，在语音方面有更多的专业性表现。例如，笔者在对某专业50名考生进行普通话测试的时候，她们的语音体现出了较强的学科专业性，表现在两点：一是声母中舌尖前后音的舌位较准确，71%的学生合格，尤其是舌尖后音的舌位较准确，个别出现问题的也是舌位偏前，体现出了较强的自控力；二是韵母的语音缺陷也非常相似，52%的学生都集中在复韵母单元音化的问题上，这与专业特点相关。如航空服务专业是以陈述性播音为主，基于这个特点，声母的发音准确度要求较高，在声母清晰的基础上，韵母以完成基本发音为特点，缺少动程，单元音化严重，但是因为不影响语意的表达，在实际的语流中，这个问题没有得到重视，普通话测试正表现出了这个语音缺陷特点。如果克服了这个障碍，其测试水平与能力会得到有效提高。因为兴趣爱好的原因，学生学习与训练的内驱力较强，投入精力较多，训练比较积极、问题的克服意识较强。这种自组织性有较强活力，应该保持其状态，推动其发展。

（二）不规则性

首先，大学生群体的个体差异较大，在性格特点、情感经历、知识技能、学习习惯等方面均有不同特点，在对普通话测试命题说话环节的学习与训练上，水平表现不同。其次，学生群体命题说话的基本特点趋同与学生个体语音特点存在矛盾，有不规则性。例如，在说话内容方面，在笔者上半年测试评分的400名学生中，有21%是来自他人的文稿，29%说话内容无法连贯。但是，学生个体语音特点又不相同，除舌尖前后音、舌面音和前后鼻韵母的类型缺陷外，其余均不超过10%。这使得在命题说话中，学生的表现同中有异，显示出了不规则的特征。这种不规则性给普通话的学习、训练与测试都带来了难度。再次，学生群体的学习与生活环境及学生个体语音特点间存在矛盾，有不规则性。就大学生群体而言,信息来源广泛,思维活跃,有助于对普通话语音知识及训练方法的理解,但是其学习与生活环境相对单一,但却表现出了较复杂的语音特点,这与相对集中的学生群体的语音面貌有直接的关系。随着这些相对集中的学生群体的语音面貌的水平高低和变化,学生个体的语音面貌会有相应的变化。另外,培训的地域针对性与学生群体所属地域来源的广泛性存在矛盾,有不规则性。在普通话的培训与测试中,通常是针对本省区域性语音特征进行训练,而学生群体往往来自全国各地,这个问题在高校林立的直辖市、省会城市和沿海城市尤为突出。

(三)交互性

任何有所关联的事物之间都存在一定的交互性,互相影响,相互制约,其复杂性意义十分突出。普通话水平测试与培训促进着学生命题说话水平与能力的提升。普通话水平测试直接要求了声母、韵母、声调、句调、词汇、语法等方面的规范性,这种规范性的要求同时规范了学生普通话的相应内容,提供了学习方向和目标,使学生在学习与训练、测试的过程中提升了普通话基本理论与实践能力,提升了口语水平。笔者所测试的 400 名考生来自高校,舌面音 j、q、x 出现的缺陷率达 38%,舌尖后音 zh、ch、sh 的缺陷率达到 17%。这两种缺陷虽然因为方言区群体纠正有一定的困难,但是因为学校的特殊环境及学生群体的可塑性,还是可以较好解决的,这也说明普通话培训与训练还要充分地展开,也不能仅仅是原"生态",不能仅仅是"考试"的目的,还要明确学习普通话的基本目的与意义,普及普通话的基本知识并进行基本训练。这种引导功能本身是一种过程,指导学生在学习、培训与应试过程中迅速提高自己的普通话水平与技能。

三、有复杂性特点的多维归因

(一)认知的复杂性归因

命题说话环节一直使学生感觉非常困扰,体现在学生的普通话认知原因上,具有复杂性特点。从复杂性角度看,有着不可还原性,即事物不仅以系统的方式存在着,还不断生成和消逝着,且运动发展是绝对的,不可还原于其历史的状态。

学生群体更多关注本身或者其他同学命题说话的经验式总结,不关注动态反思。在普通话测试后,通常应该有反思过程,但是事实并非如此,从笔者所测试的 400 名学生看,超过 50% 的学生依然出现声韵母问题,而且主要是舌位不准确。可见学生群体在日常训练中仅满足于一般的经验式总结,如说话是否流畅、是否有说错的字音、是否离题等,从测试的过程看,他们习惯有定式,喜欢有套路,不舍成文,囿于技巧。他们确实在试图解决这些问题,但这些不是主要的,还要充分思考命题说话环节的语音基本要求、词汇和语法的基本标准,反思自己的缺陷,有针对性地开展训练,不能期望相同的说话内容总是相同的测评分值,毕竟应试群体不同,这是发展变化的。

关注测试过程,不关注测试理念的更新。认真备试、应试是对自身普通话水平进行优化的体现,但是因为学生获取普通话相关知识信息和学习资源的手段、环境及学习目的都发生着变化,因此,备试与应试的过程处于变化之中,不能将其视为一种单一的技能,也不能将一般意义的测试流程当作是普通话水平测试的全部,而要对普通话学习理念进行更新。普通话不能用"知识"来涵盖,有他的时代意义、社会意义和科学意义,作为大学生,作为未来社会的主人,在普通话的学习过程中,有必要进行普通话学习理念的更新,进而在学习方法及测试实践等方面取得一些有意义的收获。马克斯·范梅南认为:"(疑问、困境、困难)永远也不会消失。它始终是教育对话的主题。它需要我们这些希望从洞察中获益的人以一种更加适当的个人方式去接近它们。换句话说,'困难'是某个我们必须去阐述、研究并始终保持关注的东西。"[1]

(二)训练的复杂性归因

复杂性有自组织的特点,通常,事物在质变发生前,会有较短的时间,系统的平衡控制有较明显减弱。仅就这一点而言,复杂系统在远离平衡态的条件下保证正常运行,因此就要有不断的能量保持系统的组织,保证其存活。因此,不平衡,即控制的减弱有利于新结构的产生。自组织的特点,是促使系统向新结构改变的重要手段。

语音训练课程在教与练的过程中,需要注意到学生的自组织性。普通话测试"命题说话"语音技能,不是靠教师的知识传授,不能靠教师的"教""练",或者靠"平衡"、靠简单地模仿式习得来求取水平的提升和发展,而应该是测试者本身全心全意地投入,是其自组织的结果。只有其本身有充分的主动意识去学习、锻炼、提升自己的语音能力,并在实践中进行充分的运用,才能从本质上解决问题。正如马克斯·范梅南所说:"计划的一个特点是,从某种意义上说,它将每一个主体变成物化了的客体。甚至作为计划对象的孩子也变成了一个客体,他的行为和反应被我们以一种更加操纵的、可预见性的方式来加以考虑,即使是计划者本人在计划中也必须变成一个客观的因素。"[2]

语音训练课程关注了语音技能教学行为本身,但较少关注学生的学习训练目的与生活经验。"命题说话"的语音训练课程一般将教学目的设定为关注

---

[1] 马克斯·范梅南.教学机智:教育智慧的意蕴.李树英,译.北京:教育科学出版社,2001:104.
[2] 马克斯·范梅南.教学机智:教育智慧的意蕴.李树英,译.北京:教育科学出版社,2001:99.

测评规则,针对地域性特点进行语音技能训练。但是,除去规则与地域性特点,学生还普遍在学习目的与生活经验上有所区别。从学习、训练目的上看,有将来的工作需求,有自身的素质提高需求,有毕业学分要求,还有简单的体验目的等等,这就使学生在训练层次与内容上有不同的需求与重点,直接影响着学生训练的成效与内容。从学生的生活经验上看,生活经验、学习经验不同,更有不同的学习习惯,对"命题说话"而言,这些"不同"都影响着学生的学习效果。这说明,只针对语音缺陷的培训,不关注和了解学生群体的特点与倾向性,是无法有效开展教学的。让学生有效地进行自组织学习,才能把握有效的教育机会,这就是陈望道先生所提及的"表现":"虽然也以客观的经验作为根据,却不采取抽象化、概念化的法式,而用另外一种特殊的法式,其表达的法式是具体的、体验的、情感的。"①

(三)学习环境的复杂性归因

在学习环境中,学习群体习惯关注控制力,不关注自身的学习参与。按传统学习认识,无论是教师的"教"还是学生的"学",都习惯于既定设计,按预计的流程进行教学或者操作。从这个角度看,教师是主体,学生是被动的,但是,从理性上说,普通话培训与学习的过程是一个有序与无序、确定与不确定、简单与复杂相互交融的过程,是各种影响因素持续不断解体与重组的复杂过程。在这个过程中,如果单单是教的因素起作用,或者是普通话教学资源起作用,都会使学生群体处于被动接收状态,其直接结果必然使普通话的教与学处于僵化无效的境地。因此,有必要关注学习的参与,不关注问题的生成,正如埃德加·莫兰所说的,现实世界的"一个理论不是一个目的地,它只是一个可能的出发点。一个理论不是一个解决的办法,它只是处理问题的可能性"。因此,我们必须创设一种多元共生的空间地带。

学习环境中,学习群体习惯关注常见的命题说话的误区,却不关注自己个体意义的学与练。从当前普通话测试的命题说话的实例看,学生对题目的理解是正确的,对语音中的声、韵母问题也有所关注,对方言问题有所重视,对语法问题也有所关注,这些关注使命题说话中几个关键点的扣分有所减少,其表述的方式方法甚至出现了模式化倾向。普通话推广的目的,是让每名学生的普通话水平有所提升,作为学生群体应该关注自己地域色彩等普通话有倾向性的问题,作为教师则应该提倡和强化运用各种个性化的普通话教学与训练技巧和教学观点来解读学生纷繁的普通话测试表现,力求通过多视角的教学和多样性的示例与训练对学生群体的普通话练习与测试产生积极的启迪与范导作用。

---

① 陈望道.修辞学发凡.上海:上海文艺出版社,1959:47.

7. 中小学现代诗歌与古代诗歌朗读指导①

(1)中国现代诗歌

《沁园春·长沙》毛泽东

独立寒秋,湘江北去,橘子洲头。看万山红遍,层林尽染;漫江碧透,百舸争流。鹰击长空,鱼翔浅底,万类霜天竞自由。怅寥廓,问苍茫大地,谁主沉浮?

携来百侣曾游,忆往昔峥嵘岁月稠。恰同学少年,风华正茂;书生意气,挥斥方遒。指点江山,激扬文字,粪土当年万户侯。曾记否,到中流击水,浪遏飞舟?

【文本梳理】

《沁园春·长沙》是毛泽东于1925年秋从韶山前往广州主持农民运动讲习所,途经长沙时所作。词的上阕用重笔墨描绘了生机盎然的湘江寒秋图,并借由"万类霜天竞自由"这一自然界的生命现象,提出了苍茫大地应该由谁主宰的问题;下阕注重抒情,通过回忆往昔的峥嵘岁月,表现出革命者们浪遏飞舟的革命豪情壮志。

【艺术特色】

全词洋溢着积极乐观的壮志豪情,上阕中,"看"字总领全词,词人将橘子洲头的风光尽收眼底,视野无尽;"万山红遍"不仅生动地写出了枫林的惊艳秋景,更象征着词人心中对革命形势的愿景;景物描写中,词人从不同视觉角度选取了具有代表性的秋景,动静相宜,远近呼应,使全词充满生命激情。下阕抒情,"忆"字将词人的思绪带回到同学少年时期,同时塑造了指点江山的青年革命者形象,表现出词人的革命家胸怀。

【主题思想】

《沁园春·长沙》不仅表达了毛泽东同青年革命家们同学少年的情感,更是站在国家命运的高度,表现出一种以天下为己任的责任感和使命感,浪遏飞舟豪情满怀,使人心生敬意。

---

①本书编写成员编写。

【朗读指导】

读准确：朗读本词首先要注意读准"百舸""寥廓""峥嵘""方遒""浪遏"等字的字音。《沁园春·长沙》这首词通过对湘江辽阔天地的描写，抒发词人以天下为己任的责任感和使命感，这就使得全词意境开阔，因此在朗读时，要注意读出这种激昂的情感。

读恰切：《沁园春》在格律上表现为"双调，一百十四字。前段十三句，四平韵；后段十二句，五平韵"。朗读此词应当注意词牌的格律特点。此外，这首词感情强烈，以上阕为例，"看万山红遍，层林尽染"中，"看"是总领，朗读重音应在"看"字上。

读个性：本词体现了作者的满怀豪情，壮志凌云，因此，要在理解情感的基础上结合自己个性化的理解，积极融入情感，读出其时代意义与价值。

《我爱这土地》艾青

假如我是一只鸟，
我也应该用嘶哑的喉咙歌唱：
这被暴风雨所打击着的土地，
这永远汹涌着我们的悲愤的河流，
这无止息地吹刮着的激怒的风，
和那来自林间的无比温柔的黎明……
——然后我死了，
连羽毛也腐烂在土地里面。

为什么我的眼里常含泪水？
因为我对这土地爱得深沉……

【文本梳理】

《我爱这土地》是现代诗人艾青于1938年写的一首现代诗。抗日战争爆发后，艾青怀着爱国热情，投身于反侵略的爱国主义斗争中。本诗凝聚了作者对祖国的热爱。本诗的意象是土地，象征着危难中的祖国，作者将其对祖国深沉的爱融入意象中。"为什么我的眼里常含泪水？因为我对这土地爱得深沉……"更成为深动人心的佳句，表达了作者至死不渝的伟大而深沉的爱国主义情感。

【艺术特色】

本诗的语言特色深沉且激昂,构思精巧,诗行渗透着对祖国深沉的爱和对侵略者直白的恨。本诗以"假如"总领,用"嘶哑"描述鸟儿的歌唱,并由生前的歌唱,续写鸟儿死后回归大地,最后以诗人的形象,直抒胸臆,描写了诗人真挚、炽热、坚决的爱国之心。

【主题思想】

作者通过描述他生活的这片被欺凌的祖国大地,内心悲痛直入心底,心中"悲愤"像"无止息地吹刮着的激怒的风";他热爱生活的这片土地,甚至为了祖国痛苦而死,也不愿意离开这里。呈现了作者真挚、炽热、坚决的爱国情感。

【朗读指导】

读准确:要注意读准"嘶哑""激怒""止息"等字音,这是一首动人心魄的爱国诗,朗读时应准确把握本诗的主题。

读恰切:本诗饱含着热切的爱国情怀,因此朗读时要注意控制节奏与语调,例如第一句中,"假如我是一只鸟/我也应该用嘶哑的喉咙歌唱"应是低沉、缓慢而坚定的,气息要配合朗读时的具体情感。"河流""风""黎明"分别有不同的象征,因而在朗读的语气上要有所区别和变化。

读个性:朗读本诗时,要注意读出真实、炽热的情感,结合自己的其他阅读经历,揣摩诗中自然而然的爱国情感,不能刻意做作,重点突出自己对爱国情感的理解,有个性地进行朗读。

《你是人间的四月天》林徽因

我说你是人间的四月天;
笑响点亮了四面风;
轻灵在春的光艳中交舞着变。

你是四月早天里的云烟,
黄昏吹着风的软,
星子在无意中闪,
细雨点洒在花前。

那轻，那娉婷，你是，
　　鲜妍百花的冠冕你戴着，
　　　你是天真，庄严，
　　　你是夜夜的月圆。

　　雪化后那片鹅黄，你像；
　　新鲜初放芽的绿，你是；
　　　柔嫩喜悦，
　　水光浮动着你梦期待中白莲。

　　你是一树一树的花开，
　　　是燕在梁间呢喃，
　　——你是爱，是暖，是希望，
　　　你是人间的四月天！

【文本梳理】

《你是人间的四月天》是女诗人林徽因的经典诗作，关于这首诗的主旨说法不同：有说是为悼念友人而作；有说是为林徽因孩子的出生而作，多数研究者采取第二种说法。本诗共有五个诗节，每一节都妙用意象，通过描写四月独有的"云烟、白莲、嫩芽、燕子"等春天中美的意象，回环复沓地抒发了诗人对"你"的喜爱和赞美之情，意在诗中，情在诗外。

【艺术特色】

林徽因受当时新月派诗风和格式影响，在结构、句法、用韵、传情方面继承和弘扬了格律诗的专长，同时又有反思超越。本诗一至四节结构基本相同，回环复沓，流畅明快，结构简洁，自然舒展。"是爱，是暖，是希望"直指诗文主旨，层层递进，热切强烈，极富感染力。并与诗文开头的"你是人间的四月天"相互呼应、点染，使全诗的情感共鸣达到极致，激荡人心。

【主题思想】

梁从诫先生在《倏忽人间四月天》中说："父亲曾告诉我，《你是人间的四月天》是母亲在我出生后的喜悦中为我而作的，但母亲自己从未对我说起过这件事。"本诗的主题思想可以视为母亲写给孩子的抒情诗。林徽因清新、细腻、热切又磅礴的诗情在四月的春风中昂然绽放，赞美新生，歌唱生命。金岳霖评论此诗:"一身诗意千寻瀑,万古人间四月天。"

【朗读指导】

读准确:要读准"娉婷""鲜妍""冠冕""呢喃"等字的读音,本诗是母亲写给孩子的赞美诗,注意品味语音的喜悦、希望之情,朗读时要注意停顿、节奏与重音,传情、传意。

读恰切:本诗深受新月派诗风影响,追求音乐美、绘画美、建筑美,在朗读本诗时,要注意对全诗结构、语意、诗情的准确把握。每一诗节中,诗人都有不同的意象生成,要根据不同的生成调整朗读语气和气息。

读个性:全诗浸润着愉悦、自由的生命意蕴,朗读此诗,注意体会"雪化后那片鹅黄""新鲜初放芽的绿"等四月春意中清新、灵动的景象带来的欢欣之情,而不要拘泥于僵化、单一、机械的套路。

《乡愁》余光中

小时候
乡愁是一枚小小的邮票
我在这头
母亲在那头

长大后
乡愁是一张窄窄的船票
我在这头
新娘在那头

后来啊
乡愁是一方矮矮的坟墓
我在外头
母亲在里头

而现在
乡愁是一湾浅浅的海峡
我在这头
大陆在那头

第一章 绪 论

【文本梳理】

《乡愁》为诗人余光中的作品,是一首以思乡为主题的现代诗。全诗分为四个诗节,叙述了诗人小时候、长大后、后来和现在四个人生阶段中的不同境况,以时间为序写出了诗人母子分离、夫妻分别、母子永别和两岸相隔的四种离愁,并以邮票、船票、坟墓和海峡四个具体意象表述四段经历。诗歌在内容上环环相扣,真切自然。

【艺术特色】

诗中,邮票、船票、坟墓和海峡四个意象选用恰切,四个意象在本诗中意味着分离和思念,将诗人心中的乡愁具象化,使读者产生强烈的情感共鸣。整首诗结构整齐,韵律和谐,回环往复而一唱三叹,别有意味。

【主题思想】

余光中被誉为"诗坛最后的守夜人",其诗歌创作风格浓郁、真实。他热爱中华优秀传统文化,礼赞"中国,最美最母亲的国度",称"蓝墨水的上游是汨罗江""我的血系中有一条黄河的支流"。余光中创作了多首思乡诗,《乡愁》是最负盛名的作品之一。在诗中,诗人表达了渴望祖国统一的情感,情真意切。

【朗读指导】

读准确:要注意读准字音,本诗的语言通俗易懂,却蕴含着深刻的思想感情,因此要在理解诗人思想情感的基础上用准确的语音传递情感。

读恰切:这首诗结构整齐、韵律相和,朗读时要注意控制语调,保持四个小节的同一性、连贯性。《乡愁》抒发的是忧郁、悲伤的情感,因而在朗读时语速不宜过快,要符合诗歌原本的基调。

读个性:邮票、船票、坟墓和海峡四个具体意象意味着母子分离、夫妻分别、母子永别和两岸相隔的离愁,从情感强烈程度上看,呈现出递增的趋势。因此,在朗读时要注意把握四种离愁的语气区别和情感旨向。

(2)中国古代诗歌

《九月九日忆山东兄弟》王维

独在异乡为异客,
每逢佳节倍思亲。

遥知兄弟登高处，
遍插茱萸少一人。

【文本梳理】

《九月九日忆山东兄弟》入选小学教材,是王维因重阳节思念家乡亲人而作。前两句写佳节家人团圆相聚之际,诗人在异乡举目无亲,用平实幽直的语言概括出作者的思乡感伤之情,"每逢佳节倍思亲"更成为千古名句直抨人心;后两句写重阳节登高的风俗,诗人遗憾自己无法与远在故乡的兄弟们一起佩戴茱萸,登高处,无尽憾叹。

【艺术特色】

本诗的语言简洁朴素,诗人用直切生活的语言呈现心中的思乡感伤。动撼人心,千古回荡。是最能表现羁旅思乡感情的格言式诗句。

【主题思想】

本诗直描思乡之情,旅人们独处异乡时此诗仍然能传递思乡的深情,仍然能汇聚生命的力量,直击人心。这份力量朴实、深厚且幽远不息。《唐诗直解》认为"诗不深苦,情自蔼然,叙得真率,不用雕琢"自是本诗审美情趣所在。

【朗读指导】

读准确:《九月九日忆山东兄弟》这首诗不论是从语言上还是情感上都比较容易理解,诗人用平实的语言来诉说自己心中的思乡感伤,其基调是感伤、低沉的,朗读时要注意韵母的适度饱满,降低音高。

读恰切:本诗是七言诗,在朗读时要注意七言诗节奏的一般规律,既不能随意停顿,又不能僵守节奏。就这首诗而言,思乡的情感主要体现在"倍思亲"和"少一人"这一组对比中,因此要根据主题进行重音及节奏、韵律处理。

读个性:朗读此诗时,要注意结合自己的经历体会作者的思乡之情,语调、语速恰切诗意与自己的真实体验,用自己的声音来传递对亲人的思念之情。

《送元二使安西》王维

渭城朝雨浥轻尘，
客色青青柳色新。

劝君更尽一杯酒，
西出阳关无故人。

【文本梳理】

《送元二使安西》入选小学教材，是唐代诗人王维送友人去西北边疆时所作。前两句写送别的时间、地点、环境，渲染情境；后两句写诗人与友人的将惜别之情浸润于劝酒辞中。"劝君更尽一杯酒"，就像是一杯浸透了诗人对友人深挚情感的深沉乐曲，涤荡人心，久久回旋。"西出阳关无故人"，道出离别情愫，唱尽人生真情。

【艺术特色】

本诗后两句用极简之笔写尽离情，言清意丰，留白启思。作者并没有描写饯别细节，只写了与友人"劝酒"相别的片段，引导读者的想象和创造。本诗情景交融却又自然妥帖，将即将分离的忧伤不舍之情表达得淋漓尽致。诗中的"西出阳关"并非指友人出阳关、入险道，应该是指友人完成任务顺利返程。

【主题思想】

本诗所描写的是别离，却不伤感；是深情，却又简洁。笔法洗练，细节中见相知，不舍中有祝福，经典而有特色。本诗后来编入乐府，成为最有共鸣、最富感慨的友谊之曲之一。

【朗读指导】

读准确：要注意读准"渭城""浥轻尘"等字音，《送元二使安西》是一首送别诗，诗人通过写临别时劝酒之景，表达对友人的不舍与祝福之情，因此在朗读时要遵循诗歌情感平淡自然却内在火热的基调，读出离别深情。

读恰切：初读本诗时，要注意到前两句对景物的描写和后两句对情感的抒发的效果，分别读出不同的色彩；深读本诗时，要注意将景物与情感相和，深情朗读，追求情景声交融的效果。

读个性：王维用最简洁凝练的语言表达出了最深厚的情感，"劝君更尽一杯酒，西出阳关无故人"这句深情独白写尽别情，一时冠冕。因此在朗读时，不必将感情局限于对诗文词语的理解，可以结合自己与朋友分别的体验，真实读出自己所理解的离别之意。

《清平乐·村居》辛弃疾

茅檐低小,溪上青青草。醉里吴音相媚好,白发谁家翁媪?
大儿锄豆溪东,中儿正织鸡笼。最喜小儿无赖,溪头卧剥莲蓬。

【文本梳理】

《清平乐·村居》入选小学教材,全词描绘了一家五人在农村颇有情趣的生活画面,具有浓厚的生活气息,极富生气,反映了人情之美和生活的情趣,体现出词人对乡村闲适、宁静生活的向往与热爱。

【艺术特色】

词人恰当使用了反衬的艺术手法,描述恬静闲适的乡村生活,极具趣味,一幅幅生动的画面,激发读者的想象力,极多留白,生气勃勃,给读者留下了深度体验的契机。这与词人在《鹧鸪天》中的"城中桃李愁风雨,春在溪头荠菜花"相似,皆为精品,妙用生机。

【主题思想】

乡村人家的常态生活,却凡而不俗、有声有色,面貌可见,气息可闻,温馨、自然、和谐中,体现了词人对乡村田园安宁、恬静、生机勃勃生活的向往与憧憬。

【朗读指导】

读准确:要注意读准"清平乐""翁媪""锄豆""莲蓬"的字音。《清平乐·村居》是一首描绘乡村生活的词作,生活气息浓郁,朗读时要注意把握安逸、平静的基调,音强自然,声母促而不急。

读恰切:词中,三个儿子有着不同的行为,"锄""织""剥"都是动作描写,表现出了不同的年龄特点,大儿子已经成为家里劳作,二儿子做力所能及之事,小儿子最是可爱,玩弄莲蓬,诸多角色,诸多不同,各有其趣,在朗读时要注意区分,读出其中的细微差别和特点。

读个性:词人将乡村生活描写得有声有色,在朗读时可带入自身感悟与时代意义,多体会家庭生活的温馨、祥和的氛围,反复品味,自然表达,连贯自如。

《陋室铭》刘禹锡

山不在高,有仙则名。水不在深,有龙则灵。斯是陋室,惟吾德馨。苔痕上阶绿,草色入帘青。谈笑有鸿儒,往来无白丁。可以调素琴,阅金经。无丝竹之乱耳,无案牍之劳形。南阳诸葛庐,西蜀子云亭。孔子云:何陋之有?

【文本梳理】

《陋室铭》入选初中教材。"铭",是我国古代常用的一种文体形式,刻在器物上用以自省或者歌功颂德。作者通过对"陋室"简幽却有品位的环境描写,表现出自己作为陋室主人静守心田,自恰安稳的趣味,以及不慕名利、品高德馨的高远情志。

【艺术特色】

本诗篇幅精短,却具有极高的艺术水准,写作手法集描写、抒情、议论为一体,着眼陋室之形,却深得情操之神,立意高远。另外,还运用了对比、隐喻、用典等艺术手法,自有深味、观纵深,意蕴活泼,而且,骈文词句朗朗上口,情趣自见。

【主题思想】

通过具体描写"陋室"的恬静、清雅衬托了主人的高雅风度和高尚情怀,坚守情操,洁身自好,不慕名利。安贫而乐道,守志而立身。《历阳典录》记载,陋室为唐和州刺史刘禹锡建。《陋室铭》篇幅短小,但思想性与文学性兼具,启迪心智,教化人生。

【朗读指导】

读准确:要注意读准字音,在句式上注意字句节奏,力求自然稳重,简洁有力,读起来注意变化,参差有度。《陋室铭》是内蕴高尚节操的作品,注意情感意蕴的准确把握。

读恰切:《陋室铭》具有极高的艺术水准,多用骈句,在朗读时要注意准确把握气息与节奏感,同时要注意根据意象的不同调整语气和重音,变而不乱,自然而然,不可生硬和僵化。

读个性:本文句式整齐,适宜朗诵,许多朗诵者都根据自己对文本的理解,进行了艺术加工。在朗读此诗时,不必拘泥于对他人的模仿,应从文本中发掘情感内涵,参以自己的领悟,读出韵味与深度。

第二章
语音概论

普通话语音的性质及基本概念

　　语言,是人类传递信息、交流思想、表达感情的必要工具,也是人类思维活动的直接实现。语言的产生与发展,经历了漫长的过程。人类祖先在长期维持生活的共同劳动中有了交流的需要,并在生理、心理上具备了语音交流的能力,于是在四五万年前,身体化的有声语言系统便产生了,这是人类与动物分道而驰的最后的也是最重要的标志。诚如一位语言学家所说,人一生下来,就被交给了寂静的语言的轰鸣。人在社会化的过程中,因语言而区别于其他动物,因语言而"诗意地栖居在大地上"。

　　语音是由人的发音器官发出的具有一定意义、能起交际作用的声音。从本质上看,语音是语言的物质外壳,是意义信息的载体,是直接记录思维成果的声音符号。没有语音,语言就失去了它所依存的客观实体。因为语言要借助它的声音来完成交际功能,所以没有语音也就没有语言。没有语言,也就没有人类文明。

第一节　语音与交际

　　交际指人与人之间的交往。它既是信息的沟通,也是思想和情感的流动,是本体论意义上的存在方式。交际是人与生俱来的本能活动,其最重要的依托就是语言。语言在此又分为两种:一是口头语与行为语(包括身体语言),具有即时性、短暂性;二是书面语,具有文献性、永恒性。人通过这两种语言交换生存信息,接受文化熏染,达成心灵沟通,获得生活意义,实现人生价值。所以有人说,人的一生一定要学会做好两篇文章：一篇是笔头文章；另一篇就是口头文章。

一、语音在交际中的特点与作用

在政治、经济、文化、科技等高度发达的当今时代，交际对人的重要意义不言而喻。人们要不断丰富和发展自己，就需要以各种各样的方式，与各种不同的人打交道，利用好各种现代化的信息生产和传播工具，其中就离不开有声语言。说和听是人类行为中充满奥妙的现象，目前它的很多重要机制还是当代语言学家、心理学家以及一些自然科学家正在努力探索的领域。语音就是其中重要的一项。

（一）语音在交际中的特点

1. 全息性与在场性

人类交流最早使用的是眼神、表情、手势等，并辅以示意、指向、赞叹、感喟、喜悦、愤怒、哀伤等含有各类表意和表情功能的非言语的声音。在漫长的繁衍进化过程中，这些身体语言和声音有了相对固定的含义，逐渐构成了一套可以理解的信息系统，并进一步发展出具有一定规律的结构和一系列变化组合的规则，也就诞生了语言。

交际中使用的有声语言，最大的特点是实时性、实境性。双方在一个共时态的环境之中，交流起来生动、活泼、真实。交际的效果取决于三个方面——文字内容、语音语调和身体语言。除了文字内容所表达的丰富含义，人们还可以捕捉到很多由语音语调所传达的副语言信息和由身体语言所传达的非语言信息。这是一种典型的"在场""全息"语言，因为语音语调负载着大量情绪、情感信息，而身体语言负载了大量意愿、态度信息。同时，说话时有境态语言的衬托和补充，信息就会更加全面。

2. 鲜活性与丰富性

交际中所使用的语言，属于典型的口语。口语与书面语最大的差别就在于语音层面，因此有人说"口语是活的语言"。严格地说，书面上写的语言（书面语）是不完全的语言。语气、语调、语势、语感，抑扬顿挫、轻重缓急等属于语音层面的东西通过书面语无法表达。这也是为什么外国语言学家会说，"言语要比语言的材料（词汇、语法）丰富得多"。这里所谓言语，就是口语。丰富在哪儿？就是语音所表达的东西。口语因为多了一层语音语调的作用，才增加了活力，有了跳跃着的生命。

书面语是写给眼睛看的，写的时候可以反复推敲，仔细琢磨，所谓"文章不厌百回改"。书面语使用比较复杂的句子结构,尽量排除无意义的语料,讲究布局谋篇、结体谨严、起承转合、前后照应等,使语言精练准确,富于表现力。尤其是经过加工的文学语言,更加色彩斑斓、意涵丰富。但无论书面语的表现力怎样强,也总是缺少语音层面的鲜活灵动、个性风格,缺少体态语和境态语的辅助。语音、语调、语势、语态等,都可以提高口语的表达效率,丰富口语的表达效果。

3. 依附性与局限性

从本质上说,口语交际仍然是一套身体化的信息系统,依靠人类发音器官和身体各部分的参与完成信息传播,同时常常采用即兴发生、瞬时交流的方式,这就使语音带有先天的依附性和局限性。

语音的依附性主要体现在对人类发音器官及收音器官的依附上。远古时期,虽然口头语言的出现使人类交流发生了质的改变,但以语音为主要手段的口语交际,仍然局限在人的视觉、听觉所及范围内,传递信息只靠口耳,所及的范围受到很大限制,并且无法进行物质化的储存和复制。你说我听,离远了就听不见;语音转瞬即逝,过去了就留不下痕迹。人们只能把社会共有的记忆和个人的记忆储存在大脑中,通过口耳相传的方式进行扩散与传承,信息有限,且容易失真。所幸,文字的发明突破了有声语言在时间及空间上受到的限制,使一发即逝的有声语言可以传于异地,流于异时,人们即便远隔他乡,也可以通过文字进行交流。随着科学技术突飞猛进的发展,尤其是移动网络技术的兴起,社交媒体的广泛普及,人与人的交际早已突破早期言语交际中的障碍,语音的功能也得到了极大发挥,实现了时空自由、多语种便利切换、海量并永久保存。随着 AI 技术的实质性应用,语音甚至不再依赖于人的发音器官,而能够通过科技手段合成。这就需要我们以发展的眼光去看待语音的原本属性。

语音的局限性主要体现在面对面交际的日常语境中,比照书面语的工整、严谨、深刻、多样,交际中的语音便显得随性、单薄,有明显的缺失甚至口误。口语交际一般是一个人面对另一个人或几个人就互相关心的问题抒发个人见解,边想边说,句子短,停顿长,用词范围也比较窄,难免有前后颠倒、冗杂重复、省略脱节、凌乱模糊之类的现象,甚至存在词不达意、语序颠倒、任意添补、词语搭配不妥、不合语法规范等问题。有时为了思索,也会加"呜、嗯"之类的无意义的声音,还会出现很多口头禅。未经训练的声音,也会有很多音色上的瑕疵、吐字归音方面的弱点,等等。这都是口语交际中语音局限性的体现,需要增强意识,反复练习,才能达到干净利索、清晰流畅、圆润动听的效果。

(二)语音在交际中的作用

语言是情感之花、思维之果。通常人们沟通内心世界、表达理性成果的重要手段便是语言。语言是一个由多种表达手段构成的功能系统,其中最主要的功能就是交际,即"传播"。例如,当语言用来传达信息时,它的认知或指称功能就发生作用;当语言用来表明说话人的情感或态度时,它的情绪或情感的功能就显示出来;当语言用来影响它所述及的人时,它就有着意动的或指令性的功能。我们在理解语音的作用时,当然离不开语言的上述功能,因为语音是语义的主要承载者,想表达什么样的意思,必定要选择相应的语音形式,语音和语义是紧密结合在一起的。同时,从更宽泛的意义上,可以从以下几个方面进一步理解和开掘语音的作用。

1. 语音是情绪情感的重要传达者

在有声语言的表达中,情、气、声之间具有密切的联动关系。外显之所以能够做到"斯音有万态之殊",是因为内隐"斯感有万端之异",而气息就像桥梁或纽带一样,连接起里面的情绪情感和外面的语音语调。语音的变化形式,是和情绪情感的状态密切相关的。恰当地使用语音语调,就可以得体合宜地传达思想感情,做到"诚于肺腑,达致心田"。从语气学上来说,心中有爱者,气徐而声柔;心中有怒者,气粗而声重;心中有疑者,气细而声黏;心中有哀者,气沉而声缓。凡此种种提醒我们,在人际交流中,要格外重视语气的表达,用恰当的气息变化把细腻的情感状态和多彩的声音状态结合起来,让语音成为真情实感的传达者。

2. 语音是塑造个人形象的关键要素之一

"颜值"是当今时代人际交往中备受关注的要素,花容月貌或气宇轩昂者,都会为个人形象加分。但在交际中人们往往会忽略另外一个塑造个人形象的要素——语音。通常在普通人的生活中,人们对交际语言没有声音质量的要求。有的人伶牙俐齿,吐字清晰准确,有的人则拙于表达,字音也可能含混不清。有的人声音优美润泽,有的则粗糙沙哑;有的人声音色彩丰富饱满,有的则平直寡淡。虽然各种声音都可以完整地表达语义,但其效果却大相径庭。形美可以感目,声美则可以悦耳。事实上,从提高交际水平、促进关系发展、提升个人形象的角度来说,对于口语交际中的语音应该有更高的要求——吐字要尽量清晰,音质要趋向优美,表达应富于活力和感染力。悦耳动听的声音、恰如其分的语气、清晰规范的表达,可以帮助我们更好地传递信息,使我们更容易走进交际对象的心里。提高声音"颜值"已经成为当今社会人际交流中必不可少的修炼,是提升和完善个人形象的重要方面。

3. 语音在新媒体时代发挥着更大的综合性作用

随着无线电技术的发明与运用,广播电视、录音录像技术得以迅速发展与普及,使有声语言的作用凸显。尤其是数字技术、网络技术、移动通信技术的发展,把人类直接带进"互联网+"的时代。而随着流媒体、大数据、云计算、物联网等概念日益在生活中成为现实,新媒体传播已经改变了人际交往、休闲娱乐、学习研究、组织管理、流通消费、政务商务等种种生产生活的观念及方式,从而彻底将人类带进了信息社会。在这样的媒介传播格局中,信息存储和传输在数量上、质量上都不再成为问题,异地多途、共时传播等已经成为常态。自媒体、社交媒体的大众化普及,使传统交际中的语音有了更广泛的应用场景、更综合的传播效果。博客、播客、微信、微博、短视频、网络直播……各种平台、各种应用软件和形式,已经使语音超越传统的交际功能,成为一种不可忽视的软性能量。有时润物无声,直如春风化雨;有时声似雷霆,胜过万马千军。

二、语音在交际中的规范与要求

随着经济、政治、文化的进一步发展,不同民族、不同地区之间交往更加频繁,我们需要有共同的语言基础。现代科技的日新月异,把人们带入"人人都有麦克风"的新媒体时代、社交媒体时代,对语言的规范性有了新的、更高的要求。

除了词汇、语法层面的规范统一之外,语音层面的规范性也显得格外重要。语音,即由音色、音高、音强、音长构成的声音表达系统。音色的千差万别,声音形式高低长短、刚柔强弱、虚实明暗的千变万化,停连、重音、语气、节奏的不同把握,使相同语义的传播,既有表现力上程度的不同,又有意义传达上本质的不同。声韵调准确无误,语流音变符合规律;吐字清晰,归音到位,口齿伶俐,流畅自然;声音圆润集中,悦耳动听的同时又有一定的辨识度,表达具有亲和力和感染力;等等。这些都是当今社会对交际语音的要求。

1. 字音准确规范,音变符合规律

对于普通话而言,汉字的每个音节都由声母、韵母、声调三个部分组成。说话时我们要有意识地注意这三个部分的准确无误,既不能出现语音错误,也不能在发音中出现不同程度的缺陷。"在汉语语音问题上,每个人的情况不太一样,关键就是这几组:j、q、x,zh、ch、sh,z、c、s,an、en,ang、eng,d、t,n、l。"[1]比如,从声母的发音部位与发音方法来说,既不能把 zh、ch、sh 等舌尖后音发成 z、c、s 等

---

[1] 姚喜双,郎小平.方明谈播音.北京:中国广播电视出版社,2000:46.

舌尖前音,也不能使舌面音 j、q、x 带上舌尖音的色彩,注意区分 n 和 l,f 和 h 等,还要发好零声母音节的字音。从韵母的开口度、舌位前后、唇形圆展等方面来说,要有意识地注意字腹的拉开、立起,介音及韵尾的处理,正确区分 o 和 e,前鼻尾韵与后鼻尾韵,等等。从声调的类型及调值方面来说,每个字音要趋向鲜明、调值准确。当我们把单个字音连缀成语句、语篇时,还要注意语流音变的问题,比如"一"和"不"的变调、上声的变调,轻声的问题,"啊"的音变,儿化现象,等等。正确地吐字归音并遵从语流音变的基本规律,是使用普通话进行语音交际的基础。

2. 音色圆润饱满,语流顺畅自然

圆润集中,朴实明朗,这是对交际语音基本色彩的要求。所谓圆润集中,就是声音要润泽,不干涩,吐字要玉润珠圆,颗粒饱满,声音不散,字音不扁。所谓朴实明朗,就是态度要鲜明,诚恳朴素,不过分修饰声音。每个字的清晰度要高,但在语流中要转换自然,听起来像潺潺的溪水一样流动向前,生动活泼,不能有垒块,不能蹦字,也不能吃字和连字。

进一步而言,声音是为表达内容服务的,声音得心应口,收纵自如,才能把理解感受到的东西表达出来,收到应有的交际效果。如果声音是僵的,缺乏活力,不能随内容的发展、感情的运动而产生相应的变化,就不能把理解、感受到的东西自如地表达出来,也就不能完成成功的交际。

3. 讲究变化,富有韵律和美感

人在说话时要强调"三合"——合语境、合身份、合语体,如此方能有分寸、出效果。交际的语境不同、身份不同、语体不同时,语音应该根据实际情况做相应的调整,讲究刚柔并济,虚实结合,形成一定的节奏韵律和美感效果,形成具有个性风格的辨识度。

语音的表现力十分丰富、细腻,其虚实、明暗、刚柔、强弱、疾徐等变化组合,可以细腻传神地表达出一个人内在的情绪情感、思想内涵等。由于性别、年龄、身份和性格的不同,语音有先在的规定性,但我们仍然可以结合不同的语境和语体,有意识地发挥语音的魅力。例如,想表达深切的感情,可以加一点虚声,将气息放沉、放缓;想传递一份急迫的关切,不妨提高语调,加快语速,让声音更实、更直一些。喜悦的声音是明亮的,关怀的声音是柔缓的,怀疑的声音是黏细的,冷漠的声音是平淡的……一味刚硬,听来呆板生硬;一味柔和,听来萎靡不振,都是不可倡导的。

三、语音在交际中的美化与提升

虽然交际中的语音生活化,不像播音员、主持人的语音那样有特定的规范和要求,但仍然值得我们多省思、多练习。尤其是当普通话成为我们的工作语言、成为自媒体时代的主要交际手段时,我们更要勤于锻炼语音的表达力,加强吐字归音的基本功训练,提高声音的圆润度、集中度,使语音能在一定幅度内精细、自如地变化和调整,通过正确处理情、声、气的关系,力争把话说对、说通、说顺、说好、说妙、说美,做到言语有心,会说善问,变化自如。

1. 把握语音常识,练好吐字归音基本功

针对语音的正确性、规范性,我们首先要从理论上全面学习普通话的语音常识,把握声、韵、调的发音要领,了解语流音变的基本规律并进行正确处理。其次要在实践中反复练习,不断纠错。学习普通话,必须要有持之以恒的精神,质疑、存疑的精神,不断的自我否定、自我更新的精神,这样才能打破习得性的地方口音,克服根深蒂固的唇舌惯性,建立起新的正确的发音习惯。

字音要想发得圆润饱满、清晰集中,有必要从吐字归音的技巧方面下功夫。吐字归音是借鉴于古典音韵学的一个概念,用在普通话的学习中,可以帮助我们完整准确地处理好每一个音节的发音。除了声调之外,每一个汉字的音节还可以分为字头、字腹、字尾三个部分。从吐字归音的技巧来说,字头部分的处理要"叼住、弹出",字腹部分的处理要"拉开、立起",字尾部分的处理要"到位、弱收",这样才能把每一个音节读得完整、准确,最大限度上克服各种缺陷的产生。

2. 提高流畅度、自然性,扩展音域,美化音色

工欲善其事,必先利其器。想要在交际中变得口齿伶俐、流畅自然,首先需要学会驾驭自己的发音器官。发音器官是人这个有机体的组成部分,人们只能凭借自己的感觉进行发声练习及语音调整。这就需要有意识地锻炼自己的声音系统,通过口腔操,绕口令练习,通过大量单音节字、多音节词语及句子、语篇的朗读,通过说话练习,建立起综合的语感。

每个人都有天生的音域和音色,但这并不妨碍我们通过科学练声,有效扩展音域、美化音色。比如,我们可以适当做些气息强控制练习,爬音阶练习,调整与说话对象之间的距离、改变说话对象的数量和身份的练习,改变共鸣器的形状及大小的练习,等等。找对方法,持之以恒,就可以在很大程度上提高声音的"颜值",增强说话的对象感、交流感,帮助我们更好地塑造个人形象。

3. 学会声韵传情,提升有声语言表达力

交际的目的是要与人建立联结,通过交流思想、表达感情、传递信息,做到以情感人、以理服人。其中,语音可以完成很多重要的职能。心理学家告诉我们,语音负载着大量情绪情感的信息,不仅能完成语义的传达,更能够做到声韵传情,帮助建立表达的可信度、亲和力、感染力等。如果我们在交际中能够正确地把握语音语调,控制好说话的速度和节奏,处理好语句的重音、停连等问题,尤其是重视语气的传达,就可以更好地达成交际目的。

第二节　语音的属性

和自然界其他声音一样,语音产生于物体的震动,具有音高、音强、音长、音色等物理属性。同时,语音是由人类发音器官发出的代表一定意义的声音,无论语音的发出者还是接收者,都要经由一系列生理器官的参与,并产生一系列感觉、认知、思维等心理过程,因而语音具有生理属性和心理属性。"更重要的是,语音要表达一定的意义,什么样的语音形式表达什么样的意义,必须是使用该语言的全体社会成员约定俗成的,所以语音又具有社会属性。社会属性是语音的本质属性。"[①]

一、语音的物理属性

很早的时候人们就发现,物体振动能发出声音,比如用手拨动琴弦,就能发出动听的琴声。公元前六世纪中叶,古希腊哲学家毕达哥拉斯研究了乐器上琴弦长度之间的关系,迈开了今天理论物理学发展的第一步。

从物理学角度来说,声音是由发音体振动周围空气或其他媒介物质而形成的。发音体受外力作用后,向一方移动时,介质就被压缩变得稠密,而向反方向移动时,介质就被减压变得稀疏,这样连续产生的密与疏的能量传递,就形成了声波。两个临近的处于同一状态的疏与密之间的距离叫波长,所需的时间叫周期。单位时间内振动的次数叫振动频率,从振动物质的中心位置到极端位置的距离叫振幅。

音波是由物体振动产生的,语音也不例外。我们听到的声音可以分为乐音和噪音两大类。有一定规律、一定波形、一定频率的声波形成乐音。如果声波的

---

① 迟永长.普通话教程.2版.大连:辽宁师范大学出版社,2002:7

振动无规律,没有一定波形和频率,这种杂乱无章的声音就是噪音。语音中的元音以乐音成分为主,而辅音多以噪音成分为主。从物理学角度看,语音和其他声音一样,具有音高、音强、音长、音色等方面的自然特性。虽然"音有万态之殊",但都可以从这四个方面去考查和分辨。

1. 音高

音高指声音的高低,它取决于物体振动的频率,即单位时间内振动的次数。物体振动的速度越快,声音就越高,反之,声音就越低。物体发声的高与低有种种原因,一般而言,发音体小、短、紧、薄的,振动快,频率高,声音也比较高;发音体大、长、松、厚的,振动慢,频率低,声音也比较低。比如男生的声带较厚而长,平均长度为 20 至 22 毫米,基频为 60 到 200 赫兹,所以说话声较低。女生的声带较薄而短,平均长度为 15 到 19 毫米,基频为 150 到 300 赫兹,所以说话声较高。儿童声带没有发育完全,基频为 200 到 350 赫兹,说话声最高。同一个人说话,声音有高有低,是因为人能控制声带的松紧。声带越紧张,发出的声音越高,声带越松弛,发出的声音越低。

音乐上所说的音高是绝对音高,a 音、c 音等每个音名都有固定的频率。而在语音中所说的音高,则多指相对音高,是比较而言的,没有固定的频率。比如不同的人,语音会有高低的差别;不同的场合,同一个人的语音也会有高低的变化。就是同一个人说同一个音节,由于字调不同,也有高低、曲直的相对音高变化。普通话中的声调主要是由音高构成的。

2. 音强

音强指的是声音的强弱,它取决于声波振动的幅度。声波强度随着它离开声源的距离而逐渐减小,即离振源越远,声波越弱,声音越小。而振幅的大小是由振动发音体外力的大小决定的。比如演奏打击乐时,用力大,振幅大,声音强;用力小,振幅小,声音弱。

语音的强弱决定于说话时呼出的气流压力的大小。气流振动声带的力量越大,声音就越强,反之,气流振动声带的力量越小,声音就越弱。人在大声呼喊时,声音可达到 85 分贝左右;正常交谈时,声音在 65 分贝左右;平心静气地说话时,声音会在 45 分贝左右;耳语时,平均强度还要降低 20 分贝。一个人正常谈话强度也有很大变化,一般说元音比辅音强度高,而在元音或辅音中也有强度级的变化。说话时,宽元音如 a 的振幅比窄元音如 i 的振幅要大得多,传播的距离也要远得多。音强在普通话中的语调和轻声里起主要作用。

3. 音长

音长指声音的长短,即声音的时值。它由发音体振动持续的时间来决定。发音体振动的时间越长,声音延续的时间就越长;发音体振动的时间越短,声音延续的时间也就越短。

在语音中,音长通常指音节的长短。音长的变化直接影响言语的速度,并成为影响感情抒发和言语节奏的重要因素。普通话中每个音节的音长一般为0.2到0.4秒。音长在普通话轻声里也起重要作用。

4. 音色

音色也称音质,指声音的特色和质地。音色决定于声波的谐波含量,即所包含的泛音数目和它们的相对强度。物体振动的波形不同,造成声音的属性不同。声音之所以千变万化、各有特点,主要取决于三个方面的原因:一是发音体的质地不同,如乐器、金属及人的声带发出的音色大为不同;二是发音方法不同,同一根琴弦,用手拨动或用琴弓拉动发出的音色会有很大差别;三是发音时共鸣器的大小和形状不同,同一个声源,用不同形状和大小的音箱,声音的大小和质感都会产生明显变化。

就语音而言,两个不同的人说同一句话,听觉上会有很大的不同。某一个人的音色,在特定年龄阶段、特定身心状态下,会有一定的稳定性,这就是为什么我们能从千百人中一下子就辨别出自己所熟悉的人的声音。同一个人,在用不同方法发音时,也会有不同的音色,例如z和c,发音部位相同,都是舌尖前音,在发音方法上都是塞擦音,但前者是不送气音,后者是送气音,发出来的音色是不同的。发音时共鸣器的形状、大小不一样,也会形成音色上的区别。例如同一个人发a音时口腔开度最大,发i音时口腔基本闭合,形成两个不同的音色。在任何语言里,音色都具有区别意义的重要作用,普通话也不例外。

总体而言,每一种声音都是音高、音强、音长、音色的统一体,语音也是如此,它们在语言中分别起着区别意义、区分色彩、形成字调和句调、形成语气和节奏等重要作用。但是,在各种语言中,语音各要素被利用的情况并不完全相同。音色是多种语言中被共同用来区别意义的最重要的因素,音高是普通话中构成声调的重要因素,而声调高低升降、长短曲直的变化是能起区别意义作用的。音强和音长在普通话语调和轻声里也起重要的作用。

二、语音的生理属性

语音由人的发音器官发出并且由人的听觉器官接收,因此从传、收两方面来说,都具有鲜明的生理属性。

从语音的发出者这一方面来说,语音的产生离不开特定的发音器官。人类祖先的直立行走提高了人的发音能力,促成了语言的产生。一方面,直立行走使嘴从叼拿东西、撕咬打架等任务中解放出来,可以更多用来发音;另一方面,直立起来使口腔和喉咙形成一个直角,喉咙受到重力作用位置逐渐下降,拉长了发音通道,并形成了其他动物所没有的咽腔。这就使人类祖先有了灵活的发音能力,在发音时能有效控制气流,灵活改变口腔形状,构成更多样式的阻碍,发出更多清晰的音。

人的发音器官可以分为三大部分。

其一,动力器官,包括肺和气管。肺和气管是发音的原动力。气管上接喉头,下部分别通入左右两肺,在肺里形成无数树枝状小分支。最小的分支气管直接和肺气泡相连。气流从肺气泡通过各小支气管到达气管,再经过气管到达喉头。练声先练气,气足声才亮,气息的稳劲、持久、自如、流动等状况,在很大程度上影响着声音的品质。好的声音一定是有充足的气息,能形成稳定的气息压力并可以在相当幅度内自如地调整。

其二,成声器官,包括喉头和声带。喉头由四块软骨构成,分别是甲状软骨、环状软骨、杓状软骨和会厌软骨。甲状软骨在前面起到保护喉部的作用。它的下面是后宽前窄的环状软骨。环状软骨下面连着气管,上面后部连着两块三角形的杓状软骨。它们和两条声带相连,可以操纵声带的开合、松紧。会厌软骨在甲状软骨后面,动作灵活。呼吸时,它就竖起来,形成气流的通道。饮食时,它就倒下,把气管盖住,让食物进入食道。

藏在喉头中间的一对韧带叫声带。作为主要的发音体,声带是一对唇形的韧带褶,边缘很薄,富有弹性。声带一端合并附着在甲状软骨上固定不动,不能分开。另一端分别附着在两块杓状软骨上,平时分开,当中的空隙是声门。发音时,两块杓状软骨靠拢,使得声带合并,声门关闭,呼出的气流被隔断,形成压力。当气流冲开声带,使声带不断颤动,便发出可以听到的声音。杓状软骨活动起来可使声带放松或拉紧,使声门打开或关闭。人们发音时,控制声带松紧的变化,就可以发出高低不同的声音来。声带紧而短的时候发出的声音偏高,声带松而长的时候发出的声音偏低。

其三,咬字和共鸣器官,包括口腔和鼻腔。口腔是人类发音器官中最重要的部分,吐字归音的一系列复杂变化都在口腔里进行。口腔上部可分为上唇、上齿、上齿龈、硬腭、软腭和小舌六个部位;口腔下部可分为下唇、下齿和舌头三个部位。口腔中最重要同时又最灵活的器官是舌头。舌头可上下升降、前后移动,舌尖、舌叶、舌面和舌根各部分都可活动。舌头千变万化的活动会产生种种不同的声音。语音生理分析的主要内容之一就是舌头在发音时的位置、形状和活动方式,这也是语音分类的主要依据。

口腔和鼻腔靠软腭和小舌隔开。软腭和小舌上升,鼻腔闭塞,口腔打开,气流从口腔出来,发出的是口音;软腭和小舌下垂,关闭口腔通道,气流从鼻腔呼出,发出的是鼻音。若口腔、鼻腔都没有阻碍,气流在口腔和鼻腔中同时共鸣、呼出,发出的就是鼻化音或叫半鼻音。

从语音的接收者这方面来说,语音的形成也离不开人耳这一生理基础。人类的听觉系统包括耳朵和大脑的听觉神经网络。人耳是非常灵敏的听觉器官,由外耳、中耳、内耳三部分组成。音波作用于人耳,刺激听觉神经,就使人产生声音的感觉。人耳对于各种频率声音的敏感度是不同的。人能听到的声音范围,介于16赫兹到20 000赫兹之间,无法接收频率高于此范围的超声波和低于此范围的次声波。听力的好坏一般因人而异,通常情况下小孩儿和年轻人听力较强,高频可以听到18 000赫兹。成年人可以听到13 000赫兹到15 000赫兹,而老年人一般能听到8 000到10 000赫兹的声音。

在不改变响度级的情况下,人耳可以分辨大约1 400个不同的音高。如果频率不变,人耳能觉察的不同强度级大约有280个。当频率和强度二者都允许变化时,人耳能分辨30万到40万个纯音,如果再加上各种复音,各种不同的音色,人耳能分辨的音就会更多,所以,人类有强大的声音听辨能力。对于语音的学习来说,提高听辨能力也是一个重要的方面。方言和普通话之间的语音差别,有的非常明显,有的则很微细,尤其是涉及系列性的语音缺陷时,如果听辨不准确,发音时也很难做到准确无误。

三、语音的心理属性

除了灵活的发音器官和灵敏的语音接收器官,掌握语音还需要发达的大脑和健全的心理机制。具有感知、认知、记忆、思维等能力以及丰富的情绪情感,才有可能发出复杂的语音并具有相应的感受和理解能力。

语音的心理属性首先体现在思维上。心理是脑的机能。从人的心理过程来说,经由视、听、嗅、味、触等一系列感觉器官进入大脑的外界信号,要通过感觉、知觉、表象、记忆、联想、想象、思维等一系列过程,才能转化为内部信号,进行储存和加工。思维是认知心理过程中非常复杂的信息加工环节。它既具有间接性,可以经由此物了解和认识彼物,能以直接作用于感觉器官的事物为媒介,对没有直接作用于感觉器官的客观事物加以认识;又具有概括性,表现为把一类事物的共同属性抽取出来,形成抽象的认识。没有了思维的间接性,人们只能是直观而感性地认识事物;失去了思维的概括性,人们也只能认识个别的、具体的事物。

人类用敏锐的外感官搜集视觉、听觉、触觉等信号,输入大脑后通过思维对这些原材料进行思考和加工,一部分通过内感官储存在神经元网络系统中,一部分编码成言语进行输出。语言是思维的物质外壳,语音又是构成语言的不可或缺的组成部分。所以,没有这样的心理过程,我们不可能认识和反映客观世界,也不可能通过语音彼此沟通,通过语言凝结精神文化,促进人类文明的发展。

除了思维的重要作用,语音的心理属性还体现在丰富的情绪情感变化上。人类通过语言来交流思想、传递信息、表达感情,就面对面的有声语言的沟通与交流而言,这一过程既包含以文字凝结的语义层面的信息,也囊括了主要由声音来传达的情绪情感,同时还必须重视身体语言所流露的真实的意愿和态度。其中,语音承载着大量情绪情感方面的信息。"以情感人"是绝大部分语境下语音使用的目的之一,"以情带声"又是发音时重要的基本技巧。"情动于衷"才能"声形于外"说的也是情绪情感与语音的关系。

要想使语音色彩丰富,变化自如,就要在内在的情绪情感上下功夫。人的感情是不断运动变化的,语音色彩也是在对比变化中体现出来的。感情色彩的变化无穷无尽,语音色彩也就相应地千变万化。而语音色彩的变化越细腻越丰富,就越具有传情达意的感染力、表现力。情自肺腑出,方能入肺腑。语音的这一心理属性提示我们一定要处理好语音与情感的关系,把情绪情感的精微变化作为吐字归音的内在动力,使语音的表达更细腻丰富、更点染得体。

四、语音的社会属性

语言是祖先给我们留下的最宝贵的遗产之一。没有语言,就没有今天这样智力高度发达的人类,当然也就没有今天这样全方位发展的人类社会。我们之所以说社会属性是语音的本质属性,主要是基于以下的认识。

首先,就语言的诞生和发展历程而言,语音具有毋庸置疑的社会属性。从数字媒体高度发达的21世纪回望,人类社会的口头传播时期始于4万至5万年前。人类交流最早使用的媒介是眼神、表情、手势等身体语言,并辅以示意、指向、赞叹、感喟、喜悦、愤怒、哀伤等含有各类表意和表情功能的非言语的声音。在漫长的繁衍进化过程中,这些身体语言和声音有了相对固定的含义,逐渐构成了一套可以理解的信息系统,并进一步发展出具有一定规律的结构和一系列变化组合的规则,口头语言也就诞生了。口头传播最大的特点是实时、实境性,交流的双方开敞在一个面对面的实时实境之中,使交流显得生动、活泼、真实、全面。除了口头语言所表达的丰富含义,人们还可以捕捉到很多由语音语调所传达的副语言信息和由身体语言所传达的非语言信息。这是一种典型的"在场""全息"语言,文字因为语音的作用而成为"活"的语言。对个体而言,实验已经证明人类的语言能力是先天遗传的,而学会运用某一种语言则是后天语言环境决定的。孩子出生在哪种特定的语言环境中,就可以自然而然地学会哪种语言,而如果不是出生和成长于人类社会特定的语言环境,这个能力就发展不出来了。对整体而言,有声语言在人类历史上帮人们从动物界脱颖而出,同自然力量做斗争,发展自己的思维,组织大规模生产,结成社会,并取得我们今天的进步。这也充分说明了语音的社会属性。

其次,就语音和语义结合的任意性来说,语音也有着极强的社会属性。有声语言是声音和意义的结合体。声音和意义之间没有必然的联系,如普通话说"水",英语叫"water"。不同的语音指的是同一种事物。对于不同的语言,声音和意义的结合完全是任意的,但在特定使用群体中,用什么样的语音形式表示什么样的意义,不是由个人决定的,而是由使用该语言的社会成员约定俗成的。会汉语的人一听到"shui^{214}"这个音,就会和"水"这种事物联系起来。如果有人不顾这种约定俗成的关系,擅自改动字词的语音形式,或任意赋予某一语音形式以不同的意义,就无法和别人进行沟通和交流。可见语音不是个人现象,而是具有社会属性。

语音的社会属性还表现在特定语言中语音的系统性上。各种语言或方言都有自己的语音系统,一些语音的发音及意义在自己的系统中自成规律。比如普通话中的 z\zh 是具有区别意义作用的两个不同音位,但在东北地区一些方言中,却不起区别作用,而合为同一个音位。语音系统的不同说明语音不是单纯的物理现象或生理、心理现象,语音还具有社会性质,并且社会性质是语音的本质属性。

第三节　语音的单位

一、音素——辅音、元音

音素是从音色的角度划分出来的最小的语音单位,例如,"怕"(pà)可以划分出"p"和"a"两个不同的音素。

音素分为辅音和元音两大类。辅音是气流经过口腔或咽头受阻碍而形成的音素,又叫子音,如 b、m、f、d、k、zh、s 等;元音是气流振动声带发出声音,经过口腔、咽头不受阻碍而形成的音素,又叫母音,如 a、e、i、u 等。

辅音和元音的主要区别有以下四点:

(1)气流是否受阻,是元音和辅音最主要的区别:发辅音时,气流通过咽头、口腔的时候受到某个部位的阻碍;发元音时,气流通过咽头、口腔不受阻碍。

(2)紧张程度的区别:发辅音时,发音器官受阻的部位特别紧张;发元音时,发音器官各部位保持均衡的紧张状态。

（3）气流强弱的区别：发辅音时，气流较强；发元音时，气流较弱。

（4）响亮度的区别：发辅音时，声带不一定振动，声音一般不响亮；发元音时，声带振动，声音比辅音响亮。①

二、音节

音节是由音素构成的语音片段，是听觉上最容易分辨出来的语音单位。生理上，每发一个音节，发音器官的肌肉，特别是喉部的肌肉都明显地紧张一下。每一次肌肉的紧张度增而复减，就形成一个音节。紧张几次就有几个音节。例如，"xi^{55}，an^{55}"（西安）是两个音节，喉头肌肉有两次紧张。如改为一次紧张，就念成"xian^{55}"（鲜）。在汉语普通话中，一个音节最少有一个音素，"啊"（a^{55}）、"鹅"（e^{35}），也可以有两个或三个音素，例如"地"（di^{51}）、"甘"（gan^{55}），最多可以有四个音素，例如"先"（xian^{55}）。"qiang^{35}"（墙）这个音节也包括四个音素，分别是q, i, a, ng（ng两个字母表示一个音）。一般来说，汉语音节和汉字基本上是一对一的关系，一个汉字就是一个音节。只有少数例外，如儿化音节"花儿、盆儿"都写成两个汉字，但读成一个音节 huar^{55}、penr^{35}。

三、声母、韵母、声调

元音和辅音、声母和韵母是从不同的角度分析语音得出来的两组概念。元音、辅音是普通语音学中的概念，具有普遍性，适用于一切语言；声母、韵母是汉语音韵学中的概念，具有个体性，只适用于汉语和与汉语有相同的音节结构的语言。

按照汉语音韵学传统的字音分析方法，把一个字音分成声母和韵母两段，把贯通整个声韵结构的音高型式叫声调。

声母，位于音节前段，主要由辅音构成。例如，在"好"（hao^{214}）这个音节里，辅音 h 就是它的辅音声母。有的音节，例如"爱"（ai^{51}）开头没有辅音，习惯上称作"零声母"。

需要说明的是，虽然声母由辅音充当，但有的辅音不作声母，只作韵尾，如"guang^{55}"（光）中的 ng。辅音 n 既可作声母，也可作韵尾，如"nan^{35}"（南）中的两个辅音 n，在音节开头的是声母，在音节末尾的是韵尾。

韵母，位于音节的后段，由元音或元音加辅音构成。例如，在"海"（hai^{214}）这个音节里，"ai"就是它的韵母。零声母音节，例如"欧"（ou^{55}），它的韵母就是整个音节

---

① 黄伯荣，廖序东.现代汉语[增订六版]（上）.北京：高等教育出版社，2017：20

"ou"。然而,元音不能作声母,只能作韵母或韵母的构成成分。韵母有的由单元音或复元音构成,如"ta^{55}(他)、xia^{55}(虾)、guai^{51}(怪)"中的"a、ia、uai";有的由元音加辅音构成,如"gan^{55}(甘)、geng^{55}(耕)、guan^{55}(关)"中的"an、eng、uan"。

声调,依附在声韵结构中具有区别意义作用的音高型式,例如"底"的音高,是先降到最低然后再升高上去,这种先降后升的音高变化格式,就是音节"底"(di^{214})的声调。普通话中的 ma^{55}(妈)、ma^{35}(麻)、ma^{214}(马)、ma^{51}(骂),这四个音节的声母和韵母都相同,只是声调不同,表示的意思也不同。

四、音位

音位是按语音的社会属性(辨义功能)划分出来的,是一个语音系统中能够区别意义的最小的语音单位。社会属性是决定音位的重要依据。

在语言(或方言)里,人们发出的音素很多,但如果不会造成意义上的差别,可以将其归为一个音位,这是归纳音位最重要的标准。如"班,帮"中的韵腹都是舌面、低、不圆唇元音,但"班"中的韵腹是[a],舌头位于口腔靠前的位置;"帮"中的韵腹是[ɑ],舌头位于口腔靠后的位置。[a]和[ɑ]是不同的音素,但二者不区别意义,可以归为一个音位。有些不同的音素能区别意义,如汉语普通话中的"古"和"苦",辅音声母分别是[k]、[kʰ],可以直接区别意义,因此[k]、[kʰ]算作两个音位。

第四节　国际音标与汉语拼音方案

在人类社会发展过程中,语言充当着重要的工具角色。为了记录和研究不同语言的发音,人们采用过多种记音方法。其中,世界范围内比较完备和通行的记音方法是国际音标,汉语当前主要的记音方法是《汉语拼音方案》。

一、国际音标

国际音标是一套系统化的记音符号,由国际语音学会于 1888 年创制,其目的是记录和研究人类语言中的语音。迄今为止,已经过多次修订,于 2005 年完成最近一次的修订。国际音标囊括一百多个符号,每一个符号表示一个音素,而每一个音素也对应一个符号,音符相对,不会出现两者对应模糊或相混淆的情况。它兼具简明、细致、科学的优势与特点,如图 2-1 所示,现已成为研究语音的国际通用工具。

国际音标（修订至 2005 年）

辅音（肺部气流）

中文版 © 2007 中国语言学会语音学分会

	双唇	唇齿	齿	龈	龈后	卷舌	硬腭	软腭	小舌	咽	喉
爆发音	p b			t d		ʈ ɖ	c ɟ	k ɡ	q ɢ		ʔ
鼻音	m	ɱ		n		ɳ	ɲ	ŋ	ɴ		
颤音	ʙ			r					ʀ		
拍音或闪音		ⱱ		ɾ		ɽ					
擦音	ɸ β	f v	θ ð	s z	ʃ ʒ	ʂ ʐ	ç ʝ	x ɣ	χ ʁ	ħ ʕ	h ɦ
边擦音				ɬ ɮ							
近音		ʋ		ɹ		ɻ	j	ɰ			
边近音				l		ɭ	ʎ	ʟ			

成对出现的音标，右边的为浊辅音。阴影区域表示不可能产生的音。

辅音（非肺部气流）

啧 音	浊内爆音	喷 音
ʘ 双唇音	ɓ 双唇音	ʼ 例如:
ǀ 齿音	ɗ 齿音龈音	pʼ 双唇音
ǃ 龈（后）音	ʄ 硬腭音	tʼ 齿音/齿音/龈音
ǂ 腭龈音	ɠ 软腭音	kʼ 软腭音
ǁ 龈边音	ʛ 小舌音	sʼ 龈擦音

元音

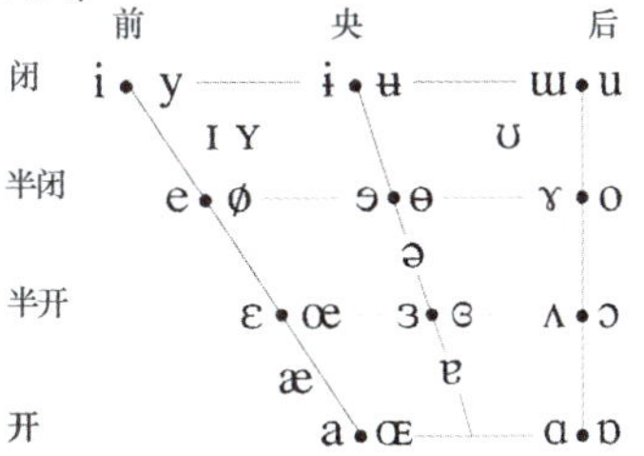

成对出现的音标，右边的为圆唇元音。

其他符号

ʍ 唇-软腭清擦音

w 唇-软腭浊近音

ɥ 唇-硬腭浊近音

ʜ 会厌清擦音

ʢ 会厌浊擦音

ʡ 会厌爆发音

ɕ ʑ 龈-腭擦音

ɺ 龈边浊闪音

ɧ 同时发 ʃ 和 x

若有必要，塞擦音及双重调音可以用连音符连接两个符号，如: k͡p t͜s

附加符号

如果是下伸符号，附加符号可以加在上方，例如: ŋ̊

̥	清化	n̥ d̥	̤	气声性	b̤ a̤	̪	齿化	t̪ d̪
̬	浊化	s̬ t̬	̰	嘁嘎裂声性	b̰ a̰	̺	舌尖性	t̺ d̺
ʰ	送气	tʰ dʰ	̼	舌唇	t̼ d̼	̻	舌叶性	t̻ d̻
̹	更圆	ɔ̹	ʷ	唇化	tʷ dʷ	̃	鼻化	ẽ
̜	略展	ɔ̜	ʲ	腭化	tʲ dʲ	ⁿ	鼻除阻	dⁿ
̟	偏前	u̟	ˠ	软腭化	tˠ dˠ	ˡ	边除阻	dˡ
̠	偏后	e̠	ˤ	咽化	tˤ dˤ	̚	无闻除阻	d̚
̈	央化	ë	̴	软腭化或咽化	ɫ			
̽	中-央化	e̽	̝	偏高	e̝	（ɹ̝ = 龈浊擦音）		
̩	成音节	n̩	̞	偏低	e̞	（β̞ = 双唇浊近音）		
̯	不成音节	e̯	̘	舌根偏前	e̘			
˞	r 音色	ɚ a˞	̙	舌根偏后	e̙			

超音段

ˈ 主重音

ˌ 次重音

ˌfoʊnəˈtɪʃən

ː 长 eː

ˑ 半长 eˑ

̆ 超短 ĕ

| 小（音步）组块

‖ 大（语调）组块

. 音节音隔 ɹi.ækt

‿ 连接（间隔不出现）

声调与词重调

平调			非平调		
e̋ 或	˥	超高	ě 或	˩˥	升
é	˦	高	ê	˥˩	降
ē	˧	中	e᷄	˦˥	高升
è	˨	低	e᷅	˩˨	低升
ȅ	˩	超低	e᷈	˧˦˧	升降
↓		降阶	↗		整体上升
↑		升阶	↘		整体下升

图 2-1 国际音标表[①]

①该版方案刊载于《方言》2007 年第 1 期第 1 页，由中国语言学会语音学分会翻译，后被国际语音学会在《国际语音学会会刊》(Journal of the International Phonetic Association)2011 年（第 41 卷）第 2 期收录承认。

国际音标的发明和使用,有利于跨地域、跨族群语言的研究与传播,极大地推动了语言学的发展进程。同时,对于语言文字学习者与工作者,掌握国际音标更是一项必备技能,只有掌握了这套工具系统,我们才能更好地认识语音,深入探寻其规律与内容。

二、汉语拼音方案

汉语拼音方案采用国际上流行的拉丁字母,按照音素化的拼音原则对汉语进行注音,是在过去多种记音法的基础上发展起来的,是我国人民创制各种汉语记音与汉字注音法的经验总结。《中华人民共和国国家通用语言文字法》第十八条规定:"国家通用语言文字以《汉语拼音方案》作为拼写和注音工具,《汉语拼音方案》是中国人名地名和中文文献罗马字母拼写法的统一规范,并用于汉字不便或不能使用的领域。"

汉语拼音方案主要有两个重要的功能。第一个功能是为汉字注音:相比于以往的直音法、反切法和注音字母(注音符号)等标记汉字读音的方法,《汉语拼音方案》的优势更明显,因为它通过拉丁字母的组合来表示汉字的发音,既容易为广大群众所掌握,在国际上也易于理解和使用,促进了文化交流。第二个功能是为普通话的学习和推广提供了标准化的拼写系统,使得普通话的发音更加统一和规范。另外,汉语拼音方案不仅帮助中国人学习普通话,还对外国人学习汉语、人名、地名和科学术语的音译和汉字的输入等方面起到了关键作用。[1]

汉语拼音方案包括字母表、声母表、韵母表、声调符号和隔音符号五个部分,如图 2-2 所示。

---

[1] 黄伯荣,廖序东.现代汉语[增订六版](上).北京:高等教育出版社,2017:22-23

汉语拼音方案

(1957年11月1日国务院全体会议第60次会议通过)
(1958年2月11日第一届全国人民代表大会第五次会议批准)

一、字母表

字母	Aa	Bb	Cc	Dd	Ee	Ff	Gg
名称	ㄚ	ㄅㄝ	ㄘㄝ	ㄉㄝ	ㄜ	ㄝㄈ	ㄍㄝ
	Hh	Ii	Jj	Kk	Ll	Mm	Nn
	ㄏㄚ	ㄧ	ㄐㄧㄝ	ㄎㄝ	ㄝㄌ	ㄝㄇ	ㄋㄝ
	Oo	Pp	Qq	Rr	Ss	Tt	
	ㄛ	ㄆㄝ	ㄑㄧㄡ	ㄚㄦ	ㄝㄙ	ㄊㄝ	
	Uu	Vv	Ww	Xx	Yy	Zz	
	ㄨ	ㄪㄝ	ㄨㄚ	ㄒㄧ	ㄧㄚ	ㄗㄝ	

v 只用来拼写外来语、少数民族语音和方言。
字母的手写体依照拉丁字母的一般书写习惯。

二、声母表

b[p]	p[pʻ]	m[m]	f[f]	d[t]	t[tʻ]	n[n]	l[l]
ㄅ玻	ㄆ坡	ㄇ摸	ㄈ佛	ㄉ得	ㄊ特	ㄋ讷	ㄌ勒
g[k]	k[kʻ]	h[x]		j[tɕ]	q[tɕʻ]	x[ɕ]	
ㄍ哥	ㄎ科	ㄏ喝		ㄐ基	ㄑ欺	ㄒ希	
zh[tʂ]	ch[tʂʻ]	sh[ʂ]	r[ʐ]	z[ts]	c[tsʻ]	s[s]	
ㄓ知	ㄔ蚩	ㄕ诗	ㄖ日	ㄗ资	ㄘ雌	ㄙ思	

在给汉字注音的时候，为了使拼式简短，zh ch sh 可以省作 ẑ ĉ ŝ。

三、韵母表

	i[i] 衣	u[u] 乌	ü[y] 迂
a[A] 啊	ia[iA] 呀	ua[uA] 蛙	
o[o] 喔		uo[uo] 窝	
e[ɤ] 鹅	ie[iɛ] 耶		üe[yɛ] 约
ai[ai] 哀		uai[uai] 歪	
ei[ei] 欸		uei[uei] 威	
ao[au] 熬	iao[iau] 腰		
ou[ou] 欧	iou[iou] 忧		
an[an] 安	ian[iɛn] 烟	uan[uan] 弯	üan[yɛn] 冤
en[ən] 恩	in[in] 因	uen[uən] 温	ün[yn] 晕
ang[aŋ] 昂	iang[iaŋ] 央	uang[uaŋ] 汪	
eng[əŋ] 亨的韵母	ing[iŋ] 英	ueng[uəŋ] 翁	
ong[uŋ] 轰的韵母	iong[yŋ] 雍		

(1) "知、蚩、诗、日、资、雌、思"等七个音节的韵母用 i，即：知、蚩、诗、日、资、雌、思等字拼作 zhi，chi，shi，ri，zi，ci，si。

(2) 韵母ㄦ写成 er，用作韵尾的时候写成 r。例如："儿童"拼作 ertong，"花儿"拼作 huar。

(3) 韵母ㄝ单用的时候写成 ê。

(4) i 行的韵母，前面没有声母的时候，写成 yi(衣)，ya(呀)，ye(耶)，yao(腰)，you(忧)，yan(烟)，yin(因)，yang(央)，ying(英)，yong(雍)。

u 行的韵母，前面没有声母的时候，写成 wu(乌)，wa(蛙)，wo(窝)，wai(歪)，wei(威)，wan(弯)，wen(温)，wang(汪)，weng(翁)。

ü 行的韵母，前面没有声母的时候，写成 yu(迂)，yue(约)，yuan(冤)，yun(晕)；ü 上两点省略。

ü 行的韵母跟声母 j，q，x 拼的时候，写成 ju(居)，qu(区)，xu(虚)，ü 上两点也省略；但是跟声母 n，l 拼的时候，仍然写成 nü(女)，lü(吕)。

(5) iou，uei，uen 前面加声母的时候，写成 iu，ui，un，例如 niu(牛)，gui(归)，lun(论)。

(6) 在给汉字注音的时候，为了使拼式简短，ng 可以省作 ŋ。

四、声调符号

阴平	阳平	上声	去声
ˉ	ˊ	ˇ	ˋ

声调符号标在音节的主要母音上，轻声不标。例如：

妈 mā　麻 má　马 mǎ　骂 mà　吗 ma
(阴平)（阳平）（上声）（去声）（轻声）

五、隔音符号

a，o，e 开头的音节连接在其他音节后面的时候，如果音节的界限发生混淆，用隔音符号(')隔开，例如：pi'ao(皮袄)。

注：声母、韵母表中的国际音标，为本词典所加。

图 2-2　汉语拼音方案

1. 交际中语音有哪些特点？应遵循怎样的规范和要求？
2. 普通话语音具有哪些属性？其本质属性是什么？
3. 与其他注音方法相比，国际音标有什么优势？
4. 汉语拼音方案有什么作用？

1. 请正确读出汉语拼音方案声母表和韵母表中的音。
2. 请朗读下列例字。

安	俺	岸
肮	昂	盎
恩	摁	翁
蓝	寒	然
杭	唐	房
奔	神	人
猛	冯	邓

3. 请用国际音标为你的家乡名和姓名注音。

国际语音学会编著，江荻译《国际语音学会手册——国际音标使用指南》，上海教育出版社，2008年8月。

第三章
普通话的语音系统

第一节 声 母

一、声母概述

声母就是汉字字音结构的起始部分,发音短促有力,能带动整个音节的发音,直接影响发音的准确度和清晰度。普通话有22个辅音,其中21个可以作声母:b、p、m、f、d、t、n、l、g、k、h、j、q、x、zh、ch、sh、r、z、c、s。还有一个辅音ng很特殊,一般只作韵尾,不能充当声母,如:狂(kuang^{35})。与元音相比,辅音的主要特征:气流在发音器官中(主要指口腔)受到一定程度的阻碍或阻塞;气流较强;发音器官参与节制气流的部分肌肉紧张。

二、声母的分类

充当声母的辅音发音可以按照发音部位和发音方法进行分类。总体分类情况见表3-1普通话辅音总表。

(一)辅音的发音部位

发音部位主要指发辅音时,气流在口腔中受到阻碍的位置。发音器官形成的阻碍,一般是由两个部位接触或接近(形成间隙)构成的(图3-1)。

表 3-1　　　　　　　　　普通话辅音总表①

发音方法			发音部位									
			唇音		舌尖前音	舌尖中音		舌尖后音		舌面前音		舌面后音
			双唇音	唇齿音								
			上唇 下唇	上齿 下唇	舌尖 齿背	舌尖	上齿龈	舌尖	硬腭前	舌面前	硬腭前	舌根	软腭
塞音	清音	不送气音	b[p]			d[t]						g[k]
		送气音	p[p']			t[t']						k[k']
塞擦音	清音	不送气音			z[ts]			zh[tʂ]		j[tɕ]		
		送气音			c[tsʻ]			ch[tʂʻ]		q[tɕʻ]		
擦音	清音			f[f]	s[s]			sh[ʂ]		x[ɕ]		h[x]
	浊音							r[ʐ]				
鼻音	浊音		m[m]			n[n]						ng[ŋ]
边音	浊音					l[l]						

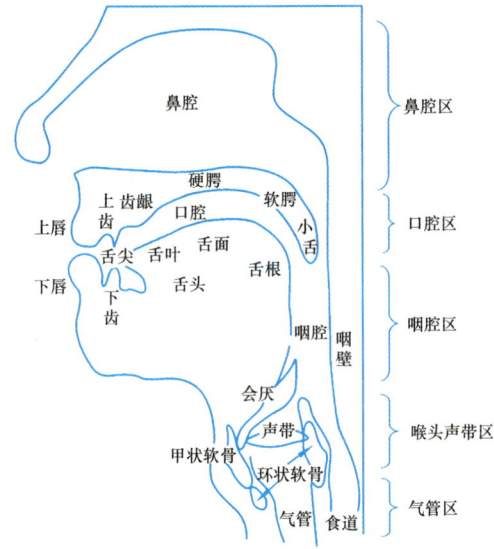

图 3-1　发音器官示意图①

普通话的辅音声母可以按发音部位细分为以下七种：

(1)双唇音 b、p、m：上唇和下唇构成阻碍。

(2)唇齿音 f：上齿轻碰下唇构成阻碍。

---

①黄伯荣,廖序东.现代汉语[增订六版](上).北京:高等教育出版社,2017:19

(3)舌尖前音(又称"平舌音")z、c、s:舌尖平伸抵住或接近上齿背构成阻碍。

(4)舌尖中音 d、t、n、l:舌尖和上齿龈(即上牙床)接触构成阻碍。

(5)舌尖后音(又称"翘舌音")zh、ch、sh、r:舌尖接触或接近齿龈后部硬腭前端构成阻碍。

(6)舌面前音(简称"舌面音")j、q、x:舌面前部接触或接近硬腭前部构成阻碍。

(7)舌面后音(简称"舌根音")g、k、h:舌根接触或接近软腭构成阻碍。

(二)辅音的发音方法

辅音的发音方法指发音时喉头、口腔和鼻腔节制气流的方式和状况。主要可以从阻碍气流的方式、声带是否振动和气流的强弱三个方面进行观察。

1. 阻碍气流的方式

普通话声母可以根据阻碍气流的方式的不同,分为塞音、擦音、塞擦音、鼻音和边音五类。

(1)塞音,包括 b、p、d、t、g、k,发音时,发音器官在某处完全闭合,形成阻塞。当阻塞突然打开时,气流迅速释放,产生一个短促的爆破声,因此塞音也被称作"爆破音"。

(2)擦音,包括 f、h、x、sh、s、r,在发音过程中,发音器官之间留有狭窄的缝隙,气流通过时产生摩擦声。擦音的特点是气流持续摩擦,直到发音动作结束。

(3)塞擦音,包括 j、q、zh、ch、z、c,发音开始时,塞音发音部位完全闭合,但紧接着转变为擦音气流把阻碍部位冲出缝隙,摩擦成声。塞擦音的特点是塞音的释放和擦音的产生几乎是同时发生的,它们紧密相连,形成一个连续的发音动作,是一个语音单位。

(4)鼻音,包括 m、n,发音时,口腔通道被封闭,而鼻腔通道打开。声带振动时,气流通过鼻腔释放,形成鼻音。鼻音的特点是声音在鼻腔中产生共鸣。

(5)边音,以 l 为代表,发音时,舌尖与上齿龈后部接触,阻塞了口腔中央的气流通道,但舌头两侧留有空隙。声带振动时,气流从这些空隙中流出,形成边音。边音的特点是声音从舌头两侧的空隙透出。

2. 声带是否振动

根据声带是否振动,可以将辅音分为"浊音"和"清音"两大类:

浊音在发音时声带振动,产生的声音较为柔和、饱满。普通话中有 5 个浊辅音,包括:m(如"妈")、n(如"拿")、l(如"拉")、r(如"日")、ng(如"昂")。其中,m、n、l、r 可以作为声母,出现在音节的开头,而 ng 通常不单独作为声母,而是作为韵尾与其他元音结合形成音节。清音在发音时声带不振动,产生的声音较为清脆、清晰。普通话中除了上述提到的5个浊辅音外,其余的辅音都是清音。

3.气流的强弱

普通话中的塞音和塞擦音根据气流的强弱,可以进一步细分为送气音和不送气音。这种区分主要体现在发音时气流的释放方式上。送气音发音时,声门打开,气流迅速且强烈地从肺部冲出,形成明显的气流冲击,在声门以及声门以上的某个狭窄部位造成摩擦,形成"送气音",包括塞音,如 p(如"坡")、t(如"他")、k(如"可");塞擦音,如 q(如"七")、ch(如"吃")、c(如"次")。与送气音相对,不送气音在发音时气流释放较为温和,没有明显的气流冲击。这些音在发音时声门闭合,气流通过时不产生强烈的摩擦,因此没有送气的特征。普通话中的不送气音包括:塞音,如 b(如"波")、d(如"的")、g(如"哥");塞擦音,如 j(如"鸡")、zh(如"知")、z(如"资")。送气与不送气的区分在普通话的语音系统中非常重要,它有助于区分不同的意义。例如,"怕"(pà)和"爸"(bà)的声母都是双唇、清、塞音,但 p 是送气音,b 是不送气音,直接区分了意义。

第二节 韵 母

一、韵母概述

韵母是汉字字音结构声母后面的部分。普通话有 39 个韵母,其中 23 个由元音(单元音或复合元音)充当,16 个由元音附带鼻辅音韵尾构成。因此,普通话的韵母是由元音或以元音为主要成分构成的。元音的主要特征:气流在口腔中不受阻碍;气流较弱;发音器官肌肉均衡紧张;正常发音时声带振动。

二、韵母的分类

韵母的内部结构可以细分为韵头、韵腹、韵尾三个部分。韵母中声音最响亮、最必不可少的部分是韵腹,韵腹的前面是韵头,又称"介音",后面是韵尾,如,uai 就是韵头、韵腹、韵尾俱全的,但不是每个韵母都具备这三个部分,如单韵母 a 只有韵腹,没有韵头和韵尾;复元音 uo 只有韵头和韵腹,ai 只有韵腹和韵尾。普通话韵母中的韵头只有 i、u、ü 三个。韵尾共有四个,其中两个元音韵尾—i、

—u(包括 ao、iao 中的 o)和两个辅音韵尾—n、—ng。

韵母主要有三种分类方法:

(一)韵母按结构可分为单韵母、复韵母和鼻韵母

(1)单韵母,即单元音韵母,由单元音充当韵母。普通话有 10 个单韵母:a、o、e、ê、i、u、ü、—i[ɿ]、—i[ʅ]、er。

单韵母又可以进一步细分为三个小类:

①舌面单韵母

舌面单韵母的发音主要受三个因素的影响:舌位的高低、舌位的前后、唇形的圆展。舌位的高低指舌头在口腔中的高低位置,可以分为高元音、半高元音、半低元音和低元音四大类。高元音需要将舌头抬高,贴近口腔上部,口腔接近闭合,如 i。低元音需要将舌头降低,贴近口腔下部,口腔尽量张开,如 a。舌位的前后指舌头在口腔中的前后位置,可以分为前元音、央元音和后元音三类。发前元音时,舌尖一般会碰到齿背,如 i;发后元音时,舌身需往后缩,如 u。唇形的圆展指嘴唇的形状,分为圆唇元音和展唇元音两类。发圆唇元音时,嘴唇需要拢圆,如 u;发展唇元音时,则不需要将嘴唇拢圆,如 i。口腔中舌面单韵母的发音可以总结为图 3-2。

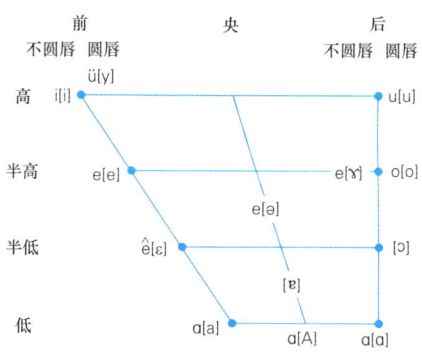

图 3-2 舌面元音舌位图[①]

舌面单元音韵母共 7 个,分别是:

a[A]央、低、不圆唇元音。发音时,口腔自然打开,舌位最低,舌尖约在下齿

[①]黄伯荣,廖序东.现代汉语[增订六版](上).北京:高等教育出版社,2017:46

龈部位,嘴唇自然放松不圆唇,软腭上升,封闭鼻腔通道,颤动声带发音。例如:大、发、把、塔。

o[o]后、半高、圆唇元音。发音时,双唇自然拢圆,舌头后缩,舌面后部隆起与软腭相对,舌位半高,软腭上升,封闭鼻腔通道。例如:播、博、跛、坡。

e[ɤ]后、半高、不圆唇元音。嘴角向两边微展,双唇自然展开,舌身后缩,舌尖离下齿背较远,软腭上升,关闭鼻腔通路。例如:饿、浙、渴、德、歌。

ê[ɛ]前、半低、不圆唇元音。口半开,舌位半低,舌头前伸使舌尖抵住下齿背,双唇展开,软腭上升,关闭鼻腔通路。一般出现在 ie、üe 两个复韵母中。例如:学、觉、谢、爷。

i[i]前、高、不圆唇元音。口微开,两唇呈扁平形,嘴角向两边展开,上下齿相对(齐齿),舌尖接触下齿背,舌面前部隆起和硬腭前部相对。发音时,声带颤动,软腭上升,关闭鼻腔通路。例如:鼻、敌、涕、医。

u[u]后、高、圆唇元音。两唇收缩成圆形,向前突出,中间留一个小孔;舌后缩,舌面后部高度隆起,和软腭相对。发音时,声带颤动,软腭上升,关闭鼻腔通路。例如:步、初、路、辅。

ü[y]前、高、圆唇元音。两唇拢圆,略向前突,中间留一个扁圆小孔,舌尖抵住下齿背,舌面前部隆起,和硬腭前部相对。发音时,声带颤动,软腭上升,关闭鼻腔通路。例如:语、旭、需、渠。

②舌尖单韵母

-i[ɿ]舌尖前、不圆唇元音。口略开,嘴角向两旁展开,舌尖和上齿背相对,保持适当距离。发音时,声带颤动,软腭上升,关闭鼻腔通路。这个韵母在普通话里只出现在 z、c、s 声母的后面。例如:资、紫、字、此。

-i[ʅ]舌尖后、不圆唇元音。口略开,展唇,舌前端抬起和硬腭相对。发音时,声带颤动,软腭上升,关闭鼻腔通路。这个韵母在普通话里只出现在 zh、ch、sh、r 声母的后面。例如:痴、枝、迟、职。

③卷舌单韵母

er[ər],卷舌、央、中、不圆唇元音。

口自然张开,舌位不前不后不高不低,舌前部上抬,在发[ə]的同时舌尖向后卷,和硬腭前端相对。发音时,声带颤动,软腭上升,关闭鼻腔通路。例如:二、而、儿、耳、尔、贰。

(2)复韵母,即复合元音韵母,是由两个及两个以上元音构成的韵母。普通话有13个复韵母:ai、ei、ao、ou、ia、ie、ua、uo、üe、iao、iou、uai、uei。复韵母的发音是滑动、渐变的。例如发 ao 时,先发 a,然后舌位逐渐升高,后移,嘴唇逐渐收圆,最后逐渐向 u 音靠近。复元音在发音时,内部各个元音的响度并不相等。响度大的元音(韵腹)在前的,叫作前响复韵母,包括 ai,ei,ao,ou 四个音;响度大的元音在后的,叫作后响复韵母,包括 ia,ie,ua,uo,üe 五个音;响度大的元音在中间的,叫作中响复韵母,中响复韵母一定是三合复韵母,包括 iao,iou,uai,uei 四个音。

(3)鼻韵母,即复合鼻尾音韵母,是由元音带上鼻辅音韵尾构成的韵母。普通话有16个鼻韵母:an、en、in、ian、uan、uen、ün、üan、ang、eng、ing、ong、iang、uang、ueng、iong。鼻韵母发音时,由元音开始逐渐向鼻辅音过渡,最后阻碍部分完全闭塞,气流从鼻腔流出。

(二)韵母按韵母开头的实际发音可分为开口呼、齐齿呼、合口呼和撮口呼

(1)开口呼,指没有韵头,韵腹又不是 i、u、ü 的韵母。普通话有15个韵母属于开口呼:a、o、e、ê、ai、ei、ao、ou、an、en、ang、eng、-i[ɿ]、-i[ʅ]、er。

(2)齐齿呼,指韵头或韵腹是 i 的韵母。普通话有9个韵母属于齐齿呼:i、ia、ie、iao、iou、ian、in、iang、ing。

(3)合口呼,指韵头或韵腹是 u 的韵母。普通话有10个韵母属于合口呼:u、ua、uo、uai、uei、uan、uen、uang、ueng、ong。

(4)撮口呼,指韵头或韵腹是 ü 的韵母。普通话有5个韵母属于撮口呼:ü、üe、ün、üan、iong。

需要特别说明的是,ong、iong 分别归入合口呼和撮口呼,是根据其实际读音进行的分类。

(三)韵母按有无韵尾或韵尾是元音还是辅音可分为无韵尾韵母、元音韵尾韵母和鼻音韵尾韵母

(1)无韵尾韵母,普通话中共15个:a、o、e、ê、i、u、ü、-i[ɿ]、-i[ʅ]、er、ia、ie、ua、uo、üe。

(2)元音韵尾韵母,普通话中共8个:ai、ei、ao、ou、iao、iou、uai、uei。

(3)鼻音韵尾韵母,普通话中共16个(同"鼻韵母")。

韵母总表见表3-2:

表 3-2　　　　　　　　　韵母总表①

按结构分 \ 按口形分	开口呼	齐齿呼	合口呼	撮口呼	按韵尾分
单元音韵母	-i[ɿ] -i[ʅ]	i[i]	u[u]	ü[y]	无韵尾韵母
	a[A]				
	o[o]				
	e[ɤ]				
	ê[ɛ]				
	er[ər]				
复元音韵母		ia[iA]	ua[uA]		元音韵尾韵母
			uo[uo]		
		ie[iɛ]		üe[yɛ]	
	ai[ai]		uai[uai]		
	ei[ei]		uei[uei]		
	ao[au]	iao[iau]			
	ou[ou]	iou[iou]			
带鼻音韵母	an[an]	ian[iɛn]	uan[uan]	üan[yan]	鼻音韵尾韵母
	en[ən]	in[in]	uen[uən]	ün[yn]	
	ang[aŋ]	iang[iaŋ]	uang[uaŋ]		
	eng[əŋ]	ing[iŋ]	ueng[uəŋ]		
			ong[uŋ]	iong[yŋ]	

第三节　声　调

声调是音节中具有区别意义和作用的音高变化,是汉语音节结构中不可缺少的成分。音高变化可以从调类和调值两个方面来解释。

调类,是声调的种类,就是把调值相同的字归纳在一起所建立的类。普通话共有四种调类(四声):阴平(第一声)、阳平(第二声)、上声(第三声)、去声(第四声)。

调值,是指有声调的语言中各调类的实际读法,即字音的高低升降的程度。

一般说来,汉语中不同的方言,字调的分类法(调类)有相同的存在,但是每一调类的实际读法(调值)却存在不同。例如普通话的阴平本应读为高平调,但是东北地区方言较多的现象是把阴平读成了低平调,这种发音现象成为区别东北方音的鲜明标志。从实际视角看,准备把握准调值是说好普通话的重要环节。

调值是普通话的鲜明印记,也是有声语言艺术表现的重要基础,它是汉字的

---

①黄伯荣,廖序东.现代汉语[增订六版](上).北京:高等教育出版社,2017:51

血液,调值是指普通话声调高低、升降、曲直、长短的变化形式。为了使调值具体可感,我们可以借助语言学上的"五度标记法"来认识,大约可以对应音乐中的中音区音符,如图3-3所示:

调类		阴平 (高平)	阳平 (中升)	上声 (降升)	去声 (全降)
调值	5 高	5 5	5		5
	4 半高			4	
	3 中		3		
	2 半低			2	
	1 低			1	1
声调符号		—	/	V	\

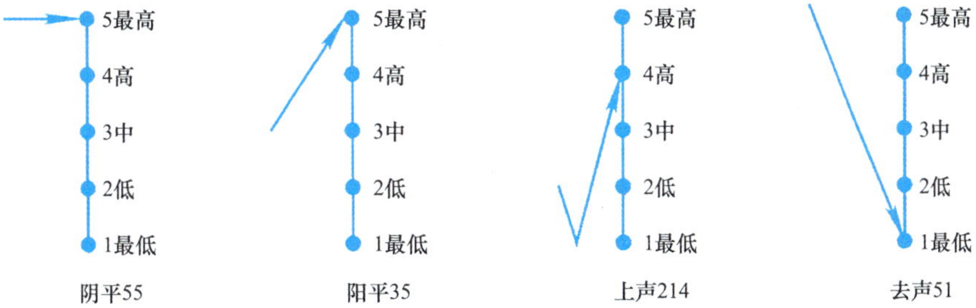

阴平55　　　　　阳平35　　　　　上声214　　　　　去声51

图3-3　普通话调值五度标记图

调值分为低调,半低调,中调,半高调,高调。从调值图看,调值分为5个层级,阴平是55调值,都是高调,称为高频调,正常发音时声音要可控,不宜过高或者飘忽;阳平是35调值,从中调到高调为中升调值,不宜过短或者归音过弱;上声是214调值,从半低到低再到半高,不宜将半高还原,也不宜省略半高;去声是51调值,是降调,从高调到低调的全降调,不宜过短或者过高。

从地域影响看,受东北方言区影响的人,在测试中,出现缺陷问题比较集中的有:

(1)阴平调值低。主要是达不到55,多是44,甚至是33。

(2)上声调调程不完整。主要是读到21便停止,未回到4,调程不饱满。

(3)阳平和去声的音长不够。读音极为短促,以致阳平达不到35,而是34;去声达不到51,而是53或52。

声调可以作专项训练。下面分别针对阴平、阳平、上声和去声的调值具体开展。

首先,阴平是55调值,特点是高而平,声调要有高度且保持平直,不能有变化,即尾音不能再上升或者下降,归音要及时。

例如:"一"不能读为"疑","身"不能读为"甚"。可以作一组训练:

真　他　思　专　一　恩
身　家　欧　丹　高　丁

其次，阳平是35调值，是由中音到高音，要保持平直，而且归因要及时。请注意打开口腔自然发音，放松，不紧绷。挺软腭。松下巴。可以作一组训练：

    韩　然　陶　满　劳　门
    拿　暇　节　唐　求　伯

再次，上声字是214调值，由半低音，到低音，再到半高音，动程是214调，生活和工作中读为212调也是可以接受的。但需要注意的是不能把上声读为21调或者2121调。可以作一组训练：

    染　导　火　反　起　也　请　保　取　板　抹

最后，去声字是51调值，是从高音到低音。发音的时候，要注意既不能过于短促，也不建议发成抛物线式的音调。可以作一组训练：

    正　踏　四　刃　问　墨　架　构　办　夜　静

为了区别各类声调，我们进行几组有代表性的单音节字和多音节词的声调练习。

单音节字的声调练习：

    庄　播　绿　心　统　辖　构　为　此　丁　柳　枪　将
    拟　征　怎　允　筹　挂　停　砍　劈　带　抓　斜　歪
    北　生　偶　债　恐　主　党　曲　轰　击　东　床　丙
    卢　泽　娟　才　人　聊　佛　智　四　乌　马　凤　托

多音节词的声调练习：

    亲切　照相　爽快　已有　书面　群众　军法　明白
    修养　盼望　随后　到达　爱国　恰好　完善　从中
    暖瓶　深化　难怪　温柔　内在　调和　总得　幼儿
    粗茶淡饭　夸张　学习　孩子　典雅　妇女　公民
    的确　灯泡儿　书法　宁静　凌厉　清晰　爱情

请自行选词朗读，注意声调的发音技巧，读出标准的语音。普通话的声调能区别意义，能增强节奏感和感染力，能使汉语音节界限分明，使语言生动且有灵趣，有气韵和美感。

第四节　音　变

一、上声变调

上声在阴平、阳平、上声、去声前都会产生变调，只有在单音节发音或处在词语、句子的末尾才有可能读原调。

1. 上声和非上声相连的变调

上声在阴平、阳平、去声、轻声前,即在非上声前,丢掉后半段"14"上升的尾巴,调值由 214 变为半上声 211,变调调值描写为 214-211。例如：

上声＋阴平

  百般 bǎibān   摆脱 bǎituō   保温 bǎowēn
  警钟 jǐngzhōng 火车 huǒchē   省心 shěngxīn

上声＋阳平

  祖国 zǔguó   旅行 lǚxíng   导游 dǎoyóu
  朗读 lǎngdú   考察 kǎochá   改革 gǎigé

上声＋去声

  广大 guǎngdà   讨论 tǎolùn   挑战 tiǎozhàn
  感谢 gǎnxiè   稿件 gǎojiàn   土地 tǔdì

上声在轻声前调值也变成半上声 211。

例如：矮子 斧子 奶奶 姐姐 尾巴 五朵 马虎 口袋 伙计

2. 两个上声相连的变调

两个上声相连,前一个上声的调值变为 35。实验语音学从语图和听辨实验证明,前字上声、后字上声构成的组合与前字阳平、后字上声构成的组合在声调模式上是相斥的。说明两个上声相连,前字上声的调值变得跟阳平的调值一样。变调调值描写为 214-35。例如：

上声＋上声

  懒散 lǎnsǎn 手指 shǒuzhǐ 母语 mǔyǔ 海岛 hǎidǎo
  旅馆 lǚguǎn 广场 guǎngchǎng 首长 shǒuzhǎng 减少 jiǎnshǎo
  简短 jiǎnduǎn 古典 gǔdiǎn 粉笔 fěnbǐ 小组 xiǎozǔ

3. 三个上声相连的变调

三个上声音节相连,如果后面没有其他音节,也不带语气,末尾音节一般不变调。开头、当中的上声音节有两种变调：

(1) 当词语的结构是双音节＋单音节("双单格")时,开头、当中的上声音节调值变为 35,跟阳平的调值一样。例如：

  手写体 shǒuxiětǐ 展览馆 zhǎnlǎnguǎn 管理组 guǎnlǐzǔ

选举法 xuǎnjǔfǎ　　　洗脸水 xǐliǎnshuǐ　　　水彩笔 shuǐcǎibǐ

勇敢者 yǒnggǎnzhě　　　打靶场 dǎbǎchǎng

(2)当词语的结构是单音节＋双音节("单双格"),开头音节处在被强调的逻辑重音时,读作"半上",调值变为211,当中音节则按两字组变调规律变为35。例如:

党小组 dǎngxiǎozǔ　　　撒火种 sǎhuǒzhǒng　　　冷处理 lěngchǔlǐ

耍笔杆 shuǎbǐgǎn　　　小两口 xiǎoliǎngkǒu　　　纸老虎 zhǐlǎohǔ

老保守 lǎobǎoshǒu　　　小拇指 xiǎomǔzhǐ

4.多个上声相连的变调

多个上声连读时,要根据语义紧凑度或者语法划分出语义停顿,再根据前述规律进行变调。

例如:谱写舞蹈曲

　　根据语义紧凑度可划分为　"谱写　/　舞蹈曲"

　　具体变调情况:　 35　＋　21　＋　35　＋　35　＋　214

二、"一""不"的变调

普通话还有"一""七""八""不"的变调。由于普通话中"七""八"已经趋向于不变调,学习普通话只要求掌握"一""不"的变调。"一"的单字调是阴平55,"不"的单字调是去声51,在单念或处在词句末尾的时候,不变调。

1."一"的变调

"一"有两种变调,见表3-3:

表3-3　　　　　　　　　　"一"的变调

原调	单念或在末尾念原调	在去声前变阳平	在非去声前变去声
yī 一 (阴平)	yī { 一、二、三　第一　二十一	yí { 一个 一日　一万	yì { 一天　一年　一道

第一种,在去声音节前调值变为35,跟阳平的调值一样。例如(以下"一"字标变调):

　　　　一半 yíbàn　　一旦 yídàn　　一定 yídìng

　　　　一度 yídù　　一概 yígài　　一共 yígòng

第二种,在阴平、阳平、上声前,即在非去声前,调值变为51,跟去声的调值一样。例如(以下"一"字标变调):

阴平前:

   一般 yìbān 一边 yìbiān 一端 yìduān
   一经 yìjīng 一瞥 yìpiē   一身 yìshēn
   一生 yìshēng 一天 yìtiān 一些 yìxiē

阳平前:

   一连 yìlián 一齐 yìqí   一如 yìrú
   一时 yìshí   一同 yìtóng 一头 yìtóu
   一行 yìxíng 一直 yìzhí   一群 yìqún

上声前:

   一举 yìjǔ   一口 yìkǒu 一览 yìlǎn
   一起 yìqǐ   一手 yìshǒu 一体 yìtǐ
   一统 yìtǒng 一早 yìzǎo 一准 yìzhǔn

当"一"作为序数表示"第一"时不变调,例如:"一楼"的"一"不变调,表示"第一楼"或"第一层楼";而变调表示"全楼"。"一连"的"一"不变调表示"第一连",而变调则表示"全连",副词"一连"中的"一"也变调,如"一连三天"。

2."不"的变调

"不"字只有一种变调,见表3-4。当"不"在去声音节前调值变为35,跟阳平的调值一样。例如(以下"不"字标变调):

   不必 búbì   不变 búbiàn 不便 búbiàn
   不测 búcè   不错 búcuò   不待 búdài
   不要 búyào 不但 búdàn   不定 búdìng

表 3-4   "不"的变调

原调	单念或在非去声前念原调	在去声前变阳平
bù 不 (去声)	不！一定不！ 　　　　不说(阴平) bù 不——不来(阳平) 　　　　不好(上声)	不去(去声) bú 不——不对(去声) 　　　　不怕(去声)

"一"嵌在重叠式的动词之间,"不"夹在动词或形容词之间,夹在动词和补语

之间,都轻读,属于"次轻音"。例如:"听一听、学一学、写一写、看一看、穿不穿、谈不谈、买不买、去不去、会不会、缺不缺、红不红、好不好、大不大、看不清、起不来、拿不动、打不开"。由于"次轻音"的声调仍依稀可见,当"一"和"不"夹在两个音节中间时,不是依前一个音节变为轻声的调值,而是当音量稍有加强,就依后一个音节产生变调,变调规律如前。例如:"听一听、看一看、会不会"。

"一""不"在去声前都变读阳平,在非去声前都读去声,单念或在末尾都读原调。

上声和"一""不"的连续变调,都是口头上的自然变化,拼写时,声调符号仍按原调标注。

三、"啊"的变读

"啊"附着在句子的末尾是语气助词。由于跟前一个音节连读而受其末尾音素的影响,常常发生音变现象。掌握"啊"的变读规律,并不需要硬记,只要将前一个音节顺势连读"a"(像念声母与韵母拼音一样,其间不要停顿)自然就会念出"a"的变音来。

用汉语拼音拼写音节时,"啊"仍写作 a,不必写出音变情况。

具体而言,语气词"啊"ā[A55]发音时一般受前一个音节读音的影响而发生了实际的音变,音变情况见表 3-5。

表 3-5　　　　　　　"啊"音变示意表

结尾音素	加上"啊"	音变读音	汉语表述	示　例
i ü a o e ê	a	ya	呀	你啊、好大的雨啊、伟大啊、好啊、奇特啊
u	a	wa	哇	大路啊、加油啊、流露啊
n	a	na	哪	求真啊、您啊、感染啊
ng	a	nga	啊	真情啊、机灵啊、勇猛啊
-i(后)[ʅ],er	a	ra[ʐA]	啊	事实啊、机智啊、说一不二啊
-i(前)[ɿ]	a	[zA]	啊	沉思啊、孩子啊、陶瓷啊

"啊"音变练习:

多么平坦的大路啊!

浩瀚的大海啊!

不是她啊!
这么大的雨啊!
这么做可不行啊!
你说是不是啊!

四、轻声的发音与作用

1. 轻声的界定

什么是轻声？普通话里每个音节都有声调,但在句子和词语当中,有些音节失去原来的声调,读成轻而短的调,这种音变现象就是轻声。目前学界以语言学家林涛的看法为主流,不认为轻声是普通话的第五个音调。一是因为它的音长太短了,这么短的时间轻声的发音并不清晰,不足以和其他音调并列;二是音域太窄,发音并不完整,韵母不能发出来。据此,在句子和词语当中,有些音节失去原来的声调,读成轻而短的调,这种音变现象就是轻声,是音节的轻化现象。

例如图 3-4 和图 3-5"东西"和"东西""兄弟"与"兄弟"这两组词①,轻声字的音长都非常短,音高也和非轻声字不同。

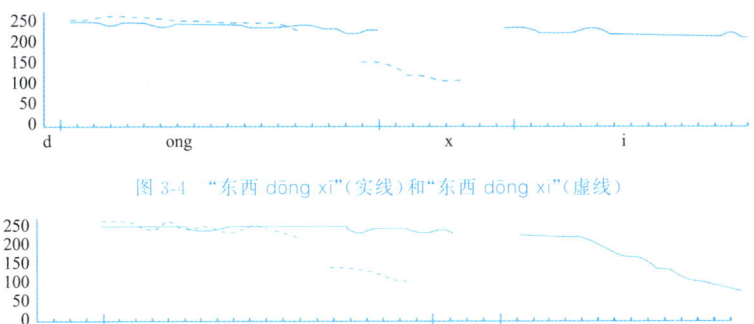

图 3-4 "东西 dōng xī"(实线)和"东西 dōng xi"(虚线)

图 3-5 "兄弟 xiōng dì"(实线)和"兄弟 xiōng di"(虚线)

这里要涉及语流音变中轻声发音的自由和不自由的问题。从不自由的维度看,因为普通话语言习惯,也因为人发音器官的生理原因,我们自然而然会把某些字词读为轻声,读不出实调,例如"去呀""看哪";还有自由的维度,自由就意味着虽然具备了轻声条件,但是因为个人的习惯和语速,可能出现"自由"的选择而不读"轻声"的情况,用语速来控制。例如,我们可以读成"写呀"(正常轻声),也可以读成"写呀"("呀"不读轻声,且重读,加长音长),这是要强调某种情绪,语速

---

① 鲁允中.轻声和儿化.北京:商务印书馆:5

放慢,要引起某些人的注意,二者语气和态度不同,可以选择。

2. 轻声音高与音长的特点

轻声"音高的特点"是所有轻声音节发音都"轻而短",但并非音高都相同,往往取决于前一个音节声调的高低。①

轻声音长的特点是非常短,另外音域太窄,久而久之甚至弱化为前一个音节发音的延长。例如,"包袱、桃子、好啊、认识"。总之,轻声音高的处理跟前面那个音节有至关重要的关系,如图3-6所示,注意把握。

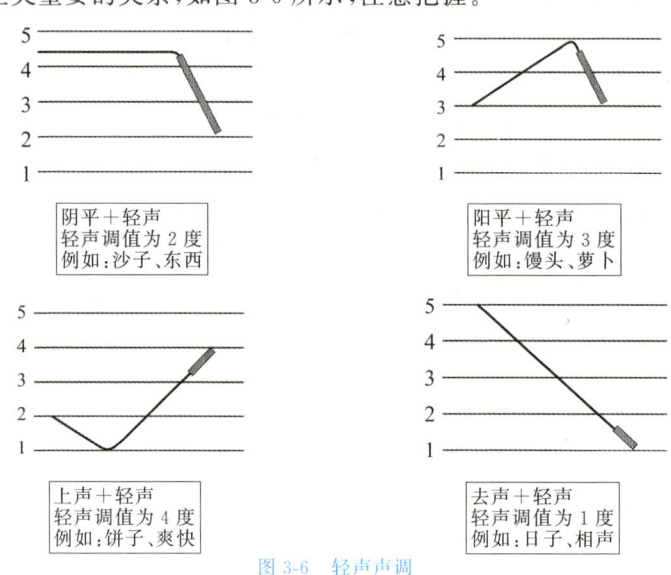

图3-6 轻声声调

3. 轻声的作用

首先是区别词义。

在生活和学习中,非轻声与轻声词语的意义是不同的,例如"地道";读成非轻声时,指地下坑道,是名词;"道"读成轻声时,指真正的、纯粹的,是形容词。"言语"读成非轻声时,是名词,指所说的话;"语"读成轻声时,是动词,是表述的意思。其他例如"莲子—帘子 报仇—报酬 字句—字据"等等,亦如此类,轻声区别了词义。

其次是在生活中,轻声使声音的传递变得自然。

语气词、名词后缀及助词,这三种情况下,轻声口语化特征明显,交流更自

---

① 金晓达,刘广徽.汉语普通话语音图解课本(教师用书).北京:北京语言大学出版社,2006:118

然。例如,"好吧,孩子,是的"。重叠名词动词、方位词,都在口语中自然读为轻声,例如,"宝宝、头上"。"一""不"夹在重叠动词或形容词中间,从发音器官生理角度看,也是自然读为轻声的,例如,"看一看""尝一尝"。

连续轻声,在生活中处理得不一样,从流畅自然的角度看,逐渐弱化是一个选择,例如"拿起来""听见了"。还有一些是"约定俗成"的,主要是更有利于人们的表情达意。例如"在乎""豆腐"。

多音节轻声词语朗读练习:

厚道	随着	风筝	认识	学问	窗户	狐狸	打量
富余	端详	打点	大意	提防	称呼	帮手	难为
记号	胡琴	精神	开通	牌楼	盘算	舍得	挑剔
喜欢	妥当	位置	温和	歇息	胭脂	应酬	月饼
招牌	栅栏	做作	咱们	扎实	铺盖	消息	首饰

4. 轻声发音的规范

其一,轻声轻重格式的使用规范。

双音节词"轻重格式"为"重轻",例如"东西、琢磨"。三音节词"轻重格式"为"中重轻"和"中轻重"两种。ABB格式较多的为"中重轻",例如"没商量""好习惯"。AAB格式较多的为"中轻重",例如"功夫茶""喇叭花"。四音节词"轻重格式"为"中轻中重"。例如"大大方方""迫不及待"。还有语流中的"轻重格式"要看具体语境和语感。例如"这些孩子呀,怎么还在这里?"

其二,轻声在语流中的使用规范

一是以清晰为准则,只有清晰明了,才能沟通和交流。

二是根据语感和具体语境,不同的轻声呈现不同的观点和态度。

三是差异美原则,每个人都有自己的表达习惯和理解,轻声的音长和音强都有不同,各有其妙。

语流中的轻声示范练习:

"盼望着,盼望着,东风来了,春天的脚步近了。一切都像刚睡醒的样子,欣欣然张开了眼。山朗润起来了,水涨起来了,太阳的脸红起来了。小草偷偷地从土里钻出来,嫩嫩的,绿绿的。园子里,田野里,瞧去,一大片一大片满是的。坐着,躺着,打两个滚,踢几脚球,赛几趟跑,捉几回迷藏。风轻悄悄的,草软绵绵的。"

还需要说明的是,对于语言文字,尤其是语流中的有声语言,中国先贤们早有审美、感悟和理想,这种兴会与体味有益于音变的审美显现。美感是从人的本性和需要角度生成的,如轻声就是一种语感、一种表达的需要。祝允明认为"文字之佳胜,正贵读者之自得",同样,轻声也是在生活和工作中体味而来。葛洪也认为"美感随个人差异而不同",这恰恰是轻声使用的差异美原则。总之,轻声是重要的语流音变现象,具有灵动变化的节奏美,轻盈内隐的音韵美,多元共鸣的情感美,以美动人,以美化人,不可或缺。

五、儿化的分类、规范及发音

在普通话表达中,处于词尾的"儿"本来是一个非常独立的音节,但是由于它处于音节的最后一个部分,在口语中处于轻读的地位,与前面的音节流利地连读而产生音变,发生了变化,"儿"失去了独立性,"化"到前一个音节,只保留一个卷舌动作,使两个音节融合成为一个音节,前面一个音节的韵母部分或多或少地发生一些变化。这种语音现象就是"儿化"。这种带有卷舌色彩的韵母称作"儿化韵""儿化音"。

1. 儿化音的分类

常见的儿化音主要分布在两个位置:一是位于词语的末尾,例如板凳儿、麻花儿、牙刷儿;二是位于多音节词语中间,例如"馅儿饼、小人儿书"。

2. 儿化音的作用

儿化音的作用分为两种。第一种儿化音是区分了语义和词性,例如瓶盖儿,这是名词;压盖,这是动词。头,这是指人的身体结构;头儿,这是领导或者负责人的意思。信是信件;信儿是消息的意思。第二种作用是表达了喜欢或者憎恶的情绪,例如表达喜爱的情绪,"宝贝儿、热心肠儿";表达轻蔑的情绪,"小偷儿、小丑儿"。

3. 儿化音的使用规范

儿化音的使用规范有三项:第一项是变异的原则;第二项是约定俗成的原则;第三项是语境原则。其一,变异原则,即改变了原有的意义,产生了新的内涵,凡是具有变异作用的儿化音要保留并且使用。例如"大火",这是指发生了火灾;"大伙儿",这是指一个人群,它有变异的作用。其二,约定俗成的原则,即区域性人群共同赋予的意义,在一定区域内通行使用。例如"冰棍儿",生活中我们一般不说"冰棍";"鞋带儿",我们一般也不读为"鞋带",如果读为"鞋带",则会与"携带"同音,语义就有了变化。约定俗成的原则在生活中经常发生,需要注意区分。例如:"冰棍儿、玩意儿、土豆儿、胡同儿、鞋带儿"。其三,语境原则。这个原则和轻音原则是一样的,如果是庄重的语境,儿化音就要尽量地减少;如果是在相对自然宽松的生活环境中,儿化音可以增加,自然使用,语音流畅,轻松和谐。

儿化音的发音练习：

一块儿　戏法儿　火锅儿　小说儿　模特儿　口罩儿　桃叶儿　好玩儿　胡同儿
刀背儿　名牌儿　旦角儿　瓜子儿　茶馆儿　笑话儿　包圆儿　送信儿　门铃儿
挨个儿　小曲儿　人影儿　合群儿　逗乐儿　唱歌儿　媳妇儿　馅儿饼　蜜枣儿

画儿上有花没有味儿，沙上写字儿没有准儿，玫瑰传情却有刺儿，桃李不大有滋味儿。

桃树、杏树、梨树，你不让我，我不让你，都开满了花赶趟儿。红的像火，粉的像霞，白的像雪。花里带着甜味儿，闭了眼，树上仿佛已经满是桃儿、杏儿、梨儿。

发音时需要注意的是，所有的儿化音都是有音高的，它是受前面音节音高的影响。第二个，儿化音有卷舌的动作，不要再把儿化音的卷舌动作重新化为音节，这样就错了。例如"模特儿"，不能读成"模儿特儿"，要使"特儿"这个儿化音有卷舌的应然动作，但不能连带"模"。

思　考

1. 普通话声母可以怎么分类？
2. 影响普通话舌面元音发音的因素有？
3. 普通话的变调规律有哪些？
4. 如何理解轻声的作用与发音规范？
5. 儿化音有哪些分类和规范？

练　习

1. 请准确读出下列音节，并注意辨析声母异同。

$\begin{cases} b:补写　备料 \\ p:谱写　配料 \end{cases}$

$\begin{cases} d:蹲下　肚子 \\ t:吞下　兔子 \end{cases}$

$\begin{cases} g:干完　米缸 \\ k:看完　米糠 \end{cases}$

$\begin{cases} j:大计　精华 \\ q:大气　清华 \end{cases}$

{ zh:中断　工长
  ch:冲断　工厂

{ z:清早　做了
  c:青翠　催了

2.请练习读下列材料,注意读准韵母。

(1)春日起每早,采桑惊啼鸟,风过扑鼻香,花开落,知多少!(周有光《采桑》)

(2)千山鸟飞绝,万径人踪灭。孤舟蓑笠翁,独钓寒江雪。(柳宗元《江雪》)

(3)怒发冲冠,凭栏处,潇潇雨歇。抬望眼,仰天长啸,壮怀激烈。三十功名尘与土,八千里路云和月。莫等闲,白了少年头,空悲切!靖康耻,犹未雪;臣子恨,何时灭!驾长车,踏破贺兰山缺。壮志饥餐胡虏肉,笑谈渴饮匈奴血。待从头,收拾旧山河,朝天阙。(岳飞《满江红》)

3.读词语,注意调值及变调。

上声—阴平

小说	好心	许多	百花	主抓	保温	挺身	摆脱	买书
海滩	洗衣	本科	北京	水花	火星	野花	指挥	产生
导师	有机	展开	崭新	枕巾	主编	转身	子孙	总之

上声—阳平

友情	笔直	请求	水牛	属于	解答	改名	警察	守成
好评	皎洁	伙房	武夫	有名	沼泽	整齐	指责	种族
主持	转移	总结	北国	百合	保全	本原	保值	演员

上声—上声

本领	粉笔	引起	小米	舞曲	总理	口渴	潜水	火种
笼统	脸谱	允许	比拟	产品	处理	了解	打扫	改组
采访	骨髓	鼓掌	稿纸	猛虎	小雪	美景	剪彩	首脑

上声—去声

好处	请客	恳切	有效	挑战	雨季	喜好	礼物	忍耐
买卖	警告	美育	比照	火炬	跑步	仔细	凛冽	领悟
景色	喜剧	取笑	考试	统战	猛士	老练	冷酷	缴获

三个上声

小两口	好产品	好笔友	小老虎	小组长	小保姆
女主管	小拇指	米老鼠	冷处理	老古董	小广场
采访本	展览馆	洗脸水	舞蹈曲	手写体	使领馆
水彩笔	敏感点	选举法	演讲稿	导演组	古典舞

4.读诗词,请注意音变现象。

"一"字诗

【清】陈沆

一帆一桨一渔舟,
一个渔翁一钓钩。
一俯一仰一场笑,
一江明月一江秋。

5.读短文,并注意音调的变化。

季姬寂,集鸡,鸡即棘鸡。棘鸡饥叽,季姬及箕稷济鸡。鸡既济,跻姬笈,季姬忌,急咭鸡,鸡急,继圾几,季姬急,即籍箕击鸡,箕疾击几伎,伎即齑,鸡叽集几基,季姬急极屐击鸡,鸡既殛,季姬激,即记《季姬击鸡记》。(赵元任)

石室诗士施氏,嗜狮,誓食十狮。施氏时时适市视狮。十时,适十狮适市。是时,适施氏适市。氏视是十狮,恃矢势,使是十狮逝世。氏拾是十狮尸,适石室。石室湿,氏使侍拭石室。石室拭,氏始试食是十狮。食时,始识是十狮,实十石狮尸。试释是事。(赵元任)

拓 展

普通话水平测试用必读轻声词语表①

说明:
1.本表根据《普通话水平测试用普通话词语表》编制。
2.本表供普通话水平测试第二项——读多音节词语(100个音节)测试使用。
3.本表共收词594条(其中"子"尾词217条),按汉语拼音字母顺序排列。
4.本表遵照《汉语拼音正词法基本规则》(GB/T 16159—2012)的标调规则,必读轻声音节不标调号。

1.爱人　àiren
2.案子　ànzi
3.巴结　bājie
4.巴掌　bāzhang

---

① 国家语委普通话与文字应用培训测试中心.普通话水平测试实施纲要.北京:语文出版社,2022:276

5. 把子　bǎzi
6. 把子　bàzi
7. 爸爸　bàba
8. 白净　bájing
9. 班子　bānzi
10. 板子　bǎnzi
11. 帮手　bāngshou
12. 梆子　bāngzi
13. 膀子　bǎngzi
14. 棒槌　bàngchui
15. 棒子　bàngzi
16. 包袱　bāofu
17. 包子　bāozi
18. 刨子　bàozi
19. 豹子　bàozi
20. 杯子　bēizi
21. 被子　bèizi
22. 本事　běnshi
23. 本子　běnzi
24. 鼻子　bízi
25. 比方　bǐfang
26. 鞭子　biānzi
27. 扁担　biǎndan
28. 辫子　biànzi
29. 别扭　bièniu
30. 饼子　bǐngzi
31. 脖子　bózi
32. 薄荷　bòhe
33. 簸箕　bòji
34. 补丁　bǔding
35. 不由得　bùyóude
36. 步子　bùzi
37. 部分　bùfen
38. 财主　cáizhu
39. 裁缝　cáifeng
40. 苍蝇　cāngying
41. 差事　chāishi
42. 柴火　cháihuo
43. 肠子　chángzi
44. 厂子　chǎngzi
45. 场子　chǎngzi
46. 车子　chēzi
47. 称呼　chēnghu
48. 池子　chízi
49. 尺子　chǐzi
50. 虫子　chóngzi
51. 绸子　chóuzi
52. 出息　chūxi
53. 除了　chúle
54. 锄头　chútou
55. 畜生　chùsheng
56. 窗户　chuānghu
57. 窗子　chuāngzi
58. 锤子　chuízi
59. 伺候　cìhou
60. 刺猬　cìwei
61. 凑合　còuhe
62. 村子　cūnzi
63. 耷拉　dāla
64. 答应　dāying
65. 打扮　dǎban
66. 打点　dǎdian
67. 打发　dǎfa
68. 打量　dǎliang
69. 打算　dǎsuan
70. 打听　dǎting
71. 打招呼　dǎzhāohu
72. 大方　dàfang

73.	大爷	dàye	108.	嘟囔	dūnang
74.	大意	dàyi	109.	肚子	dǔzi
75.	大夫	dàifu	110.	肚子	dùzi
76.	带子	dàizi	111.	端详	duānxiang
77.	袋子	dàizi	112.	缎子	duànzi
78.	单子	dānzi	113.	队伍	duìwu
79.	耽搁	dānge	114.	对付	duìfu
80.	胆子	dǎnzi	115.	对头	duìtou
82.	担子	dànzi	116.	对子	duìzi
83.	刀子	dāozi	117.	多么	duōme
84.	道士	dàoshi	118.	哆嗦	duōsuo
85.	稻子	dàozi	119.	蛾子	ézi
86.	灯笼	dēnglong	120.	儿子	érzi
87.	凳子	dèngzi	121.	耳朵	ěrduo
88.	提防	dīfang	122.	贩子	fànzi
89.	滴水	dīshui	123.	房子	fángzi
90.	笛子	dízi	124.	废物	fèiwu
91.	嘀咕	dígu	125.	份子	fènzi
92.	底子	dǐzi	126.	风筝	fēngzheng
93.	地道	dìdao	127.	疯子	fēnzi
94.	地方	dìfang	128.	福气	fúqi
95.	弟弟	dìdi	129.	斧子	fǔzi
96.	弟兄	dìxiong	130.	富余	fùyu
97.	点心	diǎnxin	131.	盖子	gàizi
98.	点子	diǎnzi	132.	甘蔗	gānzhe
99.	调子	diàozi	133.	杆子	gānzi
100.	碟子	diézi	134.	杆子	gǎnzi
101.	钉子	dīngzi	135.	干事	gànshi
102.	东家	dōngjia	136.	杠子	gàngzi
103.	东西	dōngxi	137.	高粱	gāoliang
104.	动静	dòngjing	138.	膏药	gāoyao
105.	动弹	dòngtan	139.	稿子	gǎozi
106.	豆腐	dòufu	140.	告诉	gàosu
107.	豆子	dòuzi	141.	疙瘩	gēda

142. 哥哥	gēge
143. 胳膊	gēbo
144. 鸽子	gēzi
145. 格子	gézi
146. 个子	gèzi
147. 根子	gēnzi
148. 跟头	gēntou
149. 工夫	gōngfu
150. 弓子	gōngzi
151. 公公	gōnggong
152. 功夫	gōngfu
153. 钩子	gōuzi
154. 姑姑	gūgu
155. 姑娘	gūniang
156. 谷子	gǔzi
157. 骨头	gǔtou
158. 故事	gùshi
159. 寡妇	guǎfu
160. 褂子	guàzi
161. 怪不得	guàibude
162. 怪物	guàiwu
163. 关系	guānxi
164. 官司	guānsi
165. 棺材	guāncai
166. 罐头	guàntou
167. 罐子	guànzi
168. 规矩	guīju
169. 闺女	guīnü
170. 鬼子	guǐzi
171. 柜子	guìzi
172. 棍子	gùnzi
173. 果子	guǒzi
174. 哈欠	hāqian
175. 蛤蟆	háma
176. 孩子	háizi
177. 含糊	hánhu
178. 汉子	hànzi
179. 行当	hángdang
180. 合同	hétong
181. 和尚	héshang
182. 核桃	hétao
183. 盒子	hézi
184. 恨不得	hènbude
185. 红火	hónghuo
186. 猴子	hóuzi
187. 后头	hòutou
188. 厚道	hòudao
189. 狐狸	húli
190. 胡萝卜	húluóbo
191. 胡琴	húqin
192. 胡子	húzi
193. 葫芦	húlu
194. 糊涂	hútu
195. 护士	hùshi
196. 皇上	huángshang
197. 幌子	huǎngzi
198. 活泼	huópo
199. 火候	huǒhou
200. 伙伴	huǒban
201. 机灵	jīling
202. 记号	jìhao
203. 记性	jìxing
204. 夹子	jiāzi
205. 家伙	jiāhuo
206. 架势	jiàshi
207. 架子	jiàzi
208. 嫁妆	jiàzhuang
209. 尖子	jiānzi

210. 茧子	jiǎnzi	244. 框子	kuàngzi
211. 剪子	jiǎnzi	245. 阔气	kuòqi
212. 见识	jiànshi	246. 拉扯	lāche
213. 毽子	jiànzi	247. 喇叭	lǎba
214. 将就	jiāngjiu	248. 喇嘛	lǎma
215. 交情	jiāoqing	249. 来得及	láidejí
216. 饺子	jiǎozi	250. 篮子	lánzi
217. 叫唤	jiàohuan	251. 懒得	lǎnde
218. 轿子	jiàozi	252. 榔头	lángtou
219. 结实	jiēshi	253. 浪头	làngtou
220. 街坊	jiēfang	254. 唠叨	láodao
221. 姐夫	jiěfu	255. 老婆	lǎopo
222. 姐姐	jiějie	256. 老实	lǎoshi
223. 戒指	jièzhi	257. 老太太	lǎotàitai
224. 芥末	jièmo	258. 老头子	lǎotóuzi
225. 金子	jīnzi	259. 老爷	lǎoye
226. 精神	jīngshen	260. 老爷子	lǎoyézi
227. 镜子	jìngzi	261. 老子	lǎozi
228. 舅舅	jiùjiu	262. 姥姥	lǎolao
229. 橘子	júzi	263. 累赘	léizhui
230. 句子	jùzi	264. 篱笆	líba
231. 卷子	juànzi	265. 里头	lǐtou
232. 开通	kāitong	266. 力气	lìqi
233. 靠得住	kàodezhù	267. 厉害	lìhai
234. 咳嗽	késou	268. 利落	lìluo
235. 客气	kèqi	269. 利索	lìsuo
236. 空子	kòngzi	270. 例子	lìzi
237. 口袋	kǒudai	271. 栗子	lìzi
238. 口子	kǒuzi	272. 痢疾	lìji
239. 扣子	kòuzi	273. 连累	liánlei
240. 窟窿	kūlong	274. 帘子	liánzi
241. 裤子	kùzi	275. 凉快	liángkuai
242. 快活	kuàihuo	276. 粮食	liángshi
243. 筷子	kuàizi	277. 两口子	liǎngkǒuzi

278.	料子	liàozi	312.	苗条	miáotiao
279.	林子	línzi	313.	苗头	miáotou
280.	铃铛	língdang	314.	苗子	miáozi
281.	翎子	língzi	315.	名堂	míngtang
282.	领子	lǐngzi	316.	名字	míngzi
283.	溜达	liūda	317.	明白	míngbai
284.	聋子	lóngzi	318.	模糊	móhu
285.	笼子	lóngzi	319.	蘑菇	mógu
286.	炉子	lúzi	320.	木匠	mùjiang
287.	路子	lùzi	321.	木头	mùtou
288.	轮子	lúnzi	322.	那么	nàme
289.	啰唆	luōsuo	323.	奶奶	nǎinai
290.	萝卜	luóbo	324.	难为	nánwei
291.	骡子	luózi	325.	脑袋	nǎodai
292.	骆驼	luòtou	326.	脑子	nǎozi
293.	妈妈	māma	327.	能耐	néngnai
294.	麻烦	máfan	328.	你们	nǐmen
295.	麻利	máli	329.	念叨	niàndao
296.	麻子	mázi	330.	念头	niàntou
297.	马虎	mǎhu	331.	娘家	niánjia
298.	码头	mǎtou	332.	镊子	nièzi
299.	买卖	mǎimai	333.	奴才	núcai
300.	麦子	màizi	334.	女婿	nǚxu
301.	馒头	mántou	335.	暖和	nuǎnhuo
302.	忙活	mánghuo	336.	疟疾	nüèji
303.	冒失	màoshi	337.	拍子	pāizi
304.	帽子	màozi	338.	牌楼	páilou
305.	眉毛	méimao	339.	牌子	páizi
306.	媒人	méiren	340.	盘算	pánsuan
307.	妹妹	mèimei	341.	盘子	pánzi
308.	门道	méndao	342.	胖子	pàngzi
309.	眯缝	mīfeng	343.	狍子	páozi
310.	迷糊	míhu	344.	袍子	páozi
311.	面子	miànzi	345.	盆子	pénzi

346.	朋友	péngyou	381.	嗓子	sǎngzi
347.	棚子	péngzi	382.	嫂子	sǎozi
348.	皮子	pízi	383.	扫帚	sàozhou
349.	脾气	píqi	384.	沙子	shāzi
350.	痞子	pǐzi	385.	傻子	shǎzi
351.	屁股	pìgu	386.	扇子	shànzi
352.	片子	piānzi	387.	商量	shāngliang
353.	便宜	piányi	388.	晌午	shǎngwu
354.	骗子	piànzi	389.	上司	shàngsi
355.	票子	piàozi	390.	上头	shàngtou
356.	漂亮	piàoliang	391.	烧饼	shāobing
357.	瓶子	píngzi	392.	勺子	sháozi
358.	婆家	pójia	393.	少爷	shàoye
359.	婆婆	pópo	394.	哨子	shàozi
360.	铺盖	pūgai	395.	舌头	shétou
361.	欺负	qīfu	396.	舍不得	shěbude
362.	旗子	qízi	397.	舍得	shěde
363.	前头	qiántou	398.	身子	shēnzi
364.	钳子	qiánzi	399.	什么	shénme
365.	茄子	qiézi	400.	婶子	shěnzi
366.	亲戚	qīnqi	401.	生意	shēngyi
367.	勤快	qínkuai	402.	牲口	shēngkou
368.	清楚	qīngchu	403.	绳子	shéngzi
369.	亲家	qìngjia	404.	师父	shīfu
370.	曲子	qǔzi	405.	师傅	shīfu
371.	圈子	quānzi	406.	虱子	shīzi
372.	拳头	quántou	407.	狮子	shīzi
373.	裙子	qúnzi	408.	石匠	shíjiang
374.	热闹	rènao	409.	石榴	shíliu
375.	人家	rénjia	410.	石头	shítou
376.	人们	rénmen	411.	时辰	shíchen
377.	认识	rènshi	412.	时候	shíhou
378.	日子	rìzi	413.	实在	shízai
379.	褥子	rùzi	414.	拾掇	shíduo
380.	塞子	sāizi	415.	使唤	shǐhuan

416.	世故	shìgu	451.	条子	tiáozi
417.	似的	shìde	452.	跳蚤	tiàozao
418.	事情	shìqing	453.	铁匠	tiějiang
419.	试探	shìtan	454.	亭子	tíngzi
420.	柿子	shìzi	455.	头发	tóufa
421.	收成	shōucheng	456.	头子	tóuzi
422.	收拾	shōushi	457.	兔子	tùzi
423.	首饰	shǒushi	458.	妥当	tuǒdang
424.	叔叔	shūshu	459.	唾沫	tuòmo
425.	梳子	shūzi	460.	挖苦	wāku
426.	舒服	shūfu	461.	娃娃	wáwa
427.	舒坦	shūtan	462.	袜子	wàzi
428.	疏忽	shūhu	463.	外甥	wàisheng
429.	爽快	shuǎngkuai	464.	外头	wàitou
430.	思量	sīliang	465.	晚上	wǎngshang
431.	俗气	súqi	466.	尾巴	wěiba
432.	算计	suànji	467.	委屈	wěiqu
433.	岁数	suìshu	468.	为了	wèile
434.	孙子	sūnzi	469.	位置	wèizhi
435.	他们	tāmen	470.	位子	wèizi
436.	它们	tāmen	471.	温和	wēnhuo
437.	她们	tāmen	472.	蚊子	wénzi
438.	踏实	tāshi	473.	稳当	wěndang
439.	台子	táizi	474.	窝囊	wōnang
440.	太太	tàitai	475.	我们	wǒmen
441.	摊子	tānzi	476.	屋子	wūzi
442.	坛子	tánzi	477.	稀罕	xīhan
443.	毯子	tǎnzi	478.	席子	xízi
444.	桃子	táozi	479.	媳妇	xífu
445.	特务	tèwu	480.	喜欢	xǐhuan
446.	梯子	tīzi	481.	瞎子	xiāzi
447.	蹄子	tízi	482.	匣子	xiázi
448.	甜头	tiántou	483.	下巴	xiàba
449.	挑剔	tiāoti	484.	吓唬	xiàhu
450.	挑子	tiāozi	485.	先生	xiānsheng

486. 乡下　xiāngxia
487. 箱子　xiāngzi
488. 相声　xiàngsheng
489. 消息　xiāoxi
490. 小伙子　xiǎohuǒzi
491. 小气　xiǎoqi
492. 小子　xiǎozi
493. 笑话　xiàohua
494. 歇息　xiēxi
495. 蝎子　xiēzi
496. 鞋子　xiézi
497. 谢谢　xièxie
498. 心思　xīnsi
499. 星星　xīngxing
500. 猩猩　xīngxing
501. 行李　xíngli
502. 行头　xíngtou
503. 性子　xìngzi
504. 兄弟　xiōngdi
505. 休息　xiūxi
506. 秀才　xiùcai
507. 秀气　xiùqi
508. 袖子　xiùzi
509. 靴子　xuēzi
510. 学生　xuésheng
511. 学问　xuéwen
512. 丫头　yātou
513. 鸭子　yāzi
514. 衙门　yámen
515. 哑巴　yǎba
516. 胭脂　yānzhi
517. 烟筒　yāntong
518. 眼睛　yǎnjing
519. 燕子　yànzi
520. 秧歌　yāngge
521. 养活　yǎnghuo
522. 样子　yàngzi
523. 吆喝　yāohe
524. 妖精　yāojing
525. 钥匙　yàoshi
526. 椰子　yēzi
527. 爷爷　yéye
528. 叶子　yèzi
529. 一辈子　yībèizi
530. 一揽子　yīlǎnzi
531. 衣服　yīfu
532. 衣裳　yīshang
533. 椅子　yǐzi
534. 意思　yìsi
535. 银子　yínzi
536. 影子　yǐngzi
537. 应酬　yìngchou
538. 柚子　yòuzi
539. 芋头　yùtou
540. 冤家　yuānjia
541. 冤枉　yuānwang
542. 园子　yuánzi
543. 院子　yuànzi
544. 月饼　yuèbing
545. 月亮　yuèliang
546. 云彩　yúncai
547. 运气　yùnqi
548. 在乎　zàihu
549. 咱们　zánmen
550. 早上　zǎoshang
551. 怎么　zěnme
552. 扎实　zhāshi
553. 眨巴　zhǎba
554. 栅栏　zhàlan
555. 宅子　zháizi

556. 寨子　zhàizi
557. 张罗　zhāngluo
558. 丈夫　zhàngfu
559. 丈人　zhàngren
560. 帐篷　zhàngpeng
561. 帐子　zhàngzi
562. 招呼　zhāohu
563. 招牌　zhāopai
564. 折腾　zhēteng
565. 这个　zhège
566. 这么　zhème
567. 枕头　zhěntou
568. 芝麻　zhīma
569. 知识　zhīshi
570. 侄子　zhízi
571. 指甲　zhǐjia(zhījia)
572. 指头　zhǐtou(zhítou)
573. 种子　zhǒngzi
574. 珠子　zhūzi
575. 竹子　zhúzi
576. 主意　zhǔyi(zhúyi)
577. 主子　zhǔzi
578. 柱子　zhùzi
579. 爪子　zhuǎzi
580. 转悠　zhuànyou
581. 庄稼　zhuāngjia
582. 庄子　zhuāngzi
583. 壮实　zhuàngshi
584. 状元　zhuàngyuan
585. 锥子　zhuīzi
586. 桌子　zhuōzi
587. 自在　zìzai
588. 字号　zìhao
589. 粽子　zòngzi
590. 祖宗　zǔzong
591. 嘴巴　zuǐba
592. 作坊　zuōfang
593. 琢磨　zuómo
594. 做作　zuòzuo

普通话水平测试用儿化词语表[①]

说明：

1.本表参照《普通话水平测试用普通话词语表》及《现代汉语词典》(第7版)编制。加＊的是以上二者未收，根据测试需要而酌增的条目。

2.本表仅供普通话水平测试第二项——读多音节词语(100个音节)测试使用。本表儿化音节,在书面上一律加"儿",但并不表明所列词语在任何语用场合都必须儿化。

3.本表共收词200条,列出原形韵母和所对应的儿化韵,用符号＞表示由哪个原形韵母变为儿化韵。描写儿化韵中的"："表示"："之前的是主要元音(韵腹),不是介音(韵头)。

[①]国家语委普通话与文字应用培训测试中心.普通话水平测试实施纲要.北京:语文出版社,2022:283

4. 本表的汉语拼音注音,只在基本形式后面加 r,如"一会儿 yīhuìr",不标语音上的实际变化。

一

a＞ar	板擦儿 bǎncār	打杂儿 dǎzár
	刀把儿 dāobàr	号码儿 hàomǎr
	没法儿 méifǎr	戏法儿 xìfǎr
	找碴儿 zhǎochár	
ai＞ar	壶盖儿* húgàir	加塞儿 jiāsāir
	名牌儿 míngpáir	小孩儿 xiǎoháir
	鞋带儿* xiédàir	
an＞ar	包干儿 bāogānr	笔杆儿 bǐgǎnr
	快板儿 kuàibǎnr	老伴儿 lǎobànr
	脸蛋儿 liǎndànr	脸盘儿 liǎnpánr
	门槛儿 ménkǎnr	收摊儿 shōutānr
	蒜瓣儿 suànbànr	栅栏儿 zhàlanr

二

ang＞ar(鼻化)	赶趟儿 gǎntàngr	瓜瓤儿* guārángr
	香肠儿 xiāngchángr	药方儿 yàofāngr

三

ia＞iar	掉价儿 diàojiàr	豆芽儿 dòuyár
	一下儿 yīxiàr	
ian＞iar	半点儿 bàndiǎnr	差点儿 chàdiǎnr
	坎肩儿 kǎnjiānr	拉链儿 lāliànr
	聊天儿 liáotiānr	露馅儿 lòuxiànr
	冒尖儿 màojiānr	扇面儿 shànmiànr
	馅儿饼 xiànrbǐng	小辫儿 xiǎobiànr
	心眼儿 xīnyǎnr	牙签儿 yáqiānr
	一点儿 yīdiǎnr	有点儿 yǒudiǎnr
	雨点儿 yǔdiǎnr	照片儿 zhàopiānr

四

| iang＞iar（鼻化） | 鼻梁儿 bíliángr | 花样儿 huāyàngr |
| | 透亮儿 tòuliàngr | |

五

ua＞uar	大褂儿 dàguàr	麻花儿 máhuār
	马褂儿 mǎguàr	脑瓜儿 nǎoguār
	小褂儿 xiǎoguàr	笑话儿 xiàohuar
	牙刷儿 yáshuār	
uai＞uar	一块儿 yīkuàir	
uan＞uar	茶馆儿 cháguǎnr	打转儿 dǎzhuànr
	大腕儿 dàwànr	饭馆儿 fànguǎnr
	拐弯儿 guǎiwānr	好玩儿 hǎowánr
	火罐儿 huǒguàngr	落款儿 luòkuǎnr

六

| uang＞uar（鼻子） | 打晃儿 dǎhuàngr | 蛋黄儿 dànhuángr |
| | 天窗儿 tiānchuāngr | |

七

üan＞üar	包圆儿 bāoyuánr	出圈儿 chūquānr
	绕远儿 ràoyuǎnr	人缘儿 rényuánr
	手绢儿 shǒujuànr	烟卷儿 yānjuǎnr
	杂院儿 záyuànr	

八

ei＞er	刀背儿 dāobèir	摸黑儿 mōhēir
en＞er	把门儿 bǎménr	别针儿 biézhēnr
	大婶儿 dàshěnr	刀刃儿 dānrènr
	高跟儿鞋* gāogēnrxié	哥们儿 gēmenr
	后跟儿 hòugēnr	花盆儿* huāpénr

老本儿 lǎoběnr　　　　面人儿 miànrénr
小人儿书 xiǎorénrshū　　杏仁儿 xìngrénr
压根儿 yàgēnr　　　　一阵儿 yīzhènr
走神儿 zǒushénr

九

eng＞er（鼻化）　　脖颈儿 bógěngr　　　钢镚儿 gāngbèngr
　　　　　　　　夹缝儿 jiāfèngr　　　提成儿 tíchéngr

十

ie＞ier　　　　　半截儿 bànjiér　　　小鞋儿 xiǎoxiér
üe＞üer　　　　旦角儿 dànjuér　　　主角儿 zhǔjuér

十一

uei＞uer　　　　耳垂儿 ěrchuír　　　墨水儿 mòshuǐr
　　　　　　　　跑腿儿 pǎotuǐr　　　围嘴儿 wéizuǐr
　　　　　　　　一会儿 yīhuìr　　　走味儿 zǒuwèir
uen＞uer　　　　冰棍儿 bīnggùnr　　打盹儿 dǎdǔnr
　　　　　　　　光棍儿 guānggùnr　开春儿 kāichūnr
　　　　　　　　没准儿 méizhǔnr　　胖墩儿 pàngdūnr
　　　　　　　　砂轮儿 shālúnr
ueng＞uer（鼻化）　小翁儿＊xiǎowèngr

十二

—i（前）＞er　　　瓜子儿 guāzǐr　　　没词儿 méicír
　　　　　　　　石子儿 shízǐr　　　挑刺儿 tiāocìr
—i（后）＞er　　　记事儿 jìshìr　　　锯齿儿 jùchǐr
　　　　　　　　墨汁儿 mòzhīr

十三

i＞i:er　　　　　垫底儿 diàndǐr　　　肚脐儿 dùqír
　　　　　　　　玩意儿 wányìr　　　针鼻儿 zhēnbír

| in＞i:er | 脚印儿 jiǎoyìnr | 送信儿 sòngxìnr |
| | 有劲儿 yǒujìnr | |

十四

ing＞i:er(鼻化)	打鸣儿 dǎmíngr	蛋清儿 dànqīngr
	花瓶儿 huāpíngr	火星儿 huǒxīngr
	门铃儿 ménlíngr	人影儿 rényǐngr
	图钉儿 túdīngr	眼镜儿 yǎnjìngr

十五

ü＞ü:er	毛驴儿 máolǘr	痰盂儿 tányúr
	小曲儿 xiǎoqǔr	
ün＞ü:er	合群儿 héqúnr	

十六

e＞er	挨个儿 āigèr	唱歌儿* chànggēr
	打嗝儿 dǎgér	单个儿 dāngèr
	逗乐儿 dòulèr	饭盒儿 fànhér
	模特儿 mótèr	

十七

u＞ur	泪珠儿 lèizhūr	梨核儿* líhúr
	没谱儿 méipǔr	碎步儿 suìbùr
	媳妇儿 xífur	有数儿 yǒushùr

十八

ong＞or(鼻化)	抽空儿 chōukòngr	果冻儿 guǒdòngr
	胡同儿 hútòngr	酒盅儿 jiǔzhōngr
	门洞儿 méndòngr	小葱儿 xiǎocōngr
iong＞ior(鼻化)	小熊儿* xiǎoxióngr	

十九

ao＞aor	半道儿 bàndàor	灯泡儿 dēngpàor
	红包儿 hóngbāor	叫好儿 jiàohǎor
	绝着儿 juézhāor	口哨儿 kǒushàor
	口罩儿 kǒuzhàor	蜜枣儿 mìzǎor
	手套儿 shǒutàor	跳高儿 tiàogāor

二十

iao＞iaor	豆角儿 dòujiǎor	火苗儿 huǒmiáor
	开窍儿 kāiqiàor	面条儿 miàntiáor
	跑调儿 pǎodiàor	鱼漂儿 yúpiāor

二十一

ou＞our	个头儿 gètóur	老头儿 lǎotóur
	门口儿 ménkǒur	年头儿 niántóur
	纽扣儿 niǔkòur	线轴儿 xiànzhóur
	小丑儿 xiǎochǒur	小偷儿 xiǎotōur
	衣兜儿 yīdōur	

二十二

iou＞iour	顶牛儿 dǐngniúr	加油儿 jiāyóur
	棉球儿* miánqiúr	抓阄儿 zhuājiūr

二十三

uo＞uor	被窝儿 bèiwōr	出活儿 chūhuór
	大伙儿 dàhuǒr	火锅儿 huǒguōr
	绝活儿 juéhuór	小说儿 xiǎoshuōr
	邮戳儿 yóuchuōr	做活儿 zuòhuór
(o)＞or	耳膜儿* ěrmór	粉末儿 fěnmòr

第四章 普通话语音的辨读

普通话韵母发音辨正

普通话声调及发音辨证

在学习普通话的过程中,由于方言背景的差异,不同地区的学习者往往会遇到特定的发音挑战。例如,东北地区的人们在发音时,可能会将翘舌音(如"知""吃""书")错误地发成平舌音(如"资""次""丝");西南地区的一些方言中,由于缺少单元音"ü"(如"鱼""女""绿"),学习者可能会用"i"来替代。如果想提高普通话发音的准确性,必须要了解自己所在方言区的语音特点,明确自己方言与普通话的语音差异,重点关注自己易混淆或读错的音。通过有针对性地练习和反复训练,逐步克服这些发音障碍,从而提升普通话的整体水平。

第一节 声母的发音与辨读

在普通话中,有三组声母发音时比较容易出问题,分别是:①舌尖后音 zh、ch、sh——舌尖前音 z、c、s;②鼻音 n——边音 l;③唇齿音 f——舌面后音 h。下面将分别介绍这几组音的发音原理和对比辨读练习。

一、舌尖后音 zh、ch、sh——舌尖前音 z、c、s

(一)发音要点

发舌尖后音时,舌尖要翘起来,抵住硬腭前部(图 4-1 左),也就是所谓的翘舌音;发舌尖前音时,舌尖不翘,抵住上齿背(图4-1右),舌头保持相对平直放松的状态,也就是所谓的平舌音。

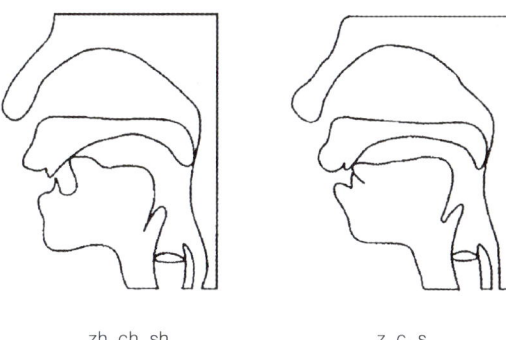

图4-1　zh、ch、sh——z、c、s发音示意图①

想要正确地区分并发出舌尖后音和舌尖前音,除了要了解其发音原理,还需要记住常见的舌尖后音和舌尖前音的字。有两个可以帮助记忆相关字词发音的技巧:一是用借助形声字的声旁,类推整字的声母读音,如,声旁为"中"的形声字,其声母大概率是舌尖后音 zh(忠、钟、仲);声旁为"子"的形声字,其声母大概率是舌尖前音 z(籽、孜、字),但也有一些小概率的例外情况,如,"钻"的声旁是"占",而其声母却是舌尖前音 z;"豺"的声旁是"才",而声母却是舌尖后音 ch 等,这些字需要特别注意。二是分别记忆舌尖前音和舌尖后音与韵母相拼时的规律,重点记忆不能相拼的情况,如"松"只能读 song,而不能读 shong,因为舌尖后音 sh 不能跟韵母 ong 相拼;"抓窗帅"的声母都是舌尖后音,因为舌尖前音 z、c、s 不跟韵母 ua、uang、uai 相拼。总体来说,普通话中舌尖前音的字的数量远少于舌尖后音,可以先有意识地积累舌尖前音的字。

(二)对比辨读练习

1.单字练习

闸—杂　说—缩　蚕—蝉　赞—战　窄—宰　傻—洒
增—争　粗—初　睡—碎　找—早　俗—熟　草—吵
坠—醉　吹—催　散—闪　脏—章　彻—侧　深—森
字—志　搜—收　尺—此　成—层　叟—首　紫—纸

---

①黄伯荣,廖序东.现代汉语[增订六版](上).北京:高等教育出版社,2017:35

沾—簪　阐—惨　髓—水　组—主　书—苏　师—思
醋—处　树—素　长—藏　称—蹭　桑—商　葬—仗

2. 词组练习

z—zh

| 赠品 | 正品 | 造就 | 照旧 | 增幅 | 征服 | 早稻 | 找到 |
| 栽花 | 摘花 | 阻力 | 主力 | 宗旨 | 终止 | 祖父 | 嘱咐 |

c—ch

| 辞去 | 迟去 | 摧动 | 吹动 | 鱼刺 | 鱼翅 | 粗糙 | 出操 |
| 淙淙 | 重重 | 擦手 | 插手 | 村庄 | 春装 | 藏书 | 常输 |

s—sh

| 散光 | 闪光 | 三角 | 山脚 | 肃立 | 树立 | 俗语 | 熟语 |
| 私事 | 失事 | 司法 | 施法 | 森林 | 深林 | 申诉 | 申述 |

3. 绕口令练习

(1)拾柿子。小石拾柿子,拾到四十四,拿到称上试,需要称两次。头称称三十,斤数整四十,二次称十四,四斤四两四,两次称柿子,共是四十四斤四两四。

(2)山楂树。山楂山长满山楂树,酸山楂树长满酸山楂。

(3)有个孩子撕字纸,一撕横字纸,再撕竖字纸,横竖撕了四十四张湿字纸。

(4)这是蚕,那是蝉,蚕常在叶里藏,蝉藏在树里唱。

(5)早招租,晚招租,总找周邹郑曾朱。

(6)师部司令部指示:四团十连石连长带四十人在十日四时四十四分按时到达师部司令部,师长召开誓师大会。

4. 普通话测试题练习

(1)每天在学校的操场上一圈儿又一圈儿地跑着……(c　ch)

(2)我惊慌失措地发现,再也找不到要回家的那条孤寂的小道了。(sh　c)

(3)小男孩儿跟随妈妈祈祷完毕,向妈妈要了一把铲子便跑了出去。(ch　z)

(4)她从来不吃肉,一再说自己是素食者。(s　sh)

(5)论吃的,苹果、梨、柿子、枣儿、葡萄,每样都有若干种。(sh　z)

二、鼻音 n——边音 l

(一)发音要点

n和l在发音上有两个相似的地方:一是发音部位相同,都是舌尖抵上齿龈发出的舌尖中音;二是发音时声带都要颤动,都是浊音。二者在发音上最大的区别是气流最后的走向不同,n为鼻音,气流从鼻腔出(图4-2左),捏住鼻子发音困难;l为边音,气流从舌头两边出(图4-2右),捏住鼻子发音仍然清晰。

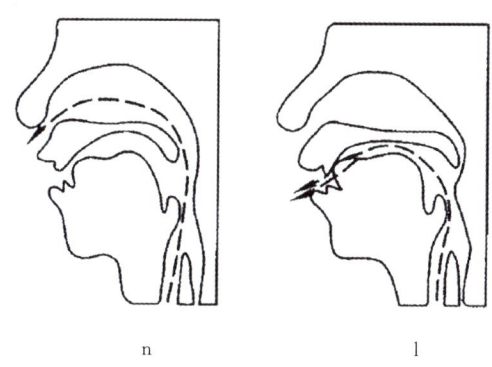

n   l

图4-2 n—l发音示意图

(二)对比辨读练习

1.单字练习

南—兰　脑—老　难—烂　闹—烙
泥—梨　宁—灵　逆—利　耐—赖
囊—狼　娘—良　内—累　讷—乐
纳—辣　诺—落　努—鲁　农—龙
年—连　聂—烈　女—旅　牛—刘
挠—劳　拟—理　朗—攘　馁—蕾
能—棱　碾—敛　晾—酿　潦—鸟

2. 词组练习

南京—蓝鲸　　　　　　浓重—隆重
水牛—水流　　　　　　眼内—眼泪
年代—连带　　　　　　油腻—游历
呢子—梨子　　　　　　留念—留恋
闹灾—涝灾　　　　　　抓挠—抓牢
囊中—郎中　　　　　　泥巴—篱笆

3. 绕口令练习

(1)南村有个牛郎,兰村有个刘娘。牛郎年年恋刘娘,刘娘连连念牛郎。
(2)河边有棵柳,柳下有头牛,牛要去顶柳,柳枝缠住了牛的头。
(3)老龙与老农。老龙恼怒闹老农,老农恼怒闹老龙。农怒龙恼农更怒,龙恼农怒龙怕农。

4. 普通话测试题练习

(1)在里约热内卢的一个贫民窟里,有一个男孩子,他非常喜欢足球。
(2)大家喜欢涉及的话题之一,就是古长安和古奈良。
(3)可是一段时间后,叫阿诺德的那个小伙子青云直上,而那个叫布鲁诺的小伙子却仍在原地踏步。
(4)二十年前,旧历的二月初,在西湖我看见了嫩柳与菜花,碧浪与翠竹。

三、唇齿音 f——舌面后音 h

(一)发音要点

f与h在发音上的区别主要在于发音部位的不同。发f时,是上齿与下唇成阻;发h时,是舌根与软硬腭交界处成阻。f的发音部位靠前,h的发音部位靠后。

(二)对比辨读练习

1. 单字练习

父—护　费—会　附—互
飞—灰　斧—虎　复—户

2. 词组练习

花费—花卉　　幅度—弧度
翻阅—欢悦　　乏力—华丽
犯病—患病　　分钱—婚前
废话—绘画　　船夫—传呼

3. 绕口令练习

(1)画凤凰。粉红墙上画凤凰,凤凰画在粉红墙。红凤凰,花凤凰,粉红凤凰黄凤凰。

(2)风吹灰飞,灰飞花上花堆灰。风吹花灰灰飞去,灰在风里飞又飞。

(3)初级:化肥会挥发。

中级:黑化肥发灰,灰化肥发黑。

高级:黑化肥发灰会挥发,灰化肥挥发会发黑。

4. 普通话测试题练习

(1)他除了拥有现实的世界之外,还拥有另一个更为浩瀚也更为丰富的世界。

(2)如今在海上,每晚和繁星相对,我把它们认得很熟了。

(3)那点儿薄雪好像忽然害羞,稍微露出点儿粉色。

第二节　韵母的发音与辨读

韵母发音时,问题较多出现于两组音:前鼻音韵尾 n——后鼻音韵尾 ng;齐齿呼 i——撮口呼 ü。

一、前鼻音韵尾 n——后鼻音韵尾 ng

(一)发音要点

前鼻音韵尾 n 是舌尖浊鼻音,与声母 n 发音基本一致,发音时舌尖必须顶住上齿背/上齿龈。后鼻音韵尾 ng 是舌根浊鼻音,发音时舌后部要隆起,舌根后缩,抵住软腭(图 4-3)。

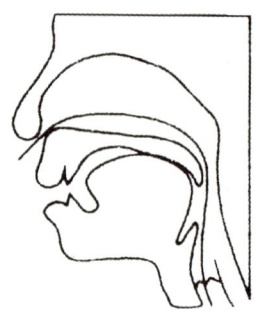

图 4-3　ng 的发音示意图

(二)练习方法

前鼻音韵尾 n 和后鼻音韵尾 ng 的区分是很多普通话学习者的难点,可以通过观察法和迁移法进行练习。

观察法指在发音时,借助镜子等工具观察自己舌头的状态,从而更准确地感知自己的发音状态。发前鼻音韵尾 n 时,可以在镜中观察到舌尖前伸、碰触齿背或者齿龈;发后鼻音韵尾 ng 时,因为舌根后缩,舌尖远离齿背。

迁移法指在发鼻音韵尾时,可以在其后面加与之发音部位相似的音,通过迁移找到鼻音的正确发音方法。具体来说,前鼻音韵尾 n 后面加舌尖中音(d、t、n、l)做声母的字,如"新的、村头、温暖、分离"等;后鼻音韵尾 ng 后面加舌面后音(g、k、h)做声母的字,如"唱歌、风口、等候"等。

(三)对比辨读

1. 对比练习(an—ang)

(1)练习一。

开饭—开放　铲子—厂子　反问—访问
心烦—心房　烂漫—浪漫　担心—当心
山口—伤口　施展—师长

(2)练习二。

板凳宽,扁担长,
扁担没有板凳宽,
板凳没有扁担长,
扁担绑在板凳上,

板凳不让扁担绑在板凳上，
扁担偏要绑在板凳上。

2. 对比练习（in—ing）

(1)练习一。
信服—幸福　频繁—平凡　弹琴—谈情
金质—精致　禁地—境地　临时—零食
民心—明星　贫民—平民

(2)练习二。
天津和北京，
津京两个音，
一个前鼻音，
一个后鼻音，
你要分不清，
请你注意听。

3. 对比练习（eng—ing—ong）

东洞庭，西洞庭，
洞庭山上一根藤，
藤上挂个大铜铃，
风吹藤动铜铃响，
风息藤停铜铃静。

4. 对比练习（ian—iang）

坚石—江石　鲜花—香花　坚硬—僵硬
简历—奖励　大连—大梁　浅显—抢险
老年—老娘　廉价—粮价

5. 对比练习（uan—uang）

宽口—筐口　关节—光洁　专车—装车
机关—激光　新欢—心慌　串演—创演
奉还—凤凰　晚年—往年

6. 对比练习(uen—ueng/ong)

存钱—从前　春分—冲锋　炖肉—冻肉
轮子—笼子　吞并—通病　浑水—洪水
乡村—香葱　余温—渔翁

二、齐齿呼 i——撮口呼 ü

(一) 发音要点

i 和 ü 的区分是西南等地区普通话学习者的难点。i 和 ü 都是舌面前高元音,区别在于圆唇与否,发 i 时不圆唇,ü 则要圆唇。要想正确地发出 ü,可以先发 i 的音,舌位保持不变,慢慢把嘴唇收圆即可。

(二) 练习方法

有两个帮助区分齐齿呼 i 和撮口呼 ü 的方法。一是了解声韵拼合规律。普通话的双唇音 b、p、m 能和齐齿呼韵母相拼合,而不能与撮口呼韵母相拼合;舌尖中音 d、t、n、l 都能与齐齿呼韵母相拼合,而只有 n、l 能与撮口呼拼合,d、t 则不能。二是记住撮口呼韵字,因为普通话中的撮口呼韵母比齐齿呼韵母少得多。

(三) 对比辨读

1. 练习一

生育—生意　自立—自律　聚会—忌讳　取名—起名
于是—仪式　名誉—名义　遇见—意见　美育—美意

2. 练习二

切实—确实　猎取—掠取　餐巾—参军　今世—军事
银河—运河　贤良—悬梁　潜力—权利　盐分—缘分

3. 练习三

(1)大姨和小姨,两人真有趣,大姨吃小鱼,小姨吃大鱼;大姨爱喜剧,小姨爱曲艺,两人都有小女婿,一个姓徐,一个姓许,徐许女婿难聚齐。

(2)一头驴,驮筐梨,驴一跑,滚了梨。驴跑梨滚梨绊驴,梨绊驴蹄驴踢梨。

(3)圆圈圆,圈圆圈,圆圆娟娟画圆圈。娟娟画的圈连圈,圆圆画的圆套圆。娟娟圆圆比圆圈,看看谁的圆圈圆。

第三节 声调的发音与辨读

一、声调的发音概述

声调在汉语中的作用十分重要,可以直接区别意义,影响理解。然而声调的学习不像声母,可以根据发音部位和发音方法去分析把握各个辅音的发音特征;也不像韵母,可以根据元音舌位的高低前后和唇形的圆展来体会彼此的差异,声调只能完全凭耳朵识辨音高的变化来区别细微的差异,学习难度大。

二、声调的发音方法

(1)调值比较训练法。反复练习并比较普通话四声调值的平、升、曲、降的特点,掌握普通话的正确调值区域,并找出自己学习普通话声调存在的主要问题。

(2)录音对比训练法。录下自己读的词语或句子,然后与标准发音的声调进行对比,继续感受四个声调的音高变化,以及自己与标准音声调间的差异,通过反复训练逐渐改进。

(3)跟读模仿训练法。选择自己感兴趣且声调发音较准确的材料,进行跟读模仿训练。

三、声调的辨读练习

1. 练习一

雹子—包子—豹子　　怪癖—怪僻—乖僻
小雨—小鱼　　　　　发钱—罚钱
土地—徒弟　　　　　隔壁—戈壁
赎罪—恕罪　　　　　求知—求职
字母—字模　　　　　松鼠—松树
剪裁—剪彩

2. 练习二

(1)手拿七支长枪上长墙,上了长墙手耍七支长枪。见枪不见墙,见墙扔了枪,眼花缭乱,武艺高强。

(2)石室诗士施氏,嗜狮,誓食十狮。氏时时适市视狮。十时,适十狮适市。是时,适施氏适市。氏视是十狮,恃矢势,使是十狮逝世。氏拾是十狮尸,适石室。石室湿,氏使侍拭石室。石室拭,氏始试食是十狮尸。食时,始识是十狮尸,实十石狮尸。

(3)珍珍绣锦枕,绣枕用金针。双蝶枕上争,珍珍的绣枕送婶婶。

(4)蹬着凳子,钉钉子,钉子钉凳子。

(5)老罗拉了一车梨,老李拉了一车栗。老罗人称大力罗,老李人称李大力。老罗拉梨做梨酒,老李拉栗去换梨。

(6)松树住松鼠,松鼠爬松树。鼠爬松树树住鼠,鼠住松树鼠爬树。

第四节 语流音变

语流音变指音素在短语、句子中,因受相邻音节影响,声调发生改变,不同于单念时而产生的语音变化。普通话的语流音变常见问题多发生于轻声和儿化。

一、轻声

普通话中的轻声指四声在一定条件下变成比原调又轻又短的声调变体,可以区别语义和词性。

(一)轻声音节的变化规律

普通话常见轻声规律见表 4-1。

表 4-1　　　　普通话常见轻声规律简表

轻声音节	例子
语气词"吗、吧、呢、啊"等	放心吧、谁啊
助词"的、地、得、着、了、过"等	他的、等着
后缀"子、头"等	鸽子、木头

第四章　普通话语音的辨读

(续表)

轻声音节	例子
部分重叠词的后一个音节	妈妈、看看
表方位的词或语素	马路上、外面
动词、形容词后面表示趋向的词"来、去、起来、下去"	送来、冷下去

除此之外,还有按照发音习惯读成轻声的音节,如伙计、胳膊、喷嚏、意思、招呼、稀罕、包袱、事情等双音节的第二个音节。

(二)绕口令练习

(1)桃子、栗子、李子、梨子、橘子、柿子、槟子、棒子,栽满院子、村子和寨子。刀子、斧子、锯子、凿子、锤子、刨子和尺子,做出桌子、椅子和箱子。梳子、篦子、叉子、镜子、镯子、链子、圈子、簪子,塞满柜子和橱子。

(2)葫芦胡同胡立虎,晚上睡觉打呼噜。睡到半夜一糊涂,隔着窗户掉外头。呼噜呼噜接着睡,一觉糊弄到正晌午。

二、儿化

(一)儿化规律

普通话中的"儿化"指一个音节中,韵母带上卷舌色彩的一种特殊音变现象。儿化时,常见的语音现象是语音脱落、增音、央化等。具体变化规律见表4-2。[①]

表4-2　　　　　儿化规律简表

韵母	儿化时的变化规律	举例	国际音标	
			儿化学前	儿化时
无韵尾或有u韵尾	只加卷舌动作	小车儿 小鸟儿	①tʂʰɤ——tʂʰɤr ②niau——niaur	
有-i、-n韵尾的	卷舌时使韵尾丢失,有的要改韵腹或增音	一块儿 一点儿 没准儿 背心儿	③kʰuai——kʰuɐr ④tiɛn——tiɐr ⑤tʂuən——tʂuɐr ⑥ɕin——ɕiɐr	
有高元音i、ü韵腹的	加央元音ə	小鸡儿 有趣儿	⑦tɕi——tɕiər ⑧tɕʰy——tɕʰyər	

[①]黄伯荣,廖序东.现代汉语[增订六版](上).北京:高等教育出版社,2017:88-89

(续表)

韵母	儿化时的 变化规律	举例	国际音标	
			儿化学前	儿化时
有舌尖元音[ɿ][ʅ]的	变成央元音 ə	爪子儿 树枝儿	⑨ tsɿ ⑩ tʂʅ	tsər tʂər
-ng 韵尾的	卷舌时使韵尾丢失，元音鼻化， 有 i 韵腹的要加 ə	帮忙儿 花瓶儿	⑪ maŋ ⑫ pʰiŋ	mã˞r pʰiə̃˞r

（二）绕口令练习

(1)小孩儿小孩儿坐小车儿，坐着小车儿玩小盒儿。小孩儿玩小盒儿真有趣儿，坐着小车儿玩着小盒儿，还唱着歌儿。

(2)有那么一个杂货店儿，只有两间小门脸儿。别看地方不大点儿，卖的东西不起眼儿，有蜡烛，有灯捻儿；还有刀子、勺子、小菜板儿。起个早儿，贪个晚儿，买什么都在家跟前儿，家跟前儿。

1.在语音上，你的家乡话与普通话有哪些差别？
2.有些方言区的人常常混淆 en、eng，应该采取什么办法分辨？
3.有些方言区的人常常混淆 i、ü，请说明分辨 i、ü 发音的方法。

1.请练习朗读普通话韵母总表。
2.请练习朗读下面的词。

zh—z	沼泽	渣滓	装载	追踪	指责
	准则	张嘴	准奏	拙作	站姿
zh—c	仲裁	祝词	榨菜	招财	中餐
	针刺	政策	主持	珍藏	制裁
zh—s	竹笋	住宿	住所	震悚	正色
	长孙	珠算	诊所	真丝	转速
ch—z	茶座	称赞	掺杂	插足	插座

	趁早	斥责	赤字	尺子	叉子
ch—c	差错	炒菜	揣测	川菜	车次
	春蚕	纯粹	船舱	楚辞	锄草
ch—s	称颂	沉思	愁思	陈诉	穿梭
	传颂	出色	成色	重孙	超速
sh—z	师资	实则	深造	受罪	识字
	数字	手足	收租	沙子	擅自
sh—c	生存	手册	生词	首次	身材
	诗词	上策	蔬菜	赏赐	山村
sh—s	生丝	哨所	十四	上司	深思
	神似	上诉	胜诉	输送	疏松
z—zh	杂志	宗旨	赞助	组织	注重
	自知	作战	总之	载重	子侄
z—ch	早晨	造成	自筹	尊崇	尊称
	钻床	自恃	在场	早茶	资产
z—sh	杂耍	择时	增生	自身	早上
	再说	自述	走兽	姿势	造势
c—zh	存折	村庄	参照	参展	惨重
	辞职	此致	才智	财政	藏拙
c—ch	财产	彩车	促成	菜场	操场
	存储	磁场	此处	仓储	参详
c—sh	参数	蚕食	测试	侧身	措施
	操守	从属	促使	从事	参赛
s—zh	素质	随之	四周	所长	扫帚
	苏州	赛制	诉状	撒种	散装
s—ch	丝绸	四川	搜查	酸楚	散场
	俗称	赛场	赛车	三尺	速成
s—sh	私塾	损伤	桑树	琐事	宿舍
	散失	算术	随时	四时	散射

3. 请练习朗读下面的字词

扫码听音频

(1)练习一
①读单音节字

拟	您	余	穗	纲	趁
庄	沈	艇	降	花	帆
略	令	阔	美	洞	省
如	外	通	暇	拨	满
穹	像	才	信	堰	能

②读多音节词语

沙漠	似乎	平民	群落	旋转	接洽
包涵	干脆	日益	创造	绿化	邮戳儿
温柔	扇面儿	爱人	导体	循环	沸腾
作品	赶趟儿	进军	政权	大方	重叠
无穷	高原	同等	群众	蒜瓣儿	气压

(2)练习二
① 读单音节字

数	却	惯	座	串	江
描	牌	河	伦	没	九
案	坡	吹	遇	熬	献
优	雄	稍	苗	成	蕊
音	治	真	化	总	青

扫码听音频

②读多音节词语

皎洁	功能	见识	然而	彼此	恰如
培育	主角儿	生命	爱国	展览	外力
上司	森林	翱翔	人缘儿	程序	翅膀
茶馆儿	丰硕		白杨	绿洲	蝴蝶	音乐
讲授	合作	开春儿	红旗	演奏	蓝图

(3)练习三
①读单音节字

| 至 | 浪 | 充 | 怀 | 准 | 尽 |

扫码听音频

染	沏	北	苔	歌	桨
舜	苏	雪	翁	寻	撒
从	晌	卫	鸟	盘	纳
廓	裒	跃	酌	光	凝

②读多音节词语

去年	嗓门儿	美感	夏天	种子	教师
敬爱	状况	发挥	琢磨	软骨	高原
鞋带儿	运转	熊猫	藏身	明确	何况
马褂儿	英雄	旅游	奇妙	未来	背后
加速	四周	标准	花样儿	守信	意愿

(4)练习四

①读单音节字

容	师	弯	卷	亮	词
仕	封	盘	瞬	许	付
索	崛	蔓	钙	誉	楠
国	专	啼	寺	强	册
译	观	行	考	拜	恩

扫码听音频

②读多音节词语

生长	钻研	化学	宣传	手绢儿	谱曲
保管	纯粹	叫好儿	把手	从容	图案
协同	若干	即刻	红火	启航	喜讯
坚定	花瓶儿	扎染	录像	浪花	口哨儿
发明	配合	家具	落款儿	孩子	品行

4.请练习朗读下面的语段

七巷一个漆匠,西巷一个锡匠,七巷漆匠偷了西巷锡匠的锡,西巷锡匠拿了七巷漆匠的漆,七巷漆匠气西巷锡匠偷了漆,西巷锡匠讥七巷漆匠拿了锡。请问锡匠和漆匠,谁拿谁的锡,谁偷谁的漆?

刚往窗上糊字纸,你就隔着窗户撕字纸,一次撕下横字纸,一次撕下竖字纸,横竖两次撕了四十四张湿字纸。是字纸你就撕字纸,不是字纸,你就不要胡乱地撕一地纸。

中华人民共和国教育部.普通话异读词审音表.中华人民共和国教育部政府门户网站,2008-11-1

第五章
普通话与有声语言表达

作为现代汉民族共同语,无论在书面语还是在口语中,无论在文学语言、教学语言、新闻语言还是在网络语言、日常语言中,也无论是在工业语言、农业语言、商业语言、服务语言还是在军事语言、科技语言中,普通话都全方位地渗透在每一种语言体式的形式与灵魂中,尤其是在有声语言的表达中,能否使用标准、规范的普通话,成为衡量有声语言表达的一个重要标准,同时也是一个最基本的标准。普通话水平测试中的朗读短文和命题说话两项内容,测查重点都是应试人在有文字依托或无文字依托情况下使用普通话的水平。但对有声语言的考查,远远不止于这个层面。有声语言的表达是一个立体、多元、联动的系统,既涉及语音、词汇、语法层面的正确性、规范性问题,也涉及声音的美感、情绪情感的传达、体态语言的配合、境态语言的参与,等等。因此除了共同语层面的准确、规范、自然、流畅之外,还有诸多其他层面的要求。

本章即从更全面的角度,考查以普通话为基底的有声语言,尤其是对普通话朗读和普通话即兴表达进行较为深入的探讨。

第一节 有声语言表达概论

人通过语言交换生存信息、接受文化熏染、达成心灵沟通、获得生活意义、实现人生价值。有声语言的运用,无论是在日常生活中,还是在播音主持、演讲、朗读、影视及话剧表演等具有一定艺术性的创作中,抑或在各行各业的工作场景中,都是一种普遍的语言应用形式,并发挥着极大的作用。所以高尔斯·华绥会说,一个人的眼睛是现在的他,一个人的嘴巴是将来的他。

一、有声语言表达的概念与作用

(一)什么是有声语言表达

有声语言表达是指主要利用人的声音来传递信息、交流思想、表达感情的一种表达方式。诸如朗读、演讲、教学、播音主持、话剧表演、工作报告、竞聘销售,等等,都属于有声语言表达。

曾有一位醉心于写诗作赋的文学青年,拿着自己的作品请教于苏东坡。他声情并茂地朗读完,问能得几分。苏东坡说:"可得十分。"他又补充道,"我说的可是三分写七分读啊。"

这个小故事原本是评价文学青年的写作水平,但从另一个角度理解,它恰恰说明声音对表达效果的影响。从音韵和谐的音声美上来说,有声语言的听觉形象具有直接唤起美感的特点,圆润的声音、起伏的语流能直接拨动人的心灵,发挥强烈的感染作用,为文字意义增添无穷的魅力。好的有声语言表达,从声音上说,总是说着上口,听着悦耳,抑扬顿挫,回环婉转,给人以美的享受,如《老残游记》中小玉说书一样,使人听了"三万六千个毛孔,像吃了人参果,无一个毛孔不畅快"。

表达同一个意思,为什么有的让人感到悦耳动听,给人以美的享受,而有的让人觉得干涩无味,产生不了吸引力呢?俗话说"看人看心,听话听音儿",除了文字本身的质量与效果、身体语言及环境语言的渗透性作用外,这种现象主要和声音的品质及语音语调的运用有关系。

声音是语言的物质外壳,在有声语言表达中,受众最先注意的是表达者具有个人独特标志的音色。音色,是某个声音区别于其他声音的根据和标志。每一个人的音色和音域都是与生俱来的,由于发音器官的形状不同、发音方法不同,因而发出的声音也不同。好的音色听起来甜润、清亮、优美,富于变化,悦耳动听;不好的音色粗糙、沙哑、低暗,单调呆板,犹如撕裂破布,刺耳烦心。决定音色的因素,有先天的,也有后天的。我们可以通过科学而刻苦的训练对音色进行调整、扩展和美化,包括取得和稳定基本音色,控制好共鸣状态,取得声音弹性,注意声音的高低、强弱、虚实、明暗、刚柔、厚薄、粗细、纵收等的对比关系。

当然,仅有好的音色是不够的,表达者还要着意培养自己对语音语调的驾驭能力。语音语调指附着在有声语言中的能传情达意的特殊语音现象,如声音的高低起伏、轻重强弱,语流的停连快慢,语气的色彩、分量,节奏的运动、变化,甚至夹杂在语流中的叹息、感喟、啜泣、笑声,等等。富有技巧性和感情性的声音能使文字意义的表达内涵丰厚,更具穿透力和吸引力。清晰规范、悦耳动听、富于变化的声音形式不仅能准确地传递出表达者丰富多变的感情,而且会"声美以感耳",吸引受众投入所表达的情思意蕴中去。

如果每个人都能接受专业的发声训练,有声语言的表达就会在音色方面及语音语调的传情达意方面有非常不同的表现。科学发声是建立在语音基础上的一门学问。其呼吸控制、口齿磨炼、吐字归音的技巧等,都可使有声语言传播达到"字正腔圆,清晰持久,刚柔转换,声情并茂"的音声美境界,而对停连、重音、语气、节奏等朗读和说话技巧的准确把握,又可使有声语言具有节奏美、韵律美、形式美及内涵美,把人们带入到富有流动感和新鲜感的语言艺术的创造过程中。

有声语言表达的形式十分多样,诸如读、说、诵、讲、演、评、对谈、访问、宣告、群体采访、现场连线、角色扮演、多边互动、融入体验,等等。每种形式都对应着不同的声音样态。比如,"读"是一种有文字依托的常见形式,一般以实声为主,要求字音准确,音色纯正;声音明快,语言干净;语意清楚,语句流畅。"说"最能体现有声语言表达的生活化和口语化,整体要求是准确、生动、精炼,具体说来,言语组织要迅速,声音要清晰,口齿要伶俐,语流要畅达、自然。"评"是特定工作、特定场合使用的有声语言表达形式,声音需要有"穿透力",以体现出鲜明的态度,表现在语气上要肯定果断,重音要坚实,停连要精恰,节奏要稳健,多用实声,气息饱满。"对话"是常见的交际语言形式,要求体现出良好的语言交际功力,其基本要求是:一边说,一边对。要求把握生活语言的规律,即便是有稿件,也要把稿件上的文字变成自己要说的话,自然而然地传达出来。

(二)有声语言表达的作用

语言,是人类社会发展到一定阶段的产物,伴随着人类社会的产生而产生。它是社会集体的产物,也将随着社会的发展而发展。学界对语言功能与作用的认识,经历了一个由工具论到本体论的变化。

工具论者认为,语言是人类思维的工具,也是人类最重要的交际工具。从语言自身的组织方式看,语言是一种约定俗成的符号系统,具有社会属性、自然属性、生理属性、心理属性、物理属性、全民性、系统性,等等,其本质属性是社会性。语音是其外壳,词汇是其建筑材料,语法是其结构规律,一种成熟的语言都具备语音、词汇和语法这三个要素。本体论者认为,人的存在就是一种语言存在。人的文化存在方式就是语言与符号。

无论工具论还是本体论,都强调语言在人的生命中占据着非常重要的位置。如果从日常生活和工作去考察,从社会运转和未来发展去分析,有声语言表达的作用体现在方方面面。

我们靠有声语言表达来传递信息,像一个个敏感的神经末梢一样感知并采集社会变迁、文明演化、世态炎凉、人情冷暖,用自己的方式进行选择、加工、放大和播扬。

我们靠有声语言表达来沟通感情,架设上情下达、下情上达的桥梁,挥舞内外相系、左右相连的纽带,成为虚拟世界与现实世界的自在穿行者。

我们靠有声语言表达来交流思想,全方位地介入现实生活并拥有自己独特的视角、观点和立场,期待着用先进文化引领社会的发展,用观念的力量影响并带动周围的人。

从这些实实在在的作用上说,表达力就是生产力,而且是拥有无限可能的新质生产力。有声语言表达,某种程度上成为我们安身立命、实现人生价值的手段,更成为一种"卷之不盈分,舒可弥宇宙"的软性能量。了解认识这种软能,涵养蕴育这种软能,释放运用这种软能,是我们的必修课。从个人成长和未来发展的角度,我们有必要深入探索这种软能的内在机理、运作程式,把握有声语言表达规律并形成一定的有声语言表达能力。当然,我们不仅要在声音特质、话语方式、容貌形体、表情装束等浅层识别系统上倾力雕琢,更要在个性、风格、神采、道德风貌、思维品质与人文关怀等深层识别系统上着意塑造,唯其如此,才能拥有并释放有声语言表达这种软能。

二、有声语言表达的功力与境界

有声语言表达如此重要,但不同的人在使用有声语言的时候,其功力和境界却有云泥之殊。那么,什么是有声语言表达功力呢?有声语言表达又要求具有怎样的境界呢?

(一)有声语言表达的功力

所谓语言功力,就是使用语言的功底和能力。一个人的语言功力是在一定的生理素质和心理素质的基础上,经过教育、培养,特别是在实践活动中不断吸取集体的智慧并总结积累自己的经验而形成和发展起来的。在心理层面,它包括制约语言功力的种种心理素质,诸如理解力、观察力、感受力、反应力、表现力以及记忆力、想象力、思维能力等;在效果层面,它是指语言运用的功夫、造诣,主要表现为对语言的驾驭水平,以及由此产生的客观反映和评价;在类型层面,它是指体现语言功力的范畴,包括语种范畴、语言形式范畴等。

总体而言,有声语言表达的功力体现在言语组织、语音语调把握、体态语和境态语的利用,等等。其中,言语组织既包括写作能力,也包括即兴发挥能力。言语内容或让人茅塞顿开,或耐人寻味,或妙趣横生,与受众形成深层次的、生动活泼的沟通。从词汇、句式、布局谋篇,到阐述角度、主题立意等,都要力求给人"这一个"的独特感受,避免人云亦云、流于泛泛。尤其是即兴发挥能力,在现代社会应用得越来越广泛,是有声语言能力结构中不可或缺的部分。语音语调把握,既包括声音本身的清晰度、圆润度、悦耳性,也包括传情达意的表现力和感染力。自然而有特点的音色、吐字习惯、语速特征、表达方式、情感蕴含等,都可以直观地显露个性,帮助形成独具风采的有声语言表达。体态语和境态语也是有声语言表达中不可忽视的副语言成分,有时甚至比文字内容和语音语调的作用还要直接、还要深入,值得我们在训练的过程中反复打磨、仔细雕琢。

(二)有声语言表达的境界

当有声语言的功力要素融汇起来、发挥出来,就会形成从文本到声音、从体态到境态的精粗、美丑、文野、高下、善恶、真假、新旧、雅俗等的不同,而这就是有声语言表达的境界。

从总体上看,有声语言表达的境界可以包含如下三个层次:第一,是准确、清楚、明白,这是基础层次,是我们必须做到的;第二,是丰富、生动、深刻,如果能够做到,整个表达就可以从内容上、从情感上更上层楼;第三,一定是给人以启迪,给人以美感享受和想象空间的表达,真正做到开阖有度、境界全出。

具体来说,有声语言表达的境界可以体现在如下几个方面。

1. 上口入耳、声韵传情

英国著名语言学家约翰·甘柏兹在《会话策略》中强调,我们在会话时应具有"语言韵律",能"在不同的感知层面造成不同的语音感知效果"。一些具有艺术性的有声语言,应该既表情达意又和谐悦耳,既富于文学性又具有音乐性。表情达意要选择恰当的词语、合适的句式,同时也要采用相宜的声调音韵,辅之以轻重、缓急、疏密、抑扬等表达技巧,创造出动听悦耳的艺术效果,表现出文本内在的意涵和韵律。

另外,要从音色上追求圆润饱满、悦耳动听的效果,使声音富于活力和感染力,并懂得如何更好地处理声音虚实、明暗、刚柔、强弱的对比变化,能以富于艺术性的语音给听者提供直接的乐音美感;要正确处理声韵调及语流中的变化,做到字正腔圆,词语轻重格式及音变现象符合规律,发挥普通话元音多、明亮柔和、富于乐感的特点,以追求更多的美学效果;要在整体表达中注意融情理于声韵,做到词语均衡、句式工整、语调合宜、节奏多变,以行云流水般的口语韵律,以连贯而得体的音声效果,达至和谐之美的境界,从听觉上加强语言的表现力和感染力。

2. 朴实亲切、自然畅达

从有声语言运用的理念上来说,在当代人本主义精神的引导下,我们要关注生活的原生态、关注生命的个性发展,以平等的视角、纪实的手法展现社会生活的各个层面,并通过对表象的展现勾勒大众心灵状态、揭示现实生活本质。"立意是一半的功夫,平淡是另一半的功夫",我们的语言来自生活、面向生活,带着扑面而来的生活气息,一般追求的是亲切、自然、口语化。不仅要在语音语调上与拿腔拿调的僵化状态区别开来,而且要在用词、造句上也尽力做到朴素自然,言语中尽量去掉装饰感,少用形容词、副词等修饰成分。虽经千锤百炼,却仿佛随口道来,平实、清新、亲切、自然,容许调侃或讽喻,有更大的宽容度,体现浓郁的平民化色彩以及真诚的人文关怀,达到一种质朴纯真、浑然天成的效果。

3. 真实准确、形象生动

"真实性"是对有声语言运用的基本要求。人们判断语言的价值和含金量,通常会从所讲内容的真实性、重要性、相关性、时效性、显著性、趣味性入手,尤其强调真实性,叙事状物、说理抒情,都要真实准确、有凭有据,不可信口雌黄,搞客里空。在此基础上,人们还会追求语言运用的灵动多样、新颖别致,使人容易理解与接受。随着我国改革开放事业的深入推进,以及人民群众物质文化生活的提高,人们的交际方式越来越数字化、网络化、信息化,我们的语言也越来越回归到人性化的轨道,贴近实际、贴近生活、贴近群众成为一种普遍的追求。如果能着意培养精彩的形象思维,积极探求并总结增强语言形象性、生动感的秘诀,我们必然将更善于把客观事物的情状与主体的情思融汇起来,把抽象的理念和观点转换为具体的形象,用讲故事的方式吸引人们的思绪,用生动的叙述触动人们的情感。

4. 风格多样、个性独具

世界上没有两片完全相同的叶子,世界上也不会有两片完全不同的叶子。表达者从小生长环境不同、文化背景不同、知识积累不同、思想情感不同,因而用语的习惯和风格就有很大不同,在语言中表现出来的个性风采更是迥异。在相同的有声语言形态中,优秀的表达者总是会用他们的智慧、情感,构筑起一个色彩斑斓的语言王国。有的表达者语言富于深刻思辨性、快速反应性、朴素敏锐性;有的表达者语言富于热情生动性、机智灵活性、雅俗共赏性;有的表达者语言富于亲和周到性、深入浅出性、服务引导性;有的表达者语言富于明快晓畅性、客观大度性、知识欣赏性;还有的表达者语言富于活泼可爱性、形象生动性、耐心示范性。几乎每一个成功的表达者,在有声语言的运用上都有着不可复制的个性特点,使他们能把语言的魅力转化为现实的影响力和推动力。

5. 深入浅出、通俗易通

在保持文本的严谨、精确、规范、简洁等特点的同时,有声语言表达者还要注重汲取口语通俗平易、生动活泼的优点,力求善于把逻辑性较强的大段句群分解成较短的句子,重新进行组合来表达;善于从大家熟悉的事物或直观的形象入手,尽可能把深奥复杂的问题通俗化、形象化、具体化、简单化,使之易于理解。作为一种有对象、有感情、有交流的语言沟通方式,有声语言表达是一种态度,同时也是一种能力。说它是态度,因为我们面对的是不同层次、不同水准的听者,心里装着他们,才会下大力气去琢磨怎样表达能使他们听得轻松、听得明白。说它是能力,因为只有对要表达的内容有深透的了解和独到的把握,才能够钻得进去,跳得出来,举重若轻,驾驭从容。如果矫饰造作,拿腔拿调,脱离生活,一味炫技,想想都让人难受;但如果瓦釜轰鸣,黄钟暗哑,众声喧哗,风雅无存,也是对魅力汉语的一种亵渎。

总之,有功力的语言才会有境界。因为有声,所以有声语言的表达更难达到一定的功力和境界。在有声语言表达的修炼上,我们既要摒弃那种没错、没用、没味的"三没语言",也要小心那些无个性、无魅力、无风格、无说服力、无感染力的"五无语言",真正给人留下一种新颖独特、潇洒飘逸的印象;让人心生一种鲜活灵动、超凡脱俗的况味;给人带来一番呼之欲出、优雅恬淡的愉悦;为人送上一层摇曳生姿、回味无穷的惬意;让人平添几分把玩再三、浮想联翩的享受。

三、有声语言表达的语用规则与训练路径

(一)有声语言表达的语用规则

语用规则就是总体上制约表达者在特定语境中合理选择语言手段,有效实现话语意图的原则。语用规则是一种客观存在,不同语体在不同语境下、不同领域里的规则也是不一样的。

总体而言,我们在表达过程中一定要注意语言的适宜性、得体性,无论是文字内容的选择,还是语音语调的把握,抑或是身体语言的使用,都要做到三合,即合身份、合语境、合语体。

合身份需要自觉。清楚自己在不同人际系统中的角色,明白自己肩上的担子,懂得自己的局限,尊重别人的界限;

合语境需要明察。历史与文化的传统是什么,国家和时代的特征是什么,个人的生态和群体的追求是什么,受众的期待和当下的氛围是什么,既要宏观把握,又能洞幽烛微。

合语体需要用功。拥有数千年悠久历史的汉语必须用"博大精深"来形容,有声语言表达鲜明的语体特征正植根于传统与现代相结合的魅力汉语之中。有声语言表达的修养绝非一朝一夕之功,不下一番苦功夫,恐怕是得不了体、到不了位的,勉强应对时总会感觉捉襟见肘。

合身份、合语境、合语体,合起来就是讲分寸。分寸包含着"执其两端而用其中"的大哲学,值得我们用一生来揣摩。有声语言表达一定要有控制、讲分寸。豪放的人言语多激荡,但不可冒犯;潇洒的人言辞多风雅,但不可造作;谦逊的人表达含蓄,但不可畏缩;博学的人旁征博引,但不要芜杂;活泼的人轻松自适,但不能恣意;幽默的人诙谐风趣,但不能油滑;深沉的人犀利深邃,但不能冷傲。

更具体地来剖析,有声语言表达还要遵循以下几条规则:

言之有物——表达内容要充实饱满,把真正有价值的东西拿出来,能带给人知识、技巧、能力等方面的提升,能给人以思想上的启迪;不能空洞乏味,虚无飘渺。如果内容原本就很匮乏,还要说一些空话、套话、大话、废话、假话、疯话等等,就会让人很失望,乃至产生逆反心理了。

言之有理——思路清晰,观点明确,前后一致,逻辑严密。观点、态度要立得住,说得准确、分明,说得有条理、有逻辑,才能做到以理服人。正确性就像地基一样,没有地基是盖不起高楼大厦的。表达中不能牵强附会,强词夺理。如果基本观点立不住,再好的音色、再华丽的辞藻、再漂亮的身体语言,也无法征服人们的心。

言之有情——《周易》有言:"天地感而万物化生,圣人感人心而天下和平。"①人是感情的动物,感情是连接所有人的纽带。"感人心者,莫先乎情""通情才能达理""情自肺腑出,方能入肺腑",这些前人的体悟,值得今人好好借鉴并实行。

言之有趣——人的天生的趋向就是"追求快乐、逃避痛苦"。除开那些庄重严肃的、有特定要求的场合,人们总是希望表达者是一个风趣幽默的人,把轻松、笑声、趣味带给他们。

言之有味——这里的"味",既是品味、韵味,也是深深长长的回味。这是有声语言表达中更高境界的追求,如孔子闻韶,余音绕梁,三月不知肉味。

(二)有声语言表达的训练路径

其实,语言艺术说到底,最难的就是分寸。分寸感就像宋玉眼中的美人,"增之一分则太长,减之一分则太短"。不到具体的语境下,谁也无法说清什么是语言的分寸,但我们可以就如何提高有声语言表达力进行一点思考。怎样才能把话说全、说细、说深、说透,说得有声有色、有嚼头有回味,说得大家心悦诚服,愿意看、愿意听、愿意接受呢?要形成这样的有声语言表达力,绝非一朝一夕之功,也不是浮光掠影投机取巧所能达到的,而是需要明确和坚定目标,打牢根基,日积月累。我们要从以下几方面进行扎实的努力。

1. 树立目标,清醒地把握自己

人生的每一个阶段,都会有大大小小的目标。目标会让一个人明白,你想要的究竟是什么,你现在站在哪里,已经拥有什么样的资源和能力,还需要具备什么样的条件、经过怎样的路径,最终抵达哪里。目标能使一个人有清晰的方向感,有充足的内心动力,以最少的时间和资源取得最大的成绩。进行有声语言表达的训练和学习,同样要有自力可成、能够给自己足够的成功感、满足感的目标,激励自己为之努力、为之奋斗。

2. 打牢专业基础,悟透理论,强化训练

对大多数人而言,表达力的训练都没有专门的学科领域和训练方法,但表达者需要初步建立起自己的训练体系,加强理论建构和实践训练。可以参照和借鉴朗读学、写作学、播音主持学等相关学科内容,潜心学习课堂上、书本中的知

---

① 陈鼓应,赵建伟.周易今注今译.北京:商务印书馆,2005:288

识,用正确的理论指导实践,做好思维、语感方面的训练,练好吐字发声、语音语调方面的技巧,规范并发掘身体语言的表现力,以此打好专业基础,建立较高的发展平台。

3. 大量观摩、思考,获得感性经验,做好生活积累与语料积累

"它山之石,可以攻玉",从古至今,我们都不缺乏有声语言表达方面的知名者、成功者,更幸运的是,现代电子技术的发展为我们记录和留存了很多相关的视听资料。大量观摩各种类型的作品,不但可以印证和揣摩所学的理论知识,通过深入思考而积累自己的感性体验,进一步总结经验、把握规律,还可以开阔视听,打开思路,兼容并包,蓄己之长。通过借鉴姊妹艺术之长,如相声、小品、戏剧、曲艺、演讲等,也可以提高自己在有声语言表达方面的品鉴水平和表现能力。

4. 练习、练习、再练习

全身心地投入训练是取得良好效果的前提条件,因为就像游泳、弹琴、车钳铆焊一样,只有理论是做不出效果的,必须将理论内化为精准的感觉、外化为熟练的技巧。国外有一句谚语:"我忘记了我听到的,我记住了我看到的,我明白了我做到的。"这句话说明了练习的重要性。就学习效果而言,如果单纯地听老师讲授某种知识只能获得一倍的学习效果的话,个人的深入思考就能获得两倍的学习效果,与老师和同伴分享内心所得会获得三倍的学习效果,而实习、实践则会获得四倍的学习效果。有声语言表达是实践性、操作性很强的一门应用之学,全部理论知识、技能技巧都要外化为我们的一言一行、一招一式。这就需要表达者在充分消化吸收各方面知识的基础上,利用并创造一切机会进行练习,课上练、课下练、个人练、小组练、实习练、彩排练,等等,在练习中感悟思考,沉淀积累,成长提高。

在整个训练提升的过程中,我们可以多方汲取语言的滋养。中国古典文学讲究审美和联想,讲究灵性和神性;而现当代文学语言则兼具华美和朴素、严整和活泼,既有弹性又有塑造力;翻译语言一向长于风景描写和心理刻画,是细腻的、诗意的、抒情的、哲理的;而各地方言则是鲜活的、过瘾带劲儿的、生动传神的;网络语言呈现出层出不穷、变化多端、极具时代感的特点。这些,都是我们学习的源泉和榜样。语言即思想,即人类的生存家园;形式即内涵,即表达者的身心状态。唯有千锤百炼,从器官到灵魂、从形式到内容、从低端到高端,我们的语言方能如清流般汩汩滔滔、源源不断,我们也能在有声语言表达中展现动人的生命活力。

第二节　普通话朗读

普通话朗读,即用普通话所进行的朗读。而所谓朗读,即朗声诵读,是对文本的音声化再创作。它不是单纯的声音表现形式,而是囊括了身手头眼情、站坐走看状的体态语系统,声电光影缤纷变幻的境态语系统,将文字内容、语音语调、身体语言交织在一起,从而构成的一个独立而复杂的艺术传达系统。它门槛很低,可以说会说话、识点字就可以进行,是老少咸宜、喜闻乐见、传播广泛、经久不衰的群众性文化艺术活动。它又可以达到很高的境界,能够声情并茂、意境深远、沁人肺腑、撼人心魄,并不逊色于其他语言的艺术、声音的艺术。同时,它有着强大的功能和作用,于个人而言,它可以释放情绪、纾解压力、塑造形象、丰盈气度,还可以阔拓思维、增强记忆、涵泳性灵、陶冶情操;于群体而言,它能够传承文化、涵养风气、凝心聚力、鼓舞精神。因其形式多样,适应性强,它不仅可以成为一门独立的艺术形式,获得美的个性身份与展示空间,还能够与其他艺术形式深度结合,成为不可或缺的创作元素。刘勰《文心雕龙》有言:"吟咏之间,吐纳珠玉之声;眉睫之前,卷舒风云之色。"[1]其美其境,令人悠然神往。

一、朗读的状态与要求

朗读既能在最大限度上调动文字本身所蕴含的思想意义、情境韵味,又能唤醒文字舒卷自如的内在灵魂,并赋予文字以活色生香的外部形体,恢复文字在审美活动中的血色和温度,使之变成一种"活"的语言。从这一角度来说,朗读的目的,和其他语言文字一样,都要做到以事明人、以理服人、以情感人。而要想达成这样的目的,就要先调整好自己的朗读状态,遵循朗读艺术创作的总体要求和具体要求。

(一)朗读的状态

与其他有声语言表达不同,朗读既不像朗诵那样感情更加饱满、浓郁,声音有更大起伏、开阖,表演性和修饰性更强,也不像节目主持、出镜报道、演讲那样,更重视"叙说""讲述"的感觉,更贴近生活语言。朗读处在两者之间,既要有一定的修饰性,强调其艺术创作的一面,又要有一定的朴实感,能够不露痕迹地打动人、感染人。因此朗读追求的是"读而不板、说而不演",有如清水出芙蓉,天然去

---

[1] 祖保泉.文心雕龙解说.合肥:安徽教育出版社,1993:520

雕饰。这就需要从身心两方面做好充分的准备,调整出积极的朗读状态。

从用心、用情的角度来说,朗读者要做到信心百倍、全神贯注、情理交融、有感而发。信心百倍才能有积极的朗读状态,从精神气质上让人为之一振,从吸引力、影响力上使人信服。全神贯注才能真正进入作品,在深入剖析作品的基础上自如地驾驭作品,以"用志不分,乃凝于神"的专注,求得美感上的创造性突破。同时,朗读要强调真情实感,而真情实感的获得,必须有思维的介入和情感的参与。情是灿烂感性的肇始,理是逻辑规律的滥觞。情理交融才能从源头上解决作品的力量、美感问题,使作品"诚于肺腑,达至心田"。

从气息调整、磨炼口齿和吐字归音的角度来说,朗读者要做到气息稳健、持久而又灵活,口齿清晰、伶俐,字音圆润集中且用声自如。正确的发音离不开气息的调整,也离不开各发音器官的协调配和。"不僵不挤,如珠如流"是朗读中对声音的要求,想做到这一点,就需要朗读者调整好自己的气息状态,找好自己的自如声区,不要强行攀高或者硬性压低。朗读中一般采用胸腹联合式呼吸法,通过口鼻同时进气,扩开两肋、下沉膈肌而使气息下沉,使声音有根。再通过吸气肌群和呼气肌群相抗撅的力量,使气息有节制地呼出体外,形成声音处理上的下拉(下部小腹微收,通过气息的节制仿佛拽住声音)上流(上部根据思想感情的变化调节气息,使声音仿佛小溪水一样流动向前)状态,从而获得声音的弹性。发音器官的状态,诸如唇形的圆展、舌位的高低、口腔开度的大小,直接影响到发音的规范程度。学会同时运用这四个动作——提颧肌、挺软腭、开牙关、松下巴,也可以帮我们把整个口腔打开,使咬字、立字更加灵活,共鸣更好,成声更加明亮饱满。平时,我们可以多做一些气息的弱控制、强控制训练,多做磨炼口齿的练习,如朗读一些有特定训练目标的绕口令,或者单音节字、多音节词语。朗读以人的声音为主要创作手段,"它是全身运动,也是重体力劳动。不练声的话,很多发声部位的肌肉就会萎缩,也就会增加你主要用声部位的负担,使你用声不持久,嗓子也容易坏。"[1]因此,即便是非专业人士,也应掌握一点科学练声的常识。朗读时学会保持全身肌肉的松弛状态,尤其是喉咙的放松,无论站姿坐姿,都要确保上半身保持正直,直而不僵,调整出良好的用声状态。

另外,朗读时还要注意克服固定腔调。因为对朗读的理解不够全面深入,缺少相关训练或者训练不得法,很多人在朗读时会有一定的腔调,有的像小学生读书,有的似老和尚念经,虽然也是朗朗有声,但不是依照文本的思想内涵和节奏韵律,不是按照每一句话应然的状态去处理,而是强加了人为的造作感,把鲜活

---

[1] 姚喜双,郎小平.方明谈播音.北京:中国广播电视出版社,2000:48

生动的语言变成僵化教条的模式。这其实是学习朗读的人长期积重难返的不良习惯，也是朗读状态需要调整的难点所在。要克服固定腔调，对文本就要有深入细致的剖析和理解，对声音就要有高超的驾驭技巧，既能够把握全局，控制好通篇的语气、节奏，又能够具体而微地处理好每个段落、每句话的停连、重音，甚至每个字和词的色彩和分量。高超的朗读艺术可以达到"致广大而尽精微，极高明而道中庸"的境界。

(二)朗读的要求

有声语言的创作应该在语流上流畅自然、吐字上颗粒清晰，能熟悉文字的内容，深入理解文字的含义，准确表达，声情并茂。这就需要在总体上做到有目的、有对象、有内容、有感情。在具体的语句处理上，做到逻辑清晰，立意具体，表达细腻，点染得体。

1. 朗读的总体要求

朗读的总体要求是有目的、有对象、有内容、有感情。

所谓有目的，是朗读者在内心应该清楚，通过对具体文本的音声化再创作，自己可以完成什么样的任务、达成怎样的效果，在朗读功能上有怎样的实现。朗读的好处、妙处难以尽述，陶冶情操、涵泳精神、宣传动员、振奋鼓舞、创造氛围、提升境界，等等。具体篇章，又会有实实在在的目的，或宣事，或抒情，或论议，主题不同、文体不同、意象不同、修辞不同、境界不同，都会带来不同的目的。朗读者的功力不同，所能达成的目的也不同。所以朗读者在创作实践中，要对自己和受众都有相对深入的了解，更要深入文本，结合自己的实际情况，确立合理的目标，达成更高的目的。

所谓有对象，是朗读者要充分考量受众的实际情况，时时刻刻心里装着受众，让声音有真实的落点。这受众可以是眼前人，也可以是心中人，可以是电子媒体那一端的虚拟世界的人，也可以是自己。有明确的对象感，才会恰如其分地调节声音大小、语气亲疏，才会明确以怎样的状态完成一次审美性的沟通。对象感带来的其实是良好的交流感，有对象感、交流感的朗读，才能做到以情感人、以理服人、以事明人。朗读的目标和旨归其实都是人。

所谓有内容，是要准确传达文本中所蕴含的思想感情，扎扎实实地读出画面，读出声响，读出道理，读出规律。依托文本，朗读时声音里的人物也要栩栩如生，环境也要描摹到位，情节也要连缀不辍，细节也要跃然眼前。要尽力避免空洞地见字出声，泛泛地走个过场。

所谓有感情,是要有动于衷,并将自己所感受到的激情、热情、深情、柔情等灌注到有声作品中,达到以情感人的效果。和所有艺术形式一样,朗读要"走心",要"动情",内在有真实的感动了,才能够以情带气、以气托声、以声气传情。由内在情感的变化,驱动气息的变化,并以此引领外部声音的形态,把文字中的千情百感转化为声音中的荡气回肠。

2. 朗读的具体要求

朗读的具体要求是逻辑清晰、立意具体、表达细腻、点染得体。

所谓逻辑清晰,就是要厘清文脉、找对线索,全方位把握作品的段落层次,按照文本内在的逻辑次序,一环扣一环地向前推进。既照顾到首尾的呼应,又处理好上下段之间的起承转合和语句之间的停连关系。脑袋里始终有清晰的逻辑链条,才能把文本读成一个整体,不蔓不枝、不散不逸,便于受众的理解和接受。

所谓立意具体,就是要把握好文本内核,也即中心思想。一方面带核滚动,始终围绕中心、扣紧主题;另一方面通过形象生动地用声音来塑造形象、讲述事实、抒发感情、表达观点等等,将抽象的主题思想具体化,把文本的思想内涵贯彻到声音的每一个起伏、变化中。

所谓表达细腻,就是要精准地传递文本思想内涵、美感特征,在语句、词汇乃至音节上做足功夫,既能表现出思想感情的鲜明的色彩,又能合理地凸显其分量。要通过内在情感的流动和外部声音的变化,传神地叙事状物、说理抒情,形成咬嚼不尽的回味。

所谓点染得体,就是要把握好声音大小、情感藏露、身体语言多寡等的尺度和分寸。充分了解朗读艺术本身的规定性,既不能过度夸张,拿腔拿调的充满修饰感,又不能无动于衷,唇舌疏懒、一脸阴沉地从头读到尾。点染,强调要有一定的艺术性,对声音要有所夸张有所修饰;得体,强调的是适度,使朗读具有朴实、自然的本色本心。

二、朗读的创作过程

朗读是一种依托作品文本,通过朗读者自己的审美体验,结合有声语言的多种表现手法,把文字作品转化为有声语言的创作活动,也是对文本进行二度创造的过程。朗读者需经历披文以入情、循情而生感、由感而成声的完整创作过程,最终实现具有独特艺术魅力的朗读效果。

（一）披文以入情

刘勰在《文心雕龙·知音》中提出："夫缀文者情动而辞发,观文者披文以入情,沿波讨源,虽幽必显。"①由此可以看出,作者创作文学作品的过程与读者鉴赏文学作品的过程是不同的。作者创作时需要先对外界客观事物产生强烈的情感和表达欲望,再通过自己的语言诉诸于纸上,也就是先"情动"后"辞发"。而读者鉴赏文学作品的过程是先"披文"后"入情",即由文字表象进入情感实质,也就是先阅读作品的语言文字,通过分析和理解从而感受到作者所要表达的思想情感。同样,在朗读艺术中,以情感人是基础,朗读者首先要成为文学作品的鉴赏者,需要做到"披文以入情",真切地体会文字中的情之真、假,情之苦、乐,情之隐、显,情之幽、烈,情之广、狭。必须通过仔细揣摩文字内容从而深切体会作者的情感,并进一步由情入理,形成自己的"心领神会"。正如张颂在《朗读学》中所说,"朗读者应当在分析理解作品的过程中,必然地、不以人的意志为转移地把朗读者自己的态度感情融化在作品内容里,进而表露在有声语言中。"②

（二）循情而生感

这是进一步理解作品,形成内部感受的过程,使外部声音形式有明确的内在依托。张颂在《朗读学》中指出："感受,在朗读学中是指通过词句的概念及其运动的刺激,引起我们对客观事物的感知、体会的过程,它包括眼、耳、鼻、舌、身方面的感觉和时间、空间、运动方面的知觉……朗读者间接地接受这种种刺激,从而引起感知觉,'感知于外,受之于心',这个过程,我们称之为感受。"③

披文入情、循情而生发的内心感受,具体可以分为以下几个方面：

一是把握主旨内涵,形成整体感受。对要朗读的全文有概括性理解和把握,能洞悉全文的主旨内涵,由衷体会人物形象的魅力与情怀,从而形成一种整体上的感受,以此为依据,确定朗读的基调,为接下来的形之于声做准备。

二是勾连文脉意绪,加强逻辑感受。提到"逻辑",人们想到的似乎多是规律、秩序、理智、冷静,而"感受"一词仿佛与其毫无关联。但从朗读的角度来讲,这种观点是片面的,作品中的"逻辑"也可以是感受的对象。作品中的逻辑关系,也像人体的经络、血脉一样纵横相连、贯布全身。朗读者不仅要看到时空、情节、对比或转折的存在,更应该在头脑中形成强烈的感受,这样

---

① 祖保泉.文心雕龙解说.合肥:安徽教育出版社,1993:963
② 张颂.朗读学.北京:北京广播学院出版社,1999:102-103
③ 张颂.朗读学.北京:北京广播学院出版社,1999:76-77

才能使朗读中的每个部分既有独立性，又紧密地连接在一起，形成牵一发而动全身的筋肉感、连缀性。

三是再现人物场景，活化形象感受。朗读者经由感受文字语言的形象性，从而能够想象、再现作品中的人物场景，仿佛可以看到、听到、嗅到、尝到、触到文字当中所描写的种种事物。这里既有外感官带给我们的视觉、听觉、嗅觉、触觉、味觉等五官感觉，也有时空和运动带给我们的时间觉、空间觉、运动觉，等等。

四是抓准情节细节，凸显具体感受。无论是千回百转的情节，还是活灵活现的细节，都是文章的有机组成部分，甚至是文章的神来之笔，需要在朗读中细细感受，紧紧抓住。与整体感受相对的自然就是这些孕育在情节和细节中的具体感受，包括具体的人物、具体的事件、具体的对话、具体的动作、具体的情感，等等。

当然，各种感受的存在完全不是孤立、单一的，而是互相联系，互相结合，错综复杂地交织在作品中。无论是整体感受、逻辑感受、形象感受亦或是具体感受，都需要朗读者由感性出发，至理性升华，最后达到情理交融，相得益彰，使外部声音形式有内在依托，达到以情动人的目的。

（三）由感而成声

朗读者在进一步理解作品，形成种种内部感受后，伴随着思想感情的跌宕起伏，从而引发气息的不同状态，继而带动声音的千变万化，形成声音的虚实、刚柔、明暗、疾徐等形式，最终成为可感可触的艺术作品。通过虚实相生、刚柔化转、明暗交织、疾徐互推、高下相形，在声音的对比、转换、开合、起伏中体现出作品内容的跌宕多姿，错落有致。

首先，虚实相生明其事。在叙事、抒情的过程中，实声的表达更直接、质朴，而虚声的表达更柔美、深情。朗读时需将虚声与实声自然结合，一般情况下用实声，需要强调重点、烘托气氛、带动情感时适当使用虚声来增强美感、抒发感情。当然朗读中不能过度依赖虚声，否则会使声音绵软无力，影响表达效果。

其次，刚柔化转立其意。阴阳错落、刚柔相济是朗读艺术的特征之一。无论是刚性声音中的雄浑有力、果决勇敢，还是柔性声音中的温婉细腻、深厚绵长，都能够更加深化文本的主旨。当文本内涵是强烈的、冲突的、抗争的、向上的，宜用铿锵有力之声完成对主旨的传递。当文本内涵是情深款款、心意相通、关怀有加时，则需要用温婉、轻柔的声音来展现主旨。

再次，明暗交织错其采。声音的明亮与晦暗极富表现力。亮的声音如莺歌燕语、阳光普照,能非常好地表达幸福、喜悦、有力的感觉。暗的声音则如淫雨霏霏、阴霾重重,可以表达悲伤、难过、无力等情感色彩。如果说文本可以通过修辞等手段形成斐然的文采,那么,声音的明暗交织不仅能真实细腻地将文本中的辞采之美呈现出来,还可以形成自己的修辞性效果。

再其次,疾徐互推成其律。语速的快慢疾徐是构成语言节奏美的重要因素之一,对朗读效果有着直接的影响。朗读中如果始终保持缓慢平稳的语速,可能会使听者昏昏欲睡,但如果一味快速推进,几乎没有停顿,则会让听者难于回味和思考,从而产生反感。因此,朗读中应该做到快慢有致,疾徐相间,形成特定的节奏感。语速的快慢是由作品所蕴含的情感决定的,叙述欢快、美好、歌舞田猎等场面时语速往往是稍快的,表达怀念、祭奠、幽怨等内容时语速是相对较慢的。如此依据文本相互推动,就可以形成回环往复的韵律和节奏。

最后,高下相形构其式。高下相形指声音的高低抑扬有机结合在一起。声音的高低形成作品的起伏,声音的抑扬导向作品的顿挫。它们与文本的具体结构相结合,形成声音作品的特定走向与调式。高扬更多指向句调的高亢升扬,低抑通常指向句调的低沉降抑。一般情况下,境界开阔,具有总括性的部分读出来声音比较高亢辽阔,而意象逼仄、指向细节的部分读出来声音会低沉一些。

事实上,声音的虚实、刚柔、明暗、疾徐、高低等形式的变化及其所能达成的朗读效果并不是孤立存在的,而是交错融通、相互依存的。在朗读过程中需要根据不同作品所表达的思想感情的具体状况,灵活、综合运用这些声音形式,为听者呈现出完美的声音艺术作品。

三、朗读的基本技巧

要想使朗读达到有目的、有对象、有内容、有感情,就不可能只是简单地见字出声,完全依赖于不加感受和思索的直觉过程。朗读一定是一个涉及视、听、嗅、味、触等各种感官,喜、怒、哀、乐、爱、恶、惧等各种情绪情感,联想、想象、思维等各种认知过程的驾驭语言的综合系统。这些相互连接又相互融合的系统要素,经由复杂的生理、心理变化,转化为"情－气－声"之间的联动关系,最终落实在停连、重音、语气、节奏等朗读技巧的运用上。

(一)停连

停连是一个非常重要的朗读技巧,指朗读中声音的停顿及连接。在语流中,那些声音的中断和休止就是停顿;那些声音的绵延和衔接,特别是文本上有标点符号而表达中却不需要中断、休止的地方就是连接。

朗读之所以要强调停连关系的处理,一是为了表情达意的需要,二是为了生理上补充气息的需要。在表情达意的层面上,它所解决的是语义的分合关系问题,对重点意思的强调问题,以及语气的精准传达问题;在生理层面上,它所解决的是立气口和偷气的问题,也就是在某些地方大大方方地换气,在某些地方不为人所知地补气,以保证足够的气息流量。

对于整个朗读而言,该停顿的地方如果不停顿,或者停顿时间不够,就会造成语意的混乱,或者意味的不足。该连接的地方如果不连接,也会影响语意的传达,使听者难以抓住句子及段落的全貌。所以,朗读要想扣人心弦,一定要强调有停有连。

停连常常和其它技巧结合在一起,共同服务于表达。停连的作用表现在许多方面,举例而言——

● 区别意义,明晰分属关系,如:

徐霞客日间攀险峰,涉危涧,晚上就是再疲劳,也一定录下当日见闻。即使荒野露宿,栖身洞穴,也要"燃松拾穗,走笔为记"。【作品43号】①

这两句话,虽然在"见闻"后面有个句号,但实际意思却分别由"日间"和"晚上"来统领。所以"攀险峰,涉危涧"要往一起读,停顿较短,紧连着"日间";而后面的"就是再疲劳,也一定录下当日见闻"和"即使荒野露宿,栖身洞穴,也要'燃松拾穗,走笔为记'",说的都是晚上的情况,所以不能受句号的一般性限制,而要按意思做适当区分,把这两句连得紧密些。这样才能把整个这两句话的意思表达得更清晰,更准确,符合文本自身的逻辑。

● 强调重点,使目的鲜明,如:

爱,我想,比死和死的恐惧更强大。只有依靠它,依靠这种爱,生命才能维持下去,发展下去。【作品22号】

在"爱"后面做较长的停顿,可以进一步强调爱的重要性,使语句目的表达得更充分、更鲜明。

● 显示并列与分合关系,使脉络清楚,如:

看,像牛毛,像花针,像细丝,密密地斜织着,人家屋顶上全笼着一层薄烟。【作品2号】

这句话中,"看"是一个总的领起,后面用三个短句分别描述细雨像什么,是典型的并列成分。然后又用"密密地斜织着,人家屋顶上全笼着一层薄烟"来概

---

① 本节所引作品,均来自国家语委普通话与文字应用测试中心编制的《普通话水平测试实施纲要》2021版。作品其余部分见本书第五章拓展资料。

括细雨的总体状态,这是典型的"总—分—总"的结构,所以从停连处理上,一定要把"分"的部分往一起读,和前后"总"的部分有适当的区隔,这样才能把文章的脉络读得清清楚楚。

下面这两句,也是同样的道理——

莫高窟壁画的内容丰富多彩,有的是描绘古代劳动人民打猎、捕鱼、耕田、收割的情景,有的是描绘人们奏乐、舞蹈、演杂技的场面,还有的是描绘大自然的美丽风光。【作品 23 号】

晋祠之美,在山,在树,在水。【作品 18 号】

● 形成转折和呼应,使逻辑严密,如:

人类的作品飞上了太空,打开了一个个微观世界,于是人类沾沾自喜,以为揭开了大自然的秘密。可是,在自然看来,人类上下翻飞的这片巨大空间,不过是咫尺之间而已。【作品 19 号】

一个"可是",非常自然地把上下两层意思区分开,这就从逻辑上要求我们把"可是"前面的意思往一起聚,把"可是"后面的意思也往一起聚,在上下两层意思中间留出足够的停顿时间。

● 体现思考和判断,使内容生动,如:

我国的石拱桥几乎到处都有。这些桥大小不一,形式多样,有许多是惊人的杰作。其中最著名的当推河北省赵县的赵州桥。【作品 47 号】

这段话从宏观到中观再到微观,像蒙太奇镜头语言中的"推镜头"一样,从我国所有的石拱桥最终聚焦到赵州桥上,步步深入,准确到位。朗读中要利用停连的处理,把三层意思历历分明地呈现出来。

● 创造回味和想象,使意境丰美,如:

戏词像珠子似的从她的一笑一颦中,从她优雅的"水袖"中,从她婀娜的身段中,一粒一粒地滚下来,滴在地上,溅到空中,落进每一个人的心里,引起一片深远的回音。【作品 20 号】

这段话既有"总—分—总"的结构特征,又有层层推进、悠悠扩散的动态特征,文采斐然,意境优美。朗读中首先要以"戏词像珠子似的"领起,稍作停顿后,把三个"从"统领的句子接二连三地抛出来,连得相对紧密一些。接着稍慢、一顿一挫地强调出"一粒一粒"的颗粒感,然后再一句紧似一句地读出"滴""溅""落"的动态,最后再慢慢地收束、压住。这样处理,既能把语意处理得明明白白,又能获得跌宕起伏的美感。

事实上,只要有三个或三个以上的字词组合在一起,就涉及停连问题。比如"展览馆"这三个字,"展览"二字连接的就紧密些,与"馆"的关系就松动些。朗读时,无论长句还是短句,不停顿或停顿时间短,就意味着上下文之间意思连接得紧密些;而需要停顿或停顿时间长,就意味着上下文之间的关系比较松动,分属于不同的段落、层次或意群。处理停连,一定要结合文字的意思,结合思想感情的运动,停要停得稳妥恰当,连要连得有依有据。"一般来说,句子越长,内容越丰富,停顿就越多;句子越短,内容越浅显,停顿就越少。感情凝重深沉时,停顿较多,感情欢快急切时,连接较紧。其间诸多变化,少有捷径。"①停顿的位置和时间,主要可以考虑区分语意、传达感情、表示强调等因素。要依据作品的具体内容和思想感情的起伏变化,参考文中标点符号的设置,结合自身换气的需要,进行灵活的处理,既要遵循朗读的一般性规律,又要有一定的创新和突破。

(二)重音

和停连一样,重音也是一个非常重要的朗读技巧,指的是一句话中听起来格外清晰、醒目之处,是语句目的所在,诗眼、句子精华所在。如果说停连要解决的是词与词、句与句、段与段之间的分合关系,重音要解决的则是一个单句或复句中词语关系的主次问题,也就是从语意的层面来说谁更重要的问题。那些最能体现语句目的而在朗读中需要着意强调的词或词组,乃至某一音节,就是重音或次重音所在了。

在有声语言表达中,"重音"这种技巧的作用是很大的,它可以使语句的目的更突出,逻辑关系更严密,感情色彩更鲜明。而要确定句子的重音,就必须"精细地分析语句的实质,联系上下文,明确语句目的。然后,根据遣词造句的具体情况确定重音位置。"②

寻找和确定重音,可以有很多方法,比如:

◉当句中有并列成分时,要重点处理相异的并列性词语——

一切都像刚睡醒的样子,欣欣然张开了眼。山朗润起来了,水涨起来了,太阳的脸红起来了。【作品2号】

这里的"山、水、太阳"是作家分头描述的并列性的重点,因此在朗读中需要用重读或停顿的方式凸显出来。

◉当句中有对比关系时,要重点处理形成对比的词语——

当时的读书人,都忙着追求科举功名,抱着"十年寒窗无人问,一举成名天下知"的观念,埋头于经书之中。徐霞客却卓尔不群,醉心于古今史籍及地志、山海

---

①张颂.朗读学.北京:北京广播学院出版社.1999:189
②张颂.朗读学.北京:北京广播学院出版社.1999:196

图经的收集和研读。【作品43号】

"当时的读书人"和"徐霞客"在读书目的、人生追求方面具有很大的不同,因此要通过重点处理、前后呼应的方式,读出这种对比关系。

● 含有比喻的句子,一般会把喻体作为重音来处理——

下了几天的小雨刚停,满山笼罩着轻纱似的薄雾。【作品8号】

"轻纱"在这里用以形容薄雾的轻盈与朦胧,所以需要慢下来、加一点虚声去处理,读出那种山色空濛的美感。

● 上下句之间是转折关系时,要把承载转折感受最明显的词语强调出来——

在进行研究时,研究方向不正确,走了些岔路,白费了许多精力,这也是常有的事。但不要紧,可以再调换方向进行研究。更重要的是要善于吸取失败的教训,总结已有的经验,再继续前进。【作品4号】

从"研究方向不正确"到"调换方向"是明显的转折关系,可以通过语音上强中加强的方式,把正确的做法凸显出来。

● 如果句与句之间有递进的关系,就要重点强调递进的部分——

那条白线很快地向我们移来,逐渐拉长,变粗,横贯江面。再近些,只见白浪翻滚,形成一堵两丈多高的水墙。浪潮越来越近,犹如千万匹白色战马齐头并进,浩浩荡荡地飞奔而来。【作品11号】

"白线、白浪、浪潮"是钱塘江大潮由远及近滚滚而来时的不同阶段、不同态势,所以要由慢到快、由轻到重进行强调,凸显大潮越来越壮观、越来越浩荡的气象。

● 有些词语具有区别程度、加强感受、廓清范围等强调性意义,要做重点处理——

衣食住行,在北平的秋天,是没有一项不使人满意的。【作品48号】

双重否定来强调一个肯定的意思,所以这一句一定要把"没有一项不"给强调出来,读出作者对北平秋天的热爱。

● 拟声词通常会成为句子的重音——

上火车后,车启动的一刹那,在车轮与铁轨碰撞的"况且"声中,思乡的情绪便陡然在车厢里弥漫开来。【作品16号】

过了寒翠桥,就听到淙淙的泉声。【作品8号】

一般情况下,拟声词都会是全句的重点,如上面两句的"况且""淙淙",朗读时最好采用拟声的方式,将其表达得形象、生动。

● 有些词语在句中含有明确肯定的意味,需要重点处理——

这奇迹的产生是必然的,因为我们拥有这样热情的观众和这样热情的艺术家。【作品20号】

第一句中的"必然"是一个肯定性的判断,需要加以突出;第二句中的"观众""艺术家"是解释为什么会有这样的奇迹,所以更要加以强调。两个"热情"可以作为次重音来表现。

● 正话反说或者反话正说时,会形成反义性重音——

其实二〇〇二年十月中旬,英国的一家报纸就评出了"人类最糟糕的发明"。获此"殊荣"的,就是人们每天大量使用的塑料袋。【作品50号】

"殊荣"在此打了双引号,很显然朗读时要读出它的反面意思。

人类的智慧就只是大海中的一个小水滴,虽然这个水滴也能映照大海,但毕竟不是大海,可是,人们竟然不自量力地宣称要用这滴水来代替大海。【作品19号】

这句话,把人类骄傲自大的本性揭示得很清楚,朗读时也要通过语气的调整、通过对"这滴水"和"大海"的强调,读出嘲讽和反省的感觉。

重音的表达方法也是多样的,单纯的加重声音,会比较单调和机械,一般可以结合不同的语气色彩和分量,按照一定的节奏韵律和停连规律,采用声音的对比形式,比如强与弱的对比、高与低的对比、慢与快的对比、虚与实的对比、停与连的对比,等等。一句话中,如果其他词语都是弱的、低的、快的、实的、连的,只有一两个词语是强的、高的、慢的、虚的、前后停顿下来的,这一两个词语就会被鲜明地凸显出来,就如平地起高楼、绿叶衬红花一样。反之亦然。

(三)语气

亚里士多德在《修辞学》中曾说,谈到暴行时,你要用愤怒的口吻;谈到不虔诚或肮脏行为时,你要用不高兴和慎重的口吻;对于喜事,要用欢乐口吻;对于可悲之事,你要用哀伤的口吻;其余以此类推。这里所说的"口吻"即是语气。"就朗读的语句来说,既有内在的思想感情的色彩和分量,又有外在的高低、强弱、快慢、虚实的声音形式。综合这两方面,我们称之为'语气'。"[①]

由于每个语句的本质不同,语言环境不同,思想感情的运动状态不同,每一个语句必然呈现出"这一句"的具体感情色彩和分量,并且表现为千差万别的声音形式。在运用语气技巧的时候,我们一定要把握住三个相辅相成的环节:一是受一定的具体思想感情支配;二是以具体语句为范围;三是化为某种声音形式。

[①]张颂.朗读学.北京:北京广播学院出版社.1999:224

语气有具体的思想感情的色彩,喜、怒、哀、乐、爱、恶、惧等等。思想感情的丰富多彩,决定了气息的千变万化;而气息的千变万化,又必然带动声音的万态之殊。语气,其实解决的正是"情－气－声"之间牵一发而动全身的微妙关系。把握语气,总体要求是从内容出发,以准确、具体的思想感情作为依据,通过声音的高低、轻重、快慢、虚实、明暗、刚柔等的对比,达到朗读目的。

通过"情－气－声"之间的密切配合,可以准确甚至精微地传情达意。如:

● 表达爱的感情时,气息要徐,声音要柔——

我笑了。小可爱,经你这么一说,秋天的风,还真是香的。我和孩子们一起嗅,似乎就闻见了风的味道,像块蒸得热气腾腾的桂花糕。【作品12号】

从这段话中,我们可以看到师生融洽的教学场景,也能感受到老师对学生溢于言表的爱。表达这种带着喜悦的爱,一定要如春风拂面一样,徐缓和煦,温婉柔美。

● 表达憎的感情时,气息要足,声音要硬——

填埋废弃塑料袋、塑料餐盒的土地,不能生长庄稼和树木,造成土地板结,而焚烧处理这些塑料垃圾,则会释放出多种化学有毒气体,其中一种称为二噁英的化合物,毒性极大。【作品50号】

对于环境保护而言,塑料制品的危害不言而喻。想要表达对其毒性的厌恶、憎根,语气上就要体现特定的倾向和强度,这时通常是气足声硬的。

● 表达悲的感情时,气息要沉,声音要缓——

好不容易到了南宁,另一个同伴不幸病死,徐霞客忍痛继续西行。【作品43号】

人在痛楚悲伤时,一定不会像喜悦欢愉时那样意气风发、气壮声扬,通常气息和声音都会低沉下来、迟缓起来。这一段写徐霞客的三位伙伴或不辞而别,或生病而死,或卷走行囊偷偷溜掉,的确让人痛心且悲伤。朗读这一句时,就应该把气息沉下来,语速上要相应放缓。

● 表达喜的感情时,气息要满,声音要高——

是的,我喜欢出发,愿你也喜欢。【作品35号】

汪国真的作品往往具有鼓舞人心的力量,这篇《我喜欢出发》同样如此。在铺排叙写了大山、大海、大漠、森林潜藏的风险和给人的启迪之后,所有的青春热血和生命荣光都归于结尾这句话。它充满喜悦,也充满力量,所以朗读的时候,要从气息和声音的结合上,体现其斗志昂扬的精神风貌。

● 表达怒的感情时,气息要粗,声音要重——

浪潮越来越近,犹如千万匹白色战马齐头并进,浩浩荡荡地飞奔而来;那声

音如同山崩地裂,好像大地都被震得颤动起来。【作品 11 号】

　　这段话并非情绪上的愤怒,而是气势上的奔腾怒吼,两者有相似之处,气息上都要变得粗犷,声音上都要加重、加强,才能把其中蕴含的力量感和爆发性表达出来。

　　● 表达惧的感情时,气息要提,声音要凝——

　　老麻雀全身倒竖着羽毛,惊恐万状,发出绝望、凄惨的叫声,接着向露出牙齿、大张着的狗嘴扑去。【作品 22 号】

　　倒提一口气、全身僵滞往往是人在遇到危险或恐惧时的自然生理反应。朗读时要表达同样的情感,从气息和声音上也可以模仿这种反应。文中老麻雀为了救护幼雀,奋不顾身地冲到比它不知大多少倍的狗的面前,勇则勇矣,恐惧更是显而易见。朗读时如果能做到气提声凝,继而气粗声重,就可以更生动、更形象地表现老麻雀在惊恐中爆发愤怒的极端状态。

　　● 表达急的感情时,气息要短,声音要促——

　　一个人骑着马,正往桥下走。因为人太多,眼看就要碰上对面来的一乘轿子。就在这个紧急时刻,那个牧马人一下子拽住了马笼头,这才没碰上那乘轿子。不过,这么一来,倒把马右边的两头小毛驴吓得又踢又跳。站在桥栏杆边欣赏风景的人,被小毛驴惊扰了,连忙回过头来赶小毛驴。【作品 39 号】

　　虽然写的是画中景象,却有十足的动感:马要撞轿、毛驴被吓、人赶毛驴,几乎同时发生,所以朗读时一定要体现出现场的紧迫与生动,绝对不能声气平稳、缓慢悠然地去处理,而是要将气息变短,语速加快,传达出那种急促感。

　　● 表达疑的感情时,气息要细,声音要黏——

　　聪明的,你告诉我,我们的日子为什么一去不复返呢?——是有人偷了他们罢:那是谁?又藏在何处呢?是他们自己逃走了罢:现在又到了哪里呢?【作品 3 号】

　　人在有疑问的时候,声音和气息一定不会像内心笃定时那样干脆利落、掷地有声,这时的朗读往往也会受内心状态的影响,变得气细声黏,就像发出"咦——"的一声一样。这段话连续几个问句,把作者内心关于时光飞逝的疑问与叹惋揭示得淋漓尽致,朗读时就要有意识地让气息变细,把声音适度拖长并赋予一定的黏性。

(四)节奏

　　节奏是事物均匀而有规律的发展变化,在音乐、舞蹈、书法、绘画、摄影等艺术形式中,都有不同程度的显现。如声音的刚柔、强弱、虚实、疾徐,线条的长短、疏密、曲直、重复,动作的张弛、轻重、凝滞、流畅,布局的高下、紧松、平稳、跳跃等,一系列对比因素的合乎规律的状态,都可以让我们感受到节奏的存在。古人说节奏"谓或作或止,作则奏之,止则节之。"这里说的就是音乐的演奏方法。我们把这一概念借用到朗读中来,用它来指"由一定的思想感情的波澜起伏所造成的,在朗读全篇作品过程中所显示的,抑扬顿挫、轻重缓急的声音形式的回环往复。"①

朗读时,在不同的段落转换之间,在同一段文本之内,都会有长短不同的停顿、快慢迥异的语速、起伏抑扬的语势。这些都会构成不同的节奏。节奏处理得好,对听众的注意力将形成一种强大的控制力。

不同的文字作品,有着不同的情感基调,同时也就形成了不同的节奏类型。比如,《海燕》的高亢、热烈,《武松打虎》的紧张、激烈,《春》的明快、清新,《写给母亲》的哀伤、深沉,《沁园春·雪》的舒展、豪放,《最后一课》的凝重、低抑,等等。普通话水平测试用朗读作品,绝大多数都属于平实、清新、明快的类型,少部分作品相对来说兼有紧张、激烈或热情、豪放的特点,如作品11号《观潮》,作品22号《麻雀》,作品35号《我喜欢出发》,等等。朗读测试用这些作品时,在节奏把握上,基本不需要大开大合、大起大落,不需要形成明显的快慢、高低、强弱的对比变化,只要处理好具体的停连、重音,调整好语气的色彩和分量,不疾不徐、稳妥平实地向前推进就可以了。这里不再一一例举。

总体上来说,停连、重音、语气、节奏,表面上可以分析为四种技巧,其实是粘筋带肉、水乳交融、浑然一体的关系。

停连,既着眼于句子,也囊括着全篇,解决的是字词、句段、层次之间的分合与疏密,能使语意完整清晰,也能帮助表达语气、突出重点。

重音,主要着眼于句子,要解决的是句子中词语的主次问题,使语句目的明确,重点得以凸显。

语气,可以说无所不在,是朗读中最重要的技巧,小到每一个词的色彩和分量,大到每一段乃至通篇语句的走向和态势,都需要精准把握、准确呈现。

节奏,控制全篇语流的快慢、松紧、强弱,既涉及抑扬顿挫的起伏,又兼含轻重缓疾的变化,同时有前呼后应、回环往复的统一性,形成全篇的基调。

当然,这四种技巧绝不能割裂开来,孤立地各行其职,而是要作为一个整体,有机地结合在一起,形成有声语言流动中的和声,进而变为朗读者熟练的语言习惯,甚至进入"下意识",成为出神入化的"语感"。

---

① 张颂.朗读学.北京:北京广播学院出版社.1999:267

总之，朗读艺术已经有悠久的传统，在新媒体时代，还可以加速传播，发挥更广泛更深远的影响力。我们不仅可以制作诸如《朗读者》一类的优秀视听节目，还可以通过微博、微信、网站等新媒体方式进行传播，扩大影响范围。但无论以何种方式进行传播，都不能仅仅将朗读艺术停留在表象，将其形式化，而要真正感受到朗读的美以及它所带来的文化传承。除此之外，元素上的融合也是朗读开创新空间的途径之一，可将诸如音乐、舞蹈、绘画甚至戏剧等元素融入到朗读中，使朗读艺术更加生动形象，呈现完美的视听体验。未来，朗读艺术还有巨大的发展空间，结合普通话的推广实践，我们应该积极探索、勇于创新，让朗读艺术走进生活，从而丰富人们的心灵，提高全民的审美水平。

第三节　普通话即兴表达

即兴表达，是一个人面向另一个人或一群人，在没有文字依凭的情况下，现场组织言语所进行的沟通交流活动。它以告知、说服、感召等为目的，具有系统性、灵活性、反馈及时等特点。日常生活中的大部分交际语言，部分场合中的工作语言、教学语言、主持与出镜报道语言，特定情况下的演讲、推销、学术报告后的提问与回答，等等，都属于即兴表达。普通话水平测试中"命题说话"，也是在没有文字凭借的情况下进行单向交流的即兴表达。虽然它以测查应试者的语音标准程度、词汇语法规范程度和自然流畅程度为主要目的，但我们在学习和训练的过程中，有必要站在系统的层面，深入了解即兴表达的相关要素，在言语的组织、体态语和境态语的运用、情感把握与心态调控等方面多管齐下，全面提升即兴表达能力。

一、即兴表达的系统属性与思维动程

（一）即兴表达的系统属性

万事万物都在系统中存在并运行于其周流不息的秩序之中。认识和把握以普通话为主要语言工具的即兴表达，同样要从其系统属性入手。

在关于言语交流活动的研究中，米哈伊尔·巴赫金认为，话语即说话者（作者）、听众（读者）和被议论者或事件（主角）这三者相互作用的表现和产物。任何话语都具备三要素：言说者、言说行为（媒介及内容）、言说倾听者。

罗曼·雅各布森则认为，任何言语交流活动都包含六个要素，如图5-1所示。

```
                    语境
                    信息
        说话者……………………受话者
                    接触
                    代码
```

图 5-1　言语交流活动六要素

罗曼·雅各布森的理论意在表明：任何交流都是由说话者所引起的信息构成的，它的终点是受话者。但是信息传递的过程并不那么简单。信息需要说话者和受话者之间的接触，接触可以是口头的、视觉的、电子的或其他形式。接触必须以代码为形式：言语、数字、书写、音响构成物，等等。信息又必须涉及说话者和受话者都能理解的语境，因为语境使信息"具有意义"。①

综合以往学者的研究成果，我们从广义上可以这样认识即兴表达活动。它是一个以表达者为始动、起点，将所要传达的信息解码、编码为特定符号后，经由一定的发送渠道，传递给接收者；接收者再经解码、编码后，将信息储存在大脑中，同时通过特定的反馈渠道，将反馈信息传递给表达者的过程。信息在特定的场景即语境中多向传递，传递过程中可能受到多种因素的干扰。如图 5-2 所示。

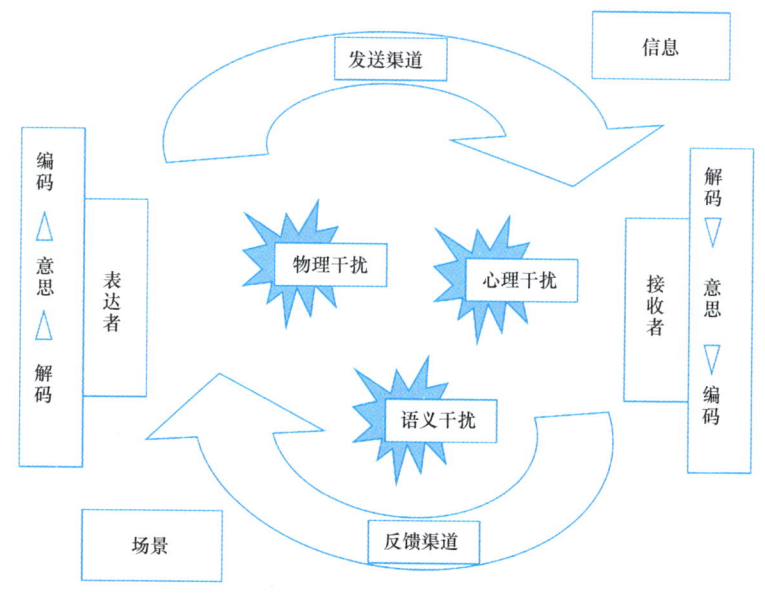

图 5-2　即兴表达要素与流程

①刘润清.西方语言学流派.北京：外语教学与研究出版社，2013：83

我们可以这样理解这一即兴表达系统：

表达者——信息之源，决定表达什么内容以及用什么形式表达。对表达者来说，大千世界的一切光、影、色、声，个人内在的一切所感所触，都在潜意识中融汇、碰撞、交叉、组合，像胶片在显影药水里一样，其完整意义逐渐在意识中清晰显现并成为可传播的信息。表达者对这些内在的思想、观念和情感等进行解码，把它们清晰化为自己的意识能够理解并可以进行编码的信息，继而把它们转化为人们可以理解的语言、声音和动作等。

信息——承载表达者思想、感情的符号系统。每一个信息都应包含明确的目的、要点和总括性的结论等具体内容。

接收者——即兴表达的对象，接收信息的家人、朋友、同事、社交媒体上的受众等。通常即兴表达应以接收者为中心，为了使信息接收者受到某种情绪的感染、接受某种观点进而有所行动，表达者需要随时调整信息编码方式，以达成表达的目标。

渠道——信息传递的路径、媒介。包括信息的发送渠道和反馈渠道。口语由声波承载，面部表情、手势、动作等由光波承载。对现代人而言，各种各样的电子设备也是必不可少的信息渠道。

场景——交流中传受双方相互作用的环境和条件。包括物理场景，如具体地点、特定时段的光线、温度、座位及表达者与接收者之间的距离安排等；历史场景，主要指以前的沟通情况；心理场景，主要指传受双方看待自己及对方的方式、各自的心理背景。即兴表达时的场景构成当下的具体的语境，如果将此视为微观语境的话，我们需要注意的是，任何一次即兴表达，都离不开时代、民族、文化等宏观语境和行业、领域等中观语境。

干扰——所有阻碍意思理解的事物。经常影响接收者理解和反馈信息的事物，包括物理干扰，即把人们的注意力从想要表达的意思上引开的景象、声音和其他刺激物，如：穿高跟鞋踢踏而过的女士、天花板突然掉下来的灯、极端天气极端事件等；心理干扰，即传受双方内心中对信息传送和接收形成阻碍和扰乱的思想、情感等，如：和朋友吵架余怒未消、头天晚上失眠此刻精神不济；语义干扰，即语言本身所具有的模糊性、表达者的象征性用语所引起的接收误差、接收者的语言理解能力产生的影响；等等。

反馈——接收者对信息做出的语言或非语言信息回馈。包括面部表情、肢体动作、口头言语、自媒体或社交媒体图文及视频等。

以上要素，构成了一个复杂的即兴表达系统。再简单的即兴表达，也会涉及其中每一项要素，需要表达者综合考量接收者的身心状态、信息渠道的畅通与否、表达场景的条件状况等,进行有效的信息编码和传达,同时做好反馈信息的搜集和整理工作,以利于下一次表达。

当然,这一广义的即兴表达系统,最核心的要素就是表达者。狭义上,从表达者的信息编码和输出上来说,即兴表达者的语言也是一个以心态为核心,由文字意义、语音语调和身体语言共同构成的子系统。如图5-3所示。

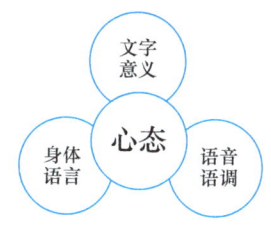

图5-3　即兴表达者信息传递要素

我们可以这样来理解这一子系统中的各项元素:

一是表达者所传达的文字意义,也就是文本、思想含义,这是由主题、主旨统领,段落、层次构成,词汇、语法表达出来的具有逻辑性的意义世界,是人类区别于动物的语言文字符号系统。在即兴表达中说什么、说到什么程度、按什么次序去说、选择什么样的文字去说,等等,都在这个部分有所体现。文本是意义的主要承载者,即兴表达的核心、依托,实现叙事、说明、议论、抒情等功能,完成告知、说服、感召等目的。

二是表达者所用的语音语调,即由音色、音高、音强、音长等构成的语音语调系统。音色的千差万别,声音形式高低长短、刚柔强弱、虚实明暗的千变万化,停连、重音、语气、节奏等的不同把握,使相同文本的传播,既有表现力上程度的不同,又具有意义传达上本质的不同。

三是表达者的身体语言,即由服饰、化妆、表情、动作、行为等构成的视觉识别系统。头眼身手情,站坐走看状,都是态势语言,或称为身体语言。传统研究较为忽视对这一系统的探讨,实践却证明,在可视传播及面对面的交流中,表达者的身体语言具有十分重要的意义。

从以上三元素来说,即兴表达中表达者所使用的语言,不是一种狭义的言语,而是一种广义的语言。凡能够表达出思想或感情,并使接收者获得信息的一切手段、方式、方法,诸如言语的内容及其声音的形式、手势、表情、服饰、行为,等等,都是构成即兴表达的要素。

而节制和统领上述三元素的核心要素就是表达者的心态。心态决定状态,状态决定语态。通常情况下,人会处于内外合一的状态,正如俗语所说,一颗阴暗的心托不起一张灿烂的脸。人的言语可以撒谎,身体却撒不了谎。所以身体语言在即兴表达中具有十分重要的意义。而从"情—气—声"的关系上来看,内在有什么样的情感状态,必然会通过气息体现在语音语调中。所以语音语调在即兴表达中也有着非同一般的作用。1956年,一位美国心理学家经过研究发现:沟通的效果来自文字意义的只占7%;来自语音语调的占38%;来自身体语言的占55%。这从另一个维度上提示我们,即兴表达中所使用的文字内容虽然重要,但决定它的效果的是语音语调和身体语言。当文字内容和表达者所呈现的语音语调或身体语言不配合时,人们选择相信的是语音语调和身体语言,而不是文字的意思。虽然表达者习惯于把注意力放在只占传播效果7%的文字上,比如,面对一次即兴演讲或现场发言,人们会把绝大部分注意力放在如何组织言语上,但其实,这7%也往往没有发挥得很好。认识到这一点,我们才能抓住心态这个核心要素,从心态调整做起,在文字意义、语音语调、身体语言等三大方面系统提升表达能力。

(二)即兴表达的思维动程

语言是情感之花、思维之果。若换个比喻也同样贴切——言语如流,思维是源;文字乃末,情感为本。追本溯源,才能写出好文章,练出好口才。抛开情感层面的问题,语言的真正源泉和动力是积极的思维活动,即兴表达中言语的生发与运作,都处于内在的思维动程与思维模式之中。表达者思维能力的强与弱直接影响着即兴表达水平的高与低。

思维是一种重要的认识活动,可以揭示事物的本质及其规律。思维可分为逻辑思维和形象思维。运用恰当的思维,可以能动地改造客观世界。参照写作学中文本生成的思维动程,我们看到,即兴表达中言语的生成也是一个由感知到内孕再到外化的三级飞跃的过程。如图5-4所示。

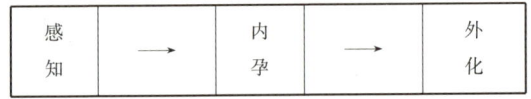

图5-4 即兴表达中言语生成的思维动程

先来看一小段文字:

江馆清秋,晨起看竹,烟光日影露气,皆浮动于疏枝密叶之间。胸中勃勃,遂有画意。其实,胸中之竹并不是眼中之竹也。因而磨墨展纸,落笔倏作变相,手中之竹又不是胸中之竹矣。

这是清代画家郑燮画竹时的创作感悟。其实,无论是书面语还是口语表达,思维动程都与此相类。一方面对象主体化,以我观物,情因物感;另一方面主体对象化,物我交融,文以情生。从中我们可以看到言语生成的三个阶段。

1. 感知

表达总是有一定的目的性,有自己的动机和意图。这种动机和意图来自表达者对客观世界的体认和内心的诸多感受,如米盖尔·杜夫海纳说的:"意义在由说话的意识建立之前,已经由知觉的意识所收集。"表达者是"感于物而动心",与现实世界中的人、事、景、物发生联系,相互碰撞、相互融合,激活大脑中的相关神经元网络,产生种种反应,在意识与潜意识深处激荡起一种浑然的、混杂的、不断变动着的生命感受。千百年来的语言实践使人们早已认识到"言"与"意"的关系——我们所明白的东西比所能表达的东西多得多。各种高层次的思维活动,只有在意会的基础上才能实现,意会的东西弥散在意识与潜意识之中,是一种内容上极其丰富、结构上极其复杂的"理解"。

2. 内孕

感知、欲念、想象、理解、联想……言语的酝酿,是一种交织混合、浑然一体的多因素、多维度、多样态的心理存在。它来自现实生活,是一个人在现实生活中长期浸染、体验、感受和领悟的结果,但又不仅仅是对现实生活的单纯的认识和反映。它经过表达者情感与理性的整合提升,成为一个真正的创造性过程。心理学家在研究言语过程时发现,人在产生说话欲望,特别是有了说话意念时,在脑海里出现的并不是人们交际中听到的完整的展开的语句,而是一些片段的词或词组。内部言语以压缩的形式来表达思想,只有核心的关键词语,形成一个个语点,一个语点就可以代替一句话或一系列意思。弗迪南·索绪尔也曾在1916年出版的《普通语言学教程》中有这样一段话:"从心理方面看,我们的思想离开了词的表达,只是一团没有定型的、模糊不清的浑然之物。哲学家和语言学家始终一致认为,没有符号的帮助,我们就不能恒定地、清楚地区分开两个概念。思想本身像一团星云,其中没有什么是必然划定好了的界限的。在语言出现以前,一切都是模糊不清的。"在这一阶段,"言语"开始在某些关键意思上"星星点点"地出现,不断向显性的意识"聚合"并起到"提示"作用,增强表达者对语言活动的意识程度和自觉性,以帮助我们较为确定地把握住脑海中那些变幻不定的"表象""意义",并使之向有序的结构上靠拢。语言成为"思维的工具",属于形象思维的想象、体验、共鸣和属于逻辑思维的概念、判断、推理、归纳、演绎等交相作用,使内感官中复杂的内视觉、内听觉、内感觉等转化为一系列语言符号,以一定的结构形式,清晰地呈现在意识中。

这一阶段的思维方式一般涵盖两种情况——发散和聚敛。发散思维也称求异思维、辐射思维,是言语组织中重要的创造性思维能力。思维从某一中心向不同层次、不同方向辐射,通过联想与想象,引出许多新的信息,并形成若干备择的思路、想法、方案。发散思维充满灵动的能量,海阔天空、无拘无束,科学上的一些猜想,艺术上的想象,直觉的偶然一得,往往都属于发散思维。聚敛思维也叫统摄思维或集中思维,是在已占有的大量材料基础上,向着一个方向去思考,通过甄别、分析、比较、判断,向最有价值的思路上集中。它是一种严格的思考方法,注重于一丝不苟的逻辑分析与验证,无论多么繁杂零乱的现象或素材,在聚敛思维的作用下,都会根据一定的功用目的,综合多种信息,导出一种结果,归结到一个扼要、清晰的逻辑框架中。

3. 外化

思维是一种内在语言。心理学上把存在于说话者的意识层次、能用语言文字表达出来的意思称为表层结构,把存在于说话者的多个潜意识层次、没有说出来(其中很大部分根本不可能说出来)的种种意思,称为"深层结构"。内在语就好像大海中的一座冰山,深层结构是潜藏水里的部分,表层结构是露出水面的部分。虽然内在语言有其模糊性、不确定性,但其表层结构终有明朗、清晰的一刻。从模糊到清晰的过程,需要特定的思维媒介加以符号化的传达。言语生成中的外化阶段,就是要把意识中的表层结构用语言文字有机有序地表达出来。表达者在思维过程中以语言符号为主,辅之以各种心理表象、心理感觉,而在表达中也以语言符号为主,种种心理表象、心理感觉最终还是要转化为语言文字符号。就是说,意识和潜意识中丰富而模糊的感受及想法在明晰化以后,必然要经由文字语言有组织、有层次地表达出来。思维是一种多维、立体的存在,可以在共时态的空间中自由舒展,表达则是一个线性、有序的过程,必须在历时态的线条上逐一呈现。

人在表达时往往不需要把脑子里想的一切都和盘托出,这就必须在思维的多维性与表达的直线性之间产生一个选择性,而在即兴表达中,这种选择性又必须是快速组织、快捷组合的。我们要表达什么意思,怎样表达这些意思,都体现在遣词造句、布局谋篇之中。表达者在言语生成的内孕阶段,就要考虑总体的语篇计划,因为无论从数量多少还是从状态的自觉程度上看,语篇计划在即兴表达中都居于主导地位,也是衡量一位表达者能力高低的主要标准。

语篇的生成有很多规律可循,我们可以借鉴笔头表达中主题的制定、结构的明确、各种表达方式的规则,同时结合口语表达的特点来进行。但与"文章不厌百回改"的笔头创作不同,即兴表达的语言外化是一个即兴生成、只能向前涌流的过程,其鲜明特点就是边想边说:"想"的时候已经开始"说"了,而"说"的同时大脑还在不停地"想"。听看想说同时互动,感知、内孕与外化交替进行,既要思考着有备的交流和提问,又要琢磨着准确选择后的即兴追问与沟通;既要理清并抓住当前的思路引导话题向自己需要、利于双方的方向发展,又要面临难以预料的变化,从容不迫地想出妙法,应变补救。因此,在言语生成的时候,内孕阶段的思维成果本身并不是一成不变的,而是处在不断调整、补充和完善之中。

(三)需要避免的几种思维误区

1. 死线抽象

人的语言是有抽象阶梯的,阶梯越高抽象度越高,离实际事物越远,因此也就越难懂。试想一下儿童看图说话、一般性文学、新闻消息、深度报道、《路德维希·费尔巴哈和德国古典哲学的终结》《小逻辑》中的语言,便可体验语言抽象阶梯的存在。孩子的话语、文学性语言往往更形象、具体,抽象程度低;而哲学语言往往是高度概括性的,抽象程度高。死线抽象是指语言抽象固定在某一个抽象阶梯上,只在某一固定的抽象水平上使用语言,不能生动灵活地解释现实、传递信息和思想,难以形成有效沟通。即兴表达时的思维应在不同的抽象阶梯上有上有下,所使用的语言既要有高抽象层次上的概括,又要有低抽象层次上的细节。正如传播学者威尔伯·施拉姆所说,把一个人的语言保持在听众能够适应的抽象程度上的能力,以及在抽象范围改变抽象程度的能力,以便在具体的基础上讨论比较抽象的内容,使读者或听众能够不感困难地从简单熟悉的形象转到抽象的主题或概括上来,并在必要时能够再回到原来的形象上去,是一个有效传播的秘密。

2. 误认同一

误认同一忽视同一范畴或类型中不同部分的差异性。如语言过于笼统、以偏概全、千篇一律。表达者应该认识到,每一个事物,除了有整体的共性之外,又有各自的个性。我们在思维过程中就应尊重这种个性和差异性、多元性的存在,扩大自己语言的包容度,也就是思想观念的开放度和包容度。

3. 非此即彼

这是一种极端化的思想方法,排斥中间层次的存在,认为一切都是二元对立的,除好即坏、非黑即白、不成亲即成仇。事实上客观世界远比这复杂,从量变到质变总要经历一个过程。阴阳的转化、矛盾的统一、相对与绝对、瞬间与永恒等等哲学命题在现实生活中都有异常丰富的应用版本,需要我们细细体会、好好把握其中的分寸。

4. 主观倾向

在成长的历程中,受多重思想文化因素及环境、经历的影响,每个人都会形成一套相对固定的信念、价值观和处事规则。在即兴表达中,有时很容易把自己的观点、想法强加于人,或替代别人进行思考和表达,显得武断和刚愎自用。这种主观倾向性必然影响表达中的多边融洽交流,不利于纵深挖掘题材、展示丰富过程、形成正确结论。我们要克服固定观念,纠正"从来如此"的思维方法,减少表达中的主观偏执,使表达公正、客观和妥帖。

5. 思维定式

思维定式是人对刺激情境以某种习惯的方式进行反应,可使我们较快地找到解决问题的途径,但有时也会陷入思维定式的陷阱。只有注意突破思维的惰性,才能发挥其积极的一面。好的思维应该能做到触类旁通、举一反三、突破常规。

二、即兴表达的言语组织

即兴表达的文本虽然不同于书面语的规整、严谨、深刻,有其"急就章"的特点,但同样需要炼字炼句,讲究主题正确、鲜明、集中、深刻;结构匀称、完整,首尾照应、过渡自然;遣词造句准确、规范。这样才能使口中之言立意得体、生动传神、清晰流畅、逻辑性强。一句话,口语体要像书面语一样有所讲究,经得起推敲。

(一)以接收者为中心的策划与准备

凡事预则立,不预则废。做一次好的即兴表达,有赖于平日勤恳的练习和临场前快速、充分的准备。如果表达者能在平时多用心观察,经常搜集和储备资料,与经验丰富的人士进行交谈,研究不同人群的背景和需求等;临场时能结合自己的意图和接收者的需求,抓住要点,捋顺思路,建立起表达者和接收者之间的共同基础,都可以使我们在表达中更胸有成竹、有的放矢。

1. 确知意图——为什么要做这次即兴表达?

告知、说服、感召,是所有表达的目标。在表达之前,必须先明白自己的意图是什么,要能够清晰准确地描述或说明自己的意图,避免走弯路。比如:

我想介绍、阐释的知识、理论、观念是什么?

我能教给大家的方法、技巧有哪些?

我想对他们施加什么样的影响?

我想推动他们做哪些事情?

明白自己的意图,才能有积极的表达意愿,也才能直奔主题、切中肯綮。

2. 查明需求——哪些人、为什么目的而来?

"沟通的意义在于对方的回应",以接收者为中心是取得良好效果的捷径。要尽可能地去了解即兴表达的信息接收者——对方是怎样的一个人或一群人?有过什么经历以及爱好、特长?说过怎样的话?受教育程度和家庭背景、文化背景是怎样的?还会有谁参加?男女比例如何?他们可能的观点、立场是什么?他们为什么会有那样的想法、做法?对他们而言,什么东西最重要?

即兴表达中一个重要的原则是,要讲对接收者重要的事情而不是对表达者重要的事情。两者兼得当然更好,若必须分出主次,就要遵循这一原则,因为我们强调的是,所有的表达都要重视效果。

3. 建立共同基础——我们有哪些共同点?我能满足他们哪些需求?怎样满足?

知己知彼,百战不殆。基于对自己、对表达对象的深入了解,才有可能在两者之间找到并建立共同基础,消除接收者产生抗拒的原因和障碍,满足他们的价值需求并达到表达者的意图。

寻找共同价值是建立共同基础的一个很好的方法。由于经历不同、教养不同、所接触的人和事不同,每个人的价值观都是不同的。一个人可以同时在乎很多价值,诸如成功、快乐、健康、奉献、公平、正直、诚恳、智慧,等等。表达者如果能够找到和接收者比较一致的价值观,一些共同的质素,就会拉近彼此之间的距离,也会使阐释与解说变得更容易一些。

(二)强调快速构思的腹稿与喉稿

即兴表达通常没有足够时间准备完整的文字讲稿,它所采用的稿件形态一般是腹稿和喉稿。所谓腹稿,即较短时间里在内心酝酿成熟以供表达的文字构想。所谓喉稿,指完全没有时间准备的情况下即想即说、出口成章的文字内容。无论哪一种稿件形态,都强调快速构思、迅捷成文。

1. 立主脑

古人为文,非常强调"立一篇之主脑",也就是强调每一篇文章,都要有中心思想,有正确、鲜明、集中、深刻的主题。正像清代文论家王夫之所说的:"意犹帅也。无帅之兵,谓之乌合。"即兴表达虽然不像充分准备的演讲、报告、竞选词等那样完备周翔、字斟句酌,但也绝不是一盘散沙、不知所云。无论时间长短、形式怎样,表达者心中都应该确立一个"主脑",始终围绕自己要讲的一个核心意思,或一脉而下、环环相扣;或举枪瞄准、发发命中;或环绕左右、不偏不离。正确、积极、深远的主题思想,正是一次即兴表达的价值所在。好的表达,一定是有营养价值、含金量高的表达。

那么,如何提炼和升华主题呢?一般来说,一次即兴表达只能有一个中心思想,不枝不蔓,说深说透。这个主题用一句话20个字以内就可以表述得清清楚楚。但精炼出这句话,却着实需要扎实的写作功底和较好的临场发挥能力。

提炼和升华主题,可以是由点及面的扩展——一次亲身经历、一个小故事、一段谚语,甚至某个人的只言片语,看起来只是很个别的材料,里面却包含了很大的典型性、哲理性,把其中的典型性和哲理性挖掘出来,就是主题。

提炼和升华主题,可以是由表及里的深化——一些有深层意蕴的事实材料,不经点破,似乎也没什么,一经揭示和提炼,那些意涵就会像沙粒中的金子一样闪耀光芒。

提炼和升华主题,可以是由此及彼的引申——以某一典型事件或自然现象为触发点或媒介,联系到另一类相关事物和情理,使主题跃然而出。

提炼和升华主题,可以是推陈出新的点化——套用仿拟一些旧有材料,挖掘其中具有现实意义的内涵。

提炼和升华主题,可以是情景交融中生发——触景生情,情景交融,由感受到思考,主题便油然而出。

无论采用哪一种方法,都需要我们结合具体的表达场景,钻进去、跳出来。研究主办者意图,研究受众状况和需求,研究手头全部材料,从不同角度、不同侧面进行推敲,进行联想、引申、拓展,进行概括、归纳、总结,抓住事物本质、主旨、内涵,由此得出一个经得起推敲的主题,以经验、规律和哲理的形式呈现这个主题。

2. 精选材

清代文学家刘大櫆曾言:"理不可以直指也,故即物以明理,情不可以显言也,故即事以寓情。"为了明理、寓情而使用的物、事等就是所谓材料。这就像盖好高楼大厦少不了钢筋水泥、土木砖瓦一样,那些与主题密切相关的故事、情节、事例、观点、理论、经验、名言警句、名人轶事、数据资料,等等,都被称为素材。如果平时我们能扩大素材来源,多角度认识事物,利用他人成果,提高搜集素材的效率,并建立自己的资料库,即兴表达时,我们就可以迅速围绕中心思想,选择出那些既有典型性又有说服力、既生动翔实又幽默可人的材料,充实进自己的表达之中。那么,怎样才能更好地搜集和使用素材呢?首先就要开放外感官,学会观察、洞悉世界的奥秘,学习和把握已有的文明成果;其次还要提升内感官的感受、学习、加工和储存能力,以备随时调用这些素材。下面这首素材歌可以给我们比较全面和具体的提示。

素材歌

一手素材最牢靠,眼睛看来耳朵听。
二手素材书里找,上网搜索靠引擎。
第三还要嘴巴问,勤于交流多打听。
声音节奏把握准,形状色彩要分明。
轻重缓急排好序,主次先后要辨清。
名言警句都需要,说明观点靠典型。
情节细节很吃香,表达要有故事性。
以一当十搜得全,以十当一用得精。

3. 明结构

清代戏剧理论家李渔的《闲情偶寄》开篇即提出"结构第一"的剧本编制观念:"至于结构二字,则在引商刻羽之先,拈韵抽毫之始。如造物之赋形,当其精血初凝,胞胎未就,先为制定全形,使点血而具五官百骸之势。"[1]这充分说明顺序和结构对布局谋篇来说所具有的不言而喻的重要性。尤其是对于即兴表达而

---

[1] [清]李渔.闲情偶寄.杜书瀛,评注.北京:中华书局,2007:7

言,甚至可以说"结构形式怎么明显都不过分",因为即兴表达更多依靠瞬间即逝的声波来传递信息,声波瞬间消逝,没办法仔细揣摩分析,接收者往往在收到后面信息时已经忘掉前面的大部分内容,所以先行给出一个简单明了的结构,并反复强化这个结构,是表达的技巧所在。

结构如高楼大厦的框架,起到支撑的作用,它决定着材料的顺序、材料之间的逻辑关系。明确结构就是把每个部分的意思用精练的语句表述出来,按一定的次序排列成大纲,使整个要表达的内容能够均衡完整,眉目清晰,提纲挈领,纲举目张。问题解决式、时间顺序式、空间顺序式、逻辑顺序式、条块分解式,等等,都属于常见的结构形式。

明确结构其实就是确定和显化思维的逻辑,而思维的逻辑性体现在语言中,其实就是流畅、合理和精巧的语脉。语脉是语流的脉络、语流的走向和路径,是语篇的骨架。表达者要在一个逻辑框架中做比较系统的表达时,必须尽快使紊乱的思维线索系统化、条理化,形成一个切合话题、切合语境、切合表达主旨的框架纲要。下面介绍一些可操作、能驾驭、有效果的"土法儿"。

(1)捋线儿。抻住一个线头,如顺藤摸瓜一般向纵深探求,把来龙去脉前因后果捋得清清楚楚;或专设一根红线,像晒小鱼一样把相关的思维素材按次序串联起来。一次表达中也可能涉及几条线索,平行或交织,都可以通过思维的梳理而展现秩序。

(2)绕圈儿。视角决定景观,摄影师拍摄一个物体,总会在它的上下左右前后内外等各个方位找到几个最合适的视角。像摄影师一样,表达者对同一个事物或观念,也可以从不同方向、不同角度、不同侧面进行观照,选取几个典型角度来剖析和展示这一事物或观念。

(3)割段儿。在历时态上按照事物发生发展的流程分割事物,可以是过去、现在、未来,可以是童年、青少年、中老年,可以是走马上任之前和走马上任之后,可以是某一活动从策划、组织、实施到反馈、整改、提高的不同阶段。每一段有每一段的特点和方式,按照这种方式组织言语肯定会是条理清晰、有条不紊的。

(4)切片儿。找准一个层面,把注意力投向事物发展的某一横断面或纵断面,使之脉络清晰,一目了然。

(5)砍块儿。像切蛋糕一样,把要表达的整体意思分割成几大块内容,集中火力逐个攻坚,就可以把纷纭复杂的事物或现象、工作或观念表达得清清楚楚、明明白白。

当然,即兴表达的语脉结构始终处在动态平衡之中,这就需要表达者思维敏捷,有较强的语脉构建力,能迅速地根据主题选择最佳句式,编排句子之间的毗邻顺序,还要有能力在表达过程中或表达后及时纠偏。

4. 重首尾

即兴表达的开头与结尾,就像乘飞机时起飞和降落一样,平稳飞行的阶段人们不是特别在意,让人担心的是起飞和降落的状态如何。古人作文,强调"开篇显其目,卒章点其志",以此为基点,我们可以使即兴表达的开头和结尾更多姿多彩,更具个性化,更富创造力。

开头是按照表达者意愿去塑造听众反应的最好机会,必须能引起接收者的注意,引出后面的内容,确定整个表达的基调,创造和谐气氛,阐明表达意义,包括设置接收者的期望值,等等。不管用什么方式开场,说些什么内容,争取能让接收者期待剩下的内容。做文章一般讲究凤头、猪肚、豹尾,即兴表达的开头最好也能精巧引人、独具吸引力。一般的交际场合,可以先表达致意和感谢,可以自嘲式地开个玩笑,可以使用噱头或者道具,也可以说个相关的小故事,使用某些数据或者介绍一些必要的常识,等等。根据个人风格和接收者状态,采用幽默的方式、设问的方式、互动的方式等都是不错的选择。比较重要的场合,更要重视开场的吸引力和影响力,可以用重要情节或者尖锐矛盾开头;也可以采取鲜明对比或者精辟议论开头;还可以用感人故事、联想想象、恰当引语开头。开门见山也好,曲径通幽也罢,甚至是突然转折或者危言耸听,可能都会形成一个个性独具、富有吸引力的开场方式,为后续的表达做好铺垫。

俗语说:"编筐编篓,全在收口。"能不能收口,收一个什么样的口,对即兴表达的完整性来说非常重要。就像乘客们绝对不希望飞机着陆时太突然或者颠簸得太厉害,也不希望降落在错误的地点,最重要的是,他们希望飞机安全着陆。所以结尾一定要有收束感,做到画龙点睛,重言压阵。一般来说,结尾的作用是要呼应开头,给人一个有始有终的完整感,能提供结论、引发共鸣,打动受众的心,给人回味、留恋的余地。而要达成这些作用,可以采用多种多样的方式。比如名言警句式、重复照应式、呼吁号召式、表决心亮态度式、余韵悠长式、提示预告式,等等。好的结尾,要顺势而行,忌草率刻意;要简洁有力,忌拖泥带水;要紧扣主题,忌画蛇添足;要以叙为主,忌空泛议论;要发人深思,忌味同嚼蜡;要提醒召唤,忌引而不发。总之,结尾应行于所当行、止于所当止,或强调、或重复、或感叹,使受众从不同的收尾方式中因小见大,产生联想,引发思考,有所触动,深受感染和激励,得到教育和启迪。

三、即兴表达的身体语言

身体语言又称体态语、肢体语言、人体语言、动作语言、无声语言、态势语、行为语等,是由诸多要素构成的一个整体。这是一种表达和交换信息的符号系统,由姿态、动作、表情、服饰、化妆等共同构成。身体语言既不是从语言系统中剔除出来的剩余部分,也不是对语言系统的额外补充,它在即兴表达中的意义在于补充、强调、配合、延展、形象化和深化表达者的言语。

拉尔夫·沃尔多·爱默生曾说,语言和行动是神力的截然相反的表现,语言是一种行动,行动也是一种语言。研究表明,在面对面的有声语言表达中,文字意义虽然重要,但决定它的表达效果的是语音语调和身体语言;当文字意义与语音语调或身体语言不配合时,人们选择相信的是语音语调和身体语言,而不是文字的意思。尤其是身体语言在沟通与表达中更具有人们意想不到的重要性:人群中有50%以上的人属于内视觉型的感官类型,对形象、色彩、线条、动作的敏感性和理解程度普遍优于听觉、嗅觉、触觉等。即兴表达中的身体语言,负载着大量情感与心态方面的信息,直截了当,直观方便,直指人心,力量强大,并且不容易误读。正如威尔伯·施拉姆所言:"尽管非语言符号不容易系统地编成准确的语言,但是大量不同的信息正是通过它们传递给我们。"身体语言代表着真正的自己,如果言语在说谎,真相往往能通过细微的身体语言流露出来,所以它在表达当中的影响,要远大于文字意义和语音语调,在即兴表达中应受到格外的重视。

"身手头眼情、站坐走看状",都属于身体语言。大致而言,身体语言系统,由表达者的形象气质、面目表情、身体动作以及服饰化妆等组成。在此,我们对眼语、表情语、肢体语、服饰与化妆几个部分进行简单阐释。

(一)眼语

眼睛是心灵的窗口,看着眼睛就相当于对着心。当内心不支持嘴上的某种说法时,眼睛就会泄露内心的秘密,很少有人能够不眨眼睛地说谎。

从表情的意义上,人的脸部可以重点分为三个部分:眉毛与前额、眼睛、嘴。在这三个部分中使用最广泛、表现力最丰富的就是眼睛。在即兴表达中,目光的交流是非语言符号中最常见的手段,无论是现场观察,还是与信息接收者进行交流,表达者的目光都传达着丰富、复杂、真实的信息。眼神往往可以表达丰富的情感,展现喜怒哀乐等复杂的情绪。借由发出指令、表示嘉许、给出警示等眼语信息,表达者得以与接收者建立真正的联结。

从眼语的意义上来说,首先,它有助于接收者集中注意力。眼神交流是一种双向沟通,传递信息的人若不看信息接收者,接收者也很难持续专注地接收信息,这样就会降低接收者对即兴表达的关注度。其次,它可以建立信息接收者对表达者的信心。如果眼神闪烁不定,对所有事物的注视都极为短促,接收者就会觉得表达者内心不安,从而也引起他们的不安。眼神交流被视为一种诚恳的信号,如果不能与接收者保持良好的眼神交流,表达者可能会被认为不自信、缺乏诚意或不够从容自在。再次,它有助于表达者深入了解现场的反应。在即兴表达的现场,信息接收者的反应可能同时是语言的和非语言的,尤其是在有交流、有互动的时候,非语言的反应可以直接通过眼睛观察到,并据此对表达做出适当调整。

对眼神的控制练习,要注意下面几个问题:

第一,眼神的接触包括环视、扫视、点射视等各种方式。在即兴演讲这样的场合,最好是在说完相对完整的一个意思之后再转换目光。这个相对完整的意思,可以是一两句话,也可以是半句话。采用点射式的目光接触,不断转换目光接触的对象,可以照顾到全场的观众。

第二,眼神与言语及其他动作的配合要协调一致,尤其是手眼的配合指向性要强,尽量保持同一方向,避免冗余的、无意义的甚至相反的动作信息。尽可能不去注视目标物以外的任何事物,以免信息接收者的视线跟着表达者的眼神到处游走。

第三,与信息接收者的眼神交流要实而不虚,越能深深地看到对方,就越能与他们产生实际交流的效果。视阈要宽而聚焦要实,可以用眼角余光观照现场的各种情况,保持对突发状况的警觉。

第四,不断增强力量感,发出信号、传递信息时指示鲜明,不拖泥带水,能够实现场面的控制,形成一定的权威性;给人坚定有力的感觉,形成信赖感。

相关学说里,把人的凝视分为公事凝视、社交凝视、亲密凝视以及侧扫视四类,无论是在理论上还是实际运用中,了解这些看的方式对表达者来说都是有必要的。公事凝视区域以两眼为底线,上顶角到前额的三角部位,凝视这个部位显得严肃且认真;社交凝视区域以两眼为上线,嘴巴为下顶角,即在两眼和嘴之间的三角部位;亲密凝视部位为对话者的两眼和胸部之间的部位,凝视这个部位有一种特殊的亲密感情;侧扫视是一种用来表达兴趣、喜爱、轻视或敌意态度的凝视形式。即兴表达者在传达信息的过程中要将眼神的作用做最大化的发挥,要根据文字的性质和内容调节凝视类型,灵活运用眼神的力量。一般情况下,内容严肃的文字应采用公事凝视,内容轻松、抒情的文字应采用社交凝视。

(二)表情语

表情语是指人们通过面部表情传递出的信息,它是身体语言中最重要的部分。美国学者拉里·A.萨姆瓦在《跨文化传播》中指出,人的身体能发出70万个不同的信号,而在70万种人体语言中,表情语就有25万种。如此丰富的传播手段是任何语言都不能及的。脸部不同区域的变化,可以反映出不同的情感色彩。

表情语是所有非语言符号中最直接的信号源之一,因为在即兴表达中最容易看到的就是表情,一目了然,所以,信息接收者总会不自觉地从表达者的面部表情中捕捉信息。面部表情对即兴表达效果有十分重要的作用。

正因为表情语的直观性、重要性,表达者必须懂得控制自己的面部表情,尤其是在一些情绪起伏较大的场合,更需要自我控制,做到得体适度。简单而言,关于面部表情,我们需要注意如下问题:

其一,面部基本表情是轻松、随和而略带微笑,表现出自信和对大局的良好控制。微笑不仅能带来亲和感,还更易使人信服。对大局控制得好的人,一般都会面带笑容,这笑容使人感觉表达者胸有成竹,更愿意亲近和跟从。

其二,面部表情要随着文字意义而有所变化,适度配合所表达的内容,做到身心合一、生动自然,绝不能僵化、教条地"一笑到底""一笑了之"。

其三,表情一定要适度,力争做到真诚、热情、美好、灵活。缺乏面部表情会给人不投入、怯场、紧张、无心等感觉,表情太过夸张时,又会给人虚浮造作、不真不诚的感觉,影响表达效果。

相对于专业表演人士、节目主持人等丰富多变、面目各异的表情语,即兴表达者在此方面还需提高重视程度并多加练习。

(三)肢体语

从头部、躯干和四肢的角度来说,虽然它们不像眼神和表情那样细腻传神、灵动多变,但同样可以传达丰富的信息,在很大程度上影响即兴表达的效果。一个在即兴表达中头部总是晃来晃去的人,很难给人以成熟可信之感。而如果一个人总是把重心放在某一条腿上,并且弯曲膝盖、抖动小腿,就可能让人产生一种无力感或浮躁感。如果手势不能很好地配合文字意义,就可能分散注意力,甚至干扰或削弱表达效果。

1. 头部

即兴表达中,一般头部应微向上扬,可以略向后仰 5 度,以增加力量感,同时保持平视。头部是动作控制的中心,不应随意摆动或动作太快。就算手脚快的时候,头部也应保持稳重,控制大局。头部与肩部对表达者形象的塑造具有重要意义,如果肩平头正,会形成一个正向三角形,传递出稳定感,使表达者对自身保持足够自信,并把这种自信的态度传达给观众。

2. 站姿

根据传统的审美习惯,站姿是重要一环,要求"站有站相""站如松"。"端庄大方,直而不僵"是基本要求,要看起来轻松而灵活,积极而自信。每个人高矮、胖瘦、体形都不一样,因此站姿也不可能恪守同一模式,要根据自己的实际情况找到最佳姿态。一般头部正直、微仰,肩部放松,腰背挺直,双脚自然分开,或者脚跟靠拢,脚掌自然分开,又或者站成丁字步,双腿绷直的同时适度保持胯部的紧张感。没有必要的摇摆或者冗余动作要坚决控制,但又绝对不能僵硬死板。

3. 手势

手的动作是肢体语中包含意义最丰富的部分。手势语包括:情意手势语——使某种情感形象化;形象手势语——以手势状物;指示手势语——指点具体方位和对象;抽象手势语——以手势动作表现抽象事物。特定手势有着特定的含义:掌心向上,一般是开放与接受的手势,表示真诚、公开、接纳。这个手势延伸,向身体前上方拉远,表示欢迎或有主见。掌心向下,一般是压制与拒绝的否定性手势,表示压制,叫对方停下来。配合文字需要,两手向外或上下拉开,是表示度量的手势。手势语是为了加强或弥补言语表达,是自然而然的动作,也是吸引观众必不可少的手段,使语言的表达更加生动形象、活泼有力。越有自信的人,双手动作幅度越大、次数越多,手部越能够远离躯干。人类大脑中,控制手势的部分和控制语言的部分处于同一区域,因此,适当的手势还可以促进语点的生发和言语的组织。

(四)服饰与化妆

在现代社会,服饰已远远超出了遮盖身体和美化个人形象的简单功能,具有更多的含义。人类行为学家德斯蒙德·莫里斯曾经说过:"穿衣服不传送社会信息是不可能的。每件衣服都说出穿着者的一段故事,而且常常是很微妙的故事。"服装和饰物同样是信息的载体,具有明确的表情达意功能。作为非语言符号,衣帽服饰不仅可以传达时代气息、文化背景等信息,而且也是个人身份、职业、性情、爱好的表征。外观符号构成表达者的"第一印象",是现场人们对表达者产生初步认知的接口。无论表达者选择什么样的服饰在众人面前出现,都会引发大家不同的情感反应,从而影响表达者与大家的情感交流。

合体、合宜的服饰能给人们带来视觉愉悦效果,强化对信息接收者的视觉冲击力,而且对其表达的内容也有辅助性劝服作用。而不合体、不合宜的服饰,则会给表达者带来麻烦和不良影响。所以一定要慎重对待服饰问题,避免产生负面作用。

服饰包括两部分,一是服装,二是饰物。服装是身体的遮盖物,饰物是点缀于身体和服装上的小物件,如耳环、发卡、胸针、手镯等。服装和饰物的式样很多,有很大的挑选余地。

"宁可穿破,不可穿错"。穿衣打扮时,要结合每一次具体的时间、地点、场合,深入了解信息接收者的心理特征,在采用这些非语言符号时,务必赋予它们以明确的含义,力求简洁通俗,优雅大方,使其能被受众正确理解和接受。

从容优雅、大方得体,这是对表达者服饰的基本要求。而同时,表达者又不能完全按照自己的喜好着装,而应根据时间、场合着装,即为受众着装,为表达意图着装,力求服装与表达特色相统一,与环境要求相统一,与言说对象相统一,与受众视觉心理相统一。表达者服饰的基本原则可以简单概括为:一要符合社会主义核心价值观、符合精神文明要求,强调美与和谐;二要与即兴表达的总体风格相统一,服务于总体表达效果;三要彰显表达者个性风采,形成视觉吸引力、个人魅力;四要配合现场气氛、情绪状态和人物特点,既要与表达对象有区别,又要与现场氛围相融合。如会议发言宜正装,显得严谨端庄;突发事件宜便装,运动灵活;田间地头宜朴素,贴近乡村;特殊场合要戴上安全帽,穿上无菌服等。

另外,化妆也是一种无声的语言,是一种视觉和心灵的感受,在今天这样一个普遍重视"颜值"的时代,美容化妆是增添一个人美丽与魅力的手段。即兴表达时,只要条件允许,适当化妆必然成为加分项。当然,化妆的整体效果宜端庄、雅致,建立可信度、亲和感;偶尔要根据场合、环境选用俏丽、鲜亮、时尚或素雅、柔和、唯美的妆面。

总的说来,即兴表达者的整体形象由很多要素构成,其中既有先天遗传的容貌、形体及由此延展到表情、动作的某些特点,又包括后天养成的行为习惯,如站坐之相、举手投足时动作的方向、幅度、速度、强度等,以及表达者对体态语的调整和控制能力。后者会反映出其文明教养、待人接物的态度分寸,透露出生活阅历、审美取向等方面的信息。在即兴表达中,身体语言具有共通性、民族性、符号性、表意性、模糊性、可塑性、伴随性、形象性等特点,能更加真实、细致、全面地体现表达者的心理和情感,同时能起到强调、否定、补充、替代和调节言语信息的作用。所以,即兴表达一定要重视身体语言的设计和传达,做到"形真而圆,神和而全"——形象真实饱满,没有刻画痕迹;不仅传神,而且所传之神充分完美。

四、即兴表达的情感把握与心态调控

如果说文字意义、语音语调、身体语言是即兴表达语言系统的外显部分,情感与心态则是起决定性作用的隐性要素,并有机地融于这三者之中。心态决定状态,状态决定语态。内心安适恬淡者,说出话来会让人如沐春风;内心缺乏力量者,声音也必细弱绵软乏力;内心焦躁烦郁者,表情动作就会让人有所不适。那么,在即兴表达的时候,我们需要怎样的情绪情感和心理状态呢?

(一)情感把握

情动于衷,声形于外。所有的语句处理技巧都是与内在情感的运动状态息息相关的。艺术强调"走心",语言艺术尤其如此。如果内心冷淡漠然,思想与情感就是脱节的两张皮,声音里就不会带有真正的热情,表情动作里也不会洋溢出真切的关怀。

1. 注意内在的真实与真诚

"情自肺腑出,方能入肺腑",表达者的语言技巧应该是建立在真诚的情感基础上,气息与声音状态都以情感的运动为准,气随情动,声随情走,传情达意时要做到有动于衷。对表达者来说,嘴巴可以说假话,但语音语调和身体语言却会泄露全部的秘密。所以要接受和尊重自己的感觉,善于觉察、体会和把握各种感情色彩,善于用声音的刚柔、明暗、虚实、疾徐来表现喜、怒、哀、乐等情绪、情感,准确到位地处理声音与情感的关系,提高有声语言的驾驭能力和身体语言的表现能力,做到表里如一、内外和谐。

2. 注意区分公众表达和人际交流的基本情感和语态

即兴表达有时是一种大规模的公众表达,有时又可能是一种小范围的人际交流。这两者在基本情感和语态上有很大不同。三人为众,公众表达强调的是声音和动作的张力,需要更充分地调动内在情感,与受众迅速建立联结,引发一定的共鸣,语态上接近演讲和报告。人际交流注重的是亲和力和互动性,更适合真实自然地流露情感,平易朴实地表达观点,语态上接近生活化的口语。无论哪一种表达,因为都有具体的表达对象,所以表达者需要具有强烈的对象感、给予感和交流意识。如果在表达时缺乏交流感,呈现"自言自语""自说自话",会直接影响受众的情绪和表达的效果。在即兴表达中,通常由于时间的紧迫,表达者无法在现场进行谋篇布局和字斟句酌,只能以腹稿或喉稿的方式,有一个大致的提纲,然后想到什么就说什么。这就可能使有声语言表达呈现"一大片"的现象:没有重音、没有停连、语气不明、吐字不清等,说话如同背稿、念书,索然无味,缺少了现场感,而且显得"人情味"不足。

3. 注意细腻传神与开阖适度

说者千钧力,闻者始动衷。即兴表达不仅要求表达者具有迅速组织语言的思维能力和准确表达的口语能力,能用简练规范、明白晓畅的语言把事实表述清楚的能力,而且要求表达者的情感能够细腻传神并有一定的开阖。情感训练在幅度上应像钟摆一样,一定要能够达到大开大阖、大起大落的程度,内在的感情有一种奔突、一种迸发、一种穿透感、一种张扬的力量,同时又能达到很好的外在控制,细腻且幽微,深浓而蕴藉,能令石破天惊而不必声嘶力竭。

4. 让自己适度兴奋

完全的松弛和自然对即兴表达而言并不是最佳状态,保持适度的紧张和兴奋,才能使注意力高度集中,像鸭子凫水一样,水面上是自由自在、悠哉悠哉,水面下其实是两脚不停地扑腾。表达者面带微笑侃侃而谈,外表镇定自若,但脑袋要飞速运转,眼里要全是东西,不能有丝毫松懈。需要注意的是,适度兴奋必然不等于紧张焦虑或情绪亢奋,如果兴奋超出一定的限度,不仅会导致声音过高,超出自如声区的现象,还会因压力过大而出现身体失控、意思跑偏等现象,形成挫败经验。"'临战'前的不适时的、过度的情绪应激,如果得不到及时缓解,就会逐渐出现'应激反应衰竭'。"[1]在如何处理好"情"与"声"的关系问题上,张颂教授曾提出情声和谐律,即"感情要酝酿,聚集到十分,声音要节制,收束到八分"。这也从侧面提醒我们,情感把握要适度,像古典哲学所强调的那样"执两用中,不偏不倚"。

---

[1] 祁芃.播音主持心理学.北京:北京广播学院出版社,1999:12

(二)心态调控

很多人都有这样的感受,一到众人面前讲话就紧张得不知道说些什么,手脚也不知往哪里放才好。瞬间的失忆、大脑空白、心脏狂跳及手心出汗等,会很深刻地留在失败的记忆当中,形成恶性循环,影响到以后的表达。害怕当众说话是一种普遍的心理。尤其是即兴表达,对大多数人来说都会怀有某种莫名的恐惧,既担心无话可说,又担心说得不规范、不标准,还会害怕说得不自然、不流畅,更不敢奢望说得情理交融、妙趣横生或感人肺腑、发人深省了。但讲台、舞台以及很多即兴表达的场合,都具有一种天然的魔力,就像有人说的,"开始说话前两分钟,我宁可挨鞭子,就是开不了口;可是说到临结束前两分钟时,我又宁可吃枪子儿,也不肯停下来。"抒发自己、影响他人确实会带给人很高的自我满足感、自我价值感。这就使很多人尽管带着恐惧,却依然在这方面努力锻炼,不断成长。

作为一名优秀的即兴表达者,首先要学会的就是建立自信。一个自信的表达者,从容不迫地站到大家面前时就已经成功了一半。拥有自信的表达者看上去更让人觉得信服,从而也更能够让受众与之产生共鸣。自信深藏在我们的生命能量中,拥有它,发挥它,我们立刻会在即兴表达乃至任何其他工作中表现得非常不同。下面介绍几种提升自信与加强内在力量的心理调控技巧。

1. 多做,并自我肯定

自信的基础是能力,但是能力必须经过肯定才能变成自信。自信的基础是"能力","能力"的基础是"经验","经验"的基础是"尝试","尝试"的基础是"感觉"。"感觉"就是想去尝试的内心状态,也就是自信的最基本的原动力[1]。如图 5-5 所示。

"感觉"→"尝试"→"经验"→"能力"→(肯定)→"自信"→"自爱"→"自尊"

图 5-5　自我价值提升方程式

我们从小到大,在许多事情上得到的肯定不够,以至于自信心不足,尤其是从没做过、没有经验的事情。实际上,不尝试就没有经验,而尝试了,就算达不到效果,所谓失败的经验里,也可以取得一些有用的资料,成为下一次成功的基础。没有经验,往往不是我们不做某事的理由,反而是我们做某事的理由。多做,越是在某件事上自信不足,越制造机会做某事,不断积累经验,肯定自己。

想要提升即兴表达方面的自信,就需要私下里多做练习,并寻找和创造更多

---

[1] 李中莹.重塑心灵.北京:世界图书出版公司,2006:87-88

实践的机会。每次都强化自我肯定,找到每次练习或实际表达中做得好的部分,用动作、语言、文字和奖赏等肯定自己。日久有功,自信心一定可以大大提升。

2. 正面词语暗示自己

即兴表达前难免会心慌,紧张过度时还可能出现呼吸急促、身体不受控制地抖动、大脑一片空白等现象。这些身体和心理反应和我们的潜意识状态有密切关系。心理学的研究成果表明,潜意识在接收信息时,往往以图像或感觉的方式,比如告诉自己"别想老虎",潜意识里其实已经出现了老虎的形象。如果即兴表达时告诉自己"别紧张,别紧张",潜意识收到的信息反而是"紧张、紧张"。所以,我们要懂得用正面词语暗示自己。可以告诫自己:"镇定,镇定,再镇定。"也可以跟自己说:"放松,我已经很放松了。"说之前如果能做几次深呼吸,或者揉一揉僵硬的肩颈肌肉,会有更好的效果。

3. 信念重建

在成长的过程中,我们会形成很多"限制性信念"。所谓限制性信念,即妨碍一个人有效成长、有效学习乃至建立成功人生的信念。最严重的限制性信念包括如下三个:

第一个是"我的这件事没有可能……"例:"我没有好老师,没有好嗓音,没有好题材,我的表达不会受到欢迎。"这样认定的人会坚持停留在困境里,抱怨环境因素。

第二个是"我没有能力……"例:"我不能放松""我不会组织语言""我不可能把动作做得优雅大方"。认为自己没有能力便做不到,只有干着急,或者埋怨自己没用。

第三个是"我没有资格……"例:"我哪里会讲得那么好?""我天生就笨嘴拙腮,是应该沉默寡言的。"这样的人接受了自己认定的"命运",就不再去努力。

重建信念,要给自己足够的肯定,确知我是有资格获得成功、赢得掌声的,我是有能力提高水平、不断进步的,我是有可能千方百计克服困难、创造成功条件的。有这样信念的人,才可以通过努力从容驾驭每一次的即兴表达。

情绪情感的把握和心理状态的调控对即兴表达而言有根本性作用。总体上,我们要运用各种方法,调整出一种新鲜感,促使自己的注意力高度集中;一种兴奋感,促使自己的想象和联想迅速转动;一种真诚感,促使自己的感受力丰满充盈;一种自信感,促使自己的表现力奔涌流动。没有任何一个人是天生优秀的演说家,在大多数的即兴表达中,没有人不紧张,但成功的表达者往往有这样的经验:就算是非常紧张,也可以做出很棒的表达。我们能够做的,就是尽力做好自身状态的管理,调整出恰当的情绪情感和自信从容的心理状态,使每一次即兴表达都处在可控的范围内,张弛有度,纵收自如,达成最佳的表达效果。

1.什么是有声语言表达?怎样才能提升有声语言表达能力?
2.用普通话进行朗读时应保持怎样的状态,应遵循怎样的创作过程?
3.试举例说明普通话即兴表达的开头和结尾有哪些功能和方式?

1.气息弱控制练习
(1)缓慢、持续地发出6个单韵母:a、o、e、i、u、ü。
(2)夸大声调,延长发音,控制气息。
花红柳绿　酸甜苦辣　山盟海誓　中流砥柱　灯红酒绿
覆水难收　驷马难追　刻骨铭心　遍体鳞伤　步履蹒跚
(3)夸大连续,扩展音域。
床前明月光,疑是地上霜。举头望明月,低头思故乡。(《静夜思》李白)
春眠不觉晓,处处闻啼鸟。夜来风雨声,花落知多少。(《春晓》孟浩然)
2.气息强控制训练
(1)用京剧老生笑的感觉,吸气后发:ha—ha—ha—ha—,体会气沉的感觉。
(2)反复发 hei — ha — hou —,体会膈肌和腹肌的运动。
(3)多练一些色彩浓烈的诗词,既要注意用声的明亮、结实,又要注意气息的冲击或漏气。朗读如下诗词:
北国风光,千里冰封,万里雪飘。望长城内外,惟余莽莽;大河上下,顿失滔滔。山舞银蛇,原驰蜡象,欲与天公试比高。须晴日,看红装素裹,分外妖娆。
江山如此多娇,引无数英雄竞折腰。惜秦皇汉武,略输文采;唐宗宋祖,稍逊风骚。一代天骄,成吉思汗,只识弯弓射大雕。俱往矣,数风流人物,还看今朝。(《沁园春·雪》毛泽东)
大江东去,浪淘尽,千古风流人物。故垒西边,人道是,三国周郎赤壁。乱石穿空,惊涛拍岸,卷起千堆雪。江山如画,一时多少豪杰。

遥想公瑾当年,小乔初嫁了,雄姿英发。羽扇纶巾,谈笑间,樯橹灰飞烟灭。故国神游,多情应笑我,早生华发。人生如梦,一樽还酹江月。(《念奴娇·赤壁怀古》苏轼)

3.朗读如下绕口令

(1)白石白又滑,搬来白石搭白塔。白石塔,白石塔,白石搭石塔,白塔白石搭。搭好白石塔,白塔白又滑。

(2)小艾和小戴,一起来买菜。小艾把一斤菜给小戴,小戴就有比小艾多一倍的菜;小戴把一斤菜给小艾,小艾小戴就有一般多的菜。请你猜一猜,小艾小戴各买了多少菜。

(3)板凳宽,扁担长。扁担没有板凳宽,板凳没有扁担长。扁担要绑在板凳上,板凳不让扁担绑在板凳上,扁担偏要扁担绑在板凳上。

(4)八百标兵奔北坡,炮兵并排北边跑。炮兵怕把标兵碰,标兵怕碰炮兵炮。

(5)调到敌岛打特盗,特盗太刁投短刀。挡推顶打短刀掉,踏盗得刀盗打倒。

(6)牛郎年年恋刘娘,刘娘连连念牛郎。牛郎恋刘娘,刘娘念牛郎,郎恋娘来娘念郎。

(7)山羊上山山碰山羊角,水牛下水水没水牛腰;馋猫嘴馋偷吃鸡,鸡叨馋猫爪;草驴驮草过草桥,草压草驴腰。

(8)老龙恼怒闹老农,老农怒恼闹老龙。农怒龙恼龙更怒,龙恼农怒龙怕农。

(9)村东有个崔碎嘴,村西有个崔嘴碎,二人村东村西去比嘴。不知是崔碎嘴比崔嘴碎的嘴碎,还是崔嘴碎比崔碎嘴的嘴碎。

(10)四和十,十和四,十四和四十,四十和十四。说好四和十,得靠舌头和牙齿;谁说四十是"细席",他的舌头没用力;谁说十四是"适时",他的舌头没伸直。认真学,常练习,十四、四十、四十四。

4.朗读如下语料

(1)无论是用小小的方块字构筑美轮美奂的语言大厦,还是对心中世界、笔下乾坤进行音声化的再创作,我都深深理解了语言的奥义而能够饱蘸浓情、挥洒自如。就算有一天青春不再时,我相信,我相信仍然能够找回青春的感觉,因为语言的魅力已深深融进我的血脉。它成就了我的自信,为我塑造了永远的青春风采。我愿意和大家一起,传播先进文化,弘扬民族精神,为祖国的语言文字事业贡献我的力量!【赵慧英《我的青春 我的语言》节选】

(2)选择开始一个难度系数高的人生模式,穿越的过程虽然艰辛,也一定充满奇迹。你说,人应该有勇气走出自己的舒适区,尤其是在年轻的时候。你是对的。走一条"少有人走的路",感到自己的力量,不断强大的内心,让未知的事物充满视野,看见自己怎样惊奇于它们的美妙,怎样动心,感到自己的存在和价值,以及命运的神奇回应。只是,在这个过程中,愿你永远追随自己的内心,不为社会的眼光所束缚,不为父母的期待所绑架,不为任何人的评判标准所改变,只为自己做选择。不犹疑,也不担心对错,更不在意一时的得失。爱生活、爱自然、爱自己……对世界保持好奇,有探索和挑战的勇气。【苏浅《想和你说几句话》节选】

 拓 展

普通话水平测试用朗读作品[①]

作品1号

照北京的老规矩(guīju),春节差不多在腊月的初旬就开始了。"腊七腊八,冻死寒鸦",这是一年里最冷的时候。在腊八这天,家家都熬腊八粥。粥是用各种米,各种豆,与各种干果熬成的。这不是粥,而是小型的农业展览会。

扫码听作品

除此之外,这一天还要泡腊八蒜。把蒜瓣(suànbànr)放进醋里,封起来,为过年吃饺子用。到年底,蒜泡得色如翡翠(fěicuì),醋也有了些辣味(làwèir),色味双美,使人忍不住要多吃几个饺子。在北京,过年时,家家吃饺子。

孩子们准备过年,第一件大事就是买杂拌儿。这是用花生、胶枣、榛子(zhēnzi)、栗子等干果与蜜饯(mìjiàn)掺和(chānhuo)成的。孩子们喜欢吃这些零七八碎儿。第二件大事是买爆竹,特别是男孩子们。恐怕第三件事才是买各种玩意儿——风筝、空竹、口琴等。

孩子们欢喜,大人们也忙乱。他们必须预备过年吃的、喝的、穿的、用的,好

[①] 国家语委普通话与文字应用培训测试中心.普通话水平测试实施纲要.北京:语文出版社,2022: 369-468

引者注:本部分只转引了朗读作品的汉字部分,未转引拼音部分。引者对易读错的文字,随文进行了拼音标注。每篇作品在第四百个音节后用"//"标注。

在新年时显出万象更新的气象。

腊月二十三过小年,差不多就是过春节的"彩排"。天一擦黑儿,鞭炮响起来,便有了过年的味道。这一天,是要吃糖的,街上早有好多卖麦芽糖与江米糖的,糖形或为长方块或为瓜形,又甜又黏(nián),小孩子们最喜欢。

过了二十三,大家更忙。必须大扫除一次,还要把肉、鸡、鱼、青菜、年糕什么的都预备充足——店//铺多数正月(zhēngyuè)初一到初五关门,到正月初六才开张。

节选自老舍《北京的春节》

作品 2 号

扫码听作品

盼望着,盼望着,东风来了,春天的脚步近了。

一切都像刚睡醒的样子,欣欣然张开了眼。山朗润起来了,水涨(zhǎng)起来了,太阳的脸红起来了。

小草偷偷地从土里钻出来,嫩嫩的,绿绿的。园子里,田野里,瞧去,一大片一大片满是的。坐着,躺着,打两个滚,踢几脚球,赛几趟跑,捉几回迷藏(mícáng)。风轻悄悄的,草软绵绵的。

……

"吹面不寒杨柳风",不错的,像母亲的手抚摸着你。风里带来些新翻的泥土的气息,混(hùn)着青草味儿,还有各种花的香,都在微微湿润的空气里酝酿(yùnniàng)。鸟儿将巢安在繁花绿叶当中,高兴起来了,呼朋引伴地卖弄(mài·nòng)清脆的喉咙(hóu·lóng),唱出宛转的曲子,跟轻风流水应和着。牛背上牧童的短笛,这时候也成天嘹亮地响着。

雨是最寻常的,一下就是三两天。可别恼。看,像牛毛,像花针,像细丝,密密地斜织着,人家屋顶上全笼着一层薄烟。树叶儿却绿得发亮,小草儿也青得逼你的眼。傍晚时候,上灯了,一点点黄晕(huángyùn)的光,烘托出一片安静而和平的夜。在乡下,小路上,石桥边,有撑起伞慢慢走着的人,地里还有工作的农民,披着蓑(suō)戴着笠(lì)。他们的房屋,稀稀疏疏的,在雨里静默着。

天上风筝(fēngzheng)渐渐多了,地上孩子也多了。城里乡下,家家户户,老老小小,//也赶趟儿似的(shìde),一个个都出来了。舒活舒活筋骨,抖擞(dǒusǒu)抖擞精神,各做各的一份儿事去。"一年之计在于春",刚起头儿,有的是工夫,有的是希望。

春天像刚落地的娃娃,从头到脚都是新的,它生长着。

春天像小姑娘,花枝招展的,笑着,走着。

春天像健壮的青年,有铁一般的胳膊和腰脚,领着我们上前去。

节选自朱自清《春》

作品 3 号

扫码听作品

燕子去了,有再来的时候;杨柳枯了,有再青的时候;桃花谢了,有再开的时候。但是,聪明的,你告诉我,我们的日子为什么一去不复返呢?——是有人偷了他们罢:那是谁?又藏在何处呢?是他们自己逃走了罢:现在又到了哪里呢?

去的尽管(jǐnguǎn)去了,来的尽管来着;去来的中间,又怎样地匆匆呢?早上我起来的时候,小屋里射进两三方斜斜的太阳。太阳他有脚啊,轻轻悄悄地挪移了;我也茫茫然跟着旋转(xuánzhuǎn)。于是——洗手的时候,日子从水盆里过去;吃饭的时候,日子从饭碗里过去;默默时,便从凝然(níngrán)的双眼前过去。我觉察他去的匆匆了,伸出手遮挽(zhēwǎn)时,他又从遮挽着的手边过去;天黑时,我躺在床上,他便伶伶俐俐(línglínglìlì)地从我身上跨过,从我脚边飞去了。等我睁开眼和太阳再见,这算又溜走了一日。我掩着面叹息,但是新来的日子的影儿又开始在叹息里闪过了。

在逃去如飞的日子里,在千门万户的世界里的我能做些什么呢?只有徘徊(páihuái)罢了,只有匆匆罢了;在八千多日的匆匆里,除徘徊外,又剩些什么呢?过去的日子如轻烟,被微风吹散了,如薄雾(bówù),被初阳蒸融(zhēngróng)了;我留着些什么痕迹呢?我何曾留着像游丝样的痕迹呢?我赤裸裸//来到这世界,转眼间也将赤裸裸的回去罢?但不能平的,为什么偏白白走这一遭啊?

你聪明的,告诉我,我们的日子为什么一去不复返呢?

节选自朱自清《匆匆》

作品 4 号

扫码听作品

有的人在工作、学习中缺乏耐性和韧性,他们一旦碰了钉子,走了弯路,就开始怀疑自己是否有研究才能。其实,我可以告诉大家,许多有名的科学家和作家,都是经过很多次失败,走过很多弯路才成功的。有人看见一个作家写出一本好小说,或者看见一个科学家发表几篇有分量的论文,便仰慕(yǎngmù)不已,很想自己能够信手拈(niān)来,妙手成章,一觉醒来,誉满天下。其实,成功的作品和论文只不过是作家、学者们整个创作和研究中的极小部分,甚至数量上还不及失败作品的十分之一。大家看到的只是他们成功的作品,而失败的作品是不会公开发表出来的。

要知道,一个科学家在攻克科学堡垒的长征中,失败的次数和经验,远比成功的经验要丰富、深刻得多。失败虽然不是什么令人快乐的事情,但也决不应该因此气馁(qìněi)。在进行研究时,研究方向不正确,走了些岔路,白费了许多精力,这也是常有的事。但不要紧,可以再调(diào)换方向进行研究。更重要的是要善于吸取失败的教训,总结已有的经验,再继续前进。

根据我自己的体会,所谓天才,就是坚持不断的努力。有些人也许觉得我在数学方面有什么天分,//其实从我身上是找不到这种天分的。我读小学时,因为成绩不好,没有拿到毕业证书,只拿到一张修业证书。初中一年级时,我的数学也是经过补考才及格的。但是说来奇怪,从初中二年级以后,我就发生了一个根本转变,因为我认识到既然我的资质差些,就应该多用点儿时间来学习。别人学一小时,我就学两小时,这样,我的数学成绩得以不断提高。

一直到现在我也贯彻这个原则:别人看一篇东西要三小时,我就花三个半小时。经过长期积累,就多少可以看出成绩来。并且在基本技巧烂熟之后,往往能够一个钟头就看懂一篇人家看十天半月也解不透的文章。所以,前一段时间的加倍努力,在后一段时间能收到预想不到的效果。

是的,聪明在于学习,天才在于积累。

节选自华罗庚《聪明在于学习,天才在于积累》

作品 5 号

扫码听作品

去过故宫大修现场的人,就会发现这里和外面工地的劳作景象有个明显的区别:这里没有起重机,建筑材料都是以手推车的形式送往工地,遇到人力无法运送的木料时,工人们会使用百年不变的工具——滑轮组。故宫修缮(xiūshàn),尊重着"四原"原则,即(jí)原材料、原工艺、原结构、原型制。在不影响体现传统工艺技术手法特点的地方,工匠可以用电动工具,比如开荒料、截头。大多数时候工匠都用传统工具:木匠画线用的是墨斗(mòdǒu)、画签(qiān)、毛笔、方尺、杖竿(zhànggān)、五尺;加工制作木构件使用的工具有锛(bēn)、凿(záo)、斧、锯、刨(bào)等等。

最能体现大修难度的便是瓦作中"苫背(shànbèi)"的环节。"苫背"是指在房顶做灰背的过程,它相当于为木建筑添上防水层。有句口诀是三浆三压(sānjiāng-sānyā),也就是上三遍石灰浆,然后再压上三遍。但这是个虚数。今天是晴天,干得快,三浆三压硬度就能符合要求,要是赶上阴天,说不定就要六浆六压。任何一个环节的疏漏(shūlòu)都可能导致漏雨,而这对建筑的损坏是致命的。

"工"字早在殷墟(yīnxū)甲骨卜辞(bǔcí)中就已经出现过。《周官》与《春秋左传》记载(jìzǎi)周王朝与诸侯都设有掌管营造的机构。无数的名工巧匠为我们留下了那么多宏伟的建筑,但却//很少被列入史籍(shǐjí),扬名于后世。

匠人之所以称之为"匠",其实不仅仅是因为他们拥有了某种娴熟(xiánshú)的技能,毕竟技能还可以通过时间的累积"熟能生巧",但蕴藏(yùncáng)在"手艺"之上的那种对建筑本身的敬畏和热爱却需要从历史的长河中去寻觅。

将壮丽的紫禁城完好地交给未来,最能仰仗的便是这些默默奉献的匠人。故宫的修护注定是一场没有终点的接力,而他们就是最好的接力者。

节选自单霁翔《大匠无名》

作品6号

立春过后,大地渐渐从沉睡中苏醒过来。冰雪融化,草木萌发,各种花次第开放。再过两个月,燕子翩(piān)然归来。不久,布谷鸟也来了。于是转入炎热的夏季,这是植物孕育果实的时期。到了秋天,果实成熟,植物的叶子渐渐变黄,在秋风中簌簌(sùsù)地落下来。北雁南飞,活跃在田间草际的昆虫也都销声匿迹(xiāoshēng-nìjì)。到处呈现一片衰(shuāi)草连天的景象,准备迎接风雪载(zài)途的寒冬。在地球上温带和亚热带区域里,年年如是,周而复始。

扫码听作品

几千年来,劳动人民注意了草木荣枯、候鸟去来等自然现象同气候的关系,据以安排农事。杏花开了,就好像大自然在传语要赶快耕地;桃花开了,又好像在暗示要赶快种谷子。布谷鸟开始唱歌,劳动人民懂得(dǒng·dé)它在唱什么:"阿公阿婆,割麦插禾。"这样看来,花香鸟语,草长莺飞,都是大自然的语言。

这些自然现象,我国古代劳动人民称它为物候。物候知识在我国起源很早。古代流传下来的许多农谚(yàn)就包含了丰富的物候知识。到了近代,利用物候知识来研究农业生产,已经发展为一门科学,就是物候学。物候学记录植物的生长荣枯,动物的养育往来,如桃花开、燕子来等自然现象,从而了解随着时节//

推移的气候变化和这种变化对动植物的影响。

节选自竺可桢《大自然的语言》

作品 7 号

扫码听作品

当高速列车从眼前呼啸而过时,那种转瞬即(jí)逝的感觉让人们不得不发问:高速列车跑得那么快,司机能看清路吗?

高速列车的速度非常快,最低时速标准是二百公里。且不说能见度低的雾霾(wùmái)天,就是晴空万里的大白天,即使是视力好的司机,也不能保证正确识别地面的信号。当肉眼看到前面有障碍时,已经来不及反应。

专家告诉我,目前,我国时速三百公里以上的高铁线路不设置信号机,高速列车不用看信号行车,而是通过列控系统自动识别前进方向。其工作流程为,由铁路专用的全球数字移动通信系统来实现数据传输,控制中心实时接收无线电波信号,由计算机自动排列出每趟列车的最佳运行速度和最小行车间隔(jiàngé)距离,实现实时追踪控制,确保高速列车间隔合理地安全运行。当然,时速二百至二百五十公里的高铁线路,仍然设置信号灯控制装置,由传统的轨道电路进行信号传输。

中国自古就有"千里眼"的传说,今日高铁让古人的传说成为现实。

所谓"千里眼",即高铁沿线的摄像头,几毫米见方的石子儿也逃不过它的法眼。通过摄像头实时采集沿线高速列车运行的信息,一旦//出现故障或者异物侵限(qīnxiàn),高铁调度指挥中心监控终端的界面上就会出现一个红色的框将目标锁定,同时,监控系统马上报警显示。调度指挥中心会迅速把指令传递给高速列车司机。

节选自王雄《当今"千里眼"》

作品 8 号

扫码听作品

从肇庆(Zhàoqìng)市驱车半小时左右,便到了东郊风景名胜鼎(dǐng)湖山。下了几天的小雨刚停,满山笼罩着轻纱似的薄雾。

过了寒翠桥,就听到淙(cóng)淙的泉声。进山一看,草丛石缝,到处都涌流着清亮的泉水。草丰林茂,一路上泉水时隐时现,泉声不绝于耳。有时几股泉水交错流泻,遮断路面,我们得(děi)寻找着垫脚的石块跳跃着前进。愈往上走树愈密,绿阴愈浓。湿漉漉的绿叶,犹如大海的波浪,一层一层涌向山顶。泉水隐到了浓阴的深处,而泉声却更加清纯悦耳。忽然,云中传来钟声,顿时山鸣谷应,悠悠扬扬。安详厚重的钟声和欢快活泼的泉声,在雨后宁静的暮色中,汇成一片美妙的音响。

我们循(xún)着钟声,来到了半山腰的庆云寺。这是一座建于明代、规模宏大的岭南著名古刹(chà)。庭院里繁花似锦,古树参天。有一株与古刹同龄的茶花,还有两株从斯里兰卡引种的、有二百多年树龄的菩提(pútí)树。我们决定就在这座寺院里借宿(sù)。

入夜,山中万籁(lài)俱寂,只有泉声一直传送到枕边。一路上听到的各种泉声,这时候躺在床上,可以用心细细地聆(líng)听、辨识、品味。那像小提琴一样轻柔的,是草丛中流淌的小溪的声音;那像琵琶(pí·pá)一样清脆的,//是在石缝间跌落的涧水的声音;那像大提琴一样厚重回响的,是无数道细流汇聚于空谷的声音;那像铜管齐鸣一样雄浑磅礴(pángbó)的,是飞瀑急流跌入深潭的声音。还有一些泉声忽高忽低、忽急忽缓、忽清忽浊、忽扬忽抑,是泉水正在绕过树根,拍打卵石,穿越草丛,流连花间……

蒙眬中,那滋润着鼎湖山万木,孕育出蓬勃生机的清泉,仿佛汩汩(gǔ)地流进了我的心田。

节选自谢大光《鼎湖山听泉》

作品 9 号

我常想读书人是世间幸福人,因为他除了拥有现实的世界之外,还拥有另一个更为(gèngwéi)浩瀚(hàohàn)也更为丰富的世界。现实的世界是人人都有的,而后一个世界却为(wéi)读书人所独有。由此我想,那些失去或不能阅读的人是多么的不幸,他们的丧失是不可补偿的。世间有诸多(zhūduō)的不平等,财富的不平等,权力的不平等,而阅读能力的拥有或丧失却体现为精神的不平等。

扫码听作品

一个人的一生,只能经历自己拥有的那一份欣悦,那一份苦难,也许再加上他亲自闻知的那一些关于自身以外的经历和经验。然而,人们通过阅读,却能进入不同时空的诸多他人的世界。这样,具有阅读能力的人,无形间获得了超越有限生命的无限可能性。阅读不仅使他多识了草木虫鱼之名,而且可以上溯

(shàngsù)远古下及未来,饱览存在的与非存在的奇风异俗。

更为重要的是,读书加惠于人们的不仅是知识(zhīshi)的增广,而且还在于精神的感化与陶冶(táoyě)。人们从读书学做人,从那些往哲先贤以及当代才俊的著述中学得(xuédé)他们的人格。人们从《论语》(Lúnyǔ)中学得智慧的思考,从《史记》中学得严肃的历史精神,从《正气歌》中学得人格的刚烈,从马克思学得人世//的激情,从鲁迅学得批判精神,从托尔斯泰学得道德的执着(zhízhuó)。歌德的诗句刻写着睿智(ruìzhì)的人生,拜伦的诗句呼唤着奋斗的热情。一个读书人,一个有机会拥有超乎个人生命体验的幸运人。

节选自谢冕《读书人是幸福人》

作品10号

扫码听作品

我爱月夜,但我也爱星天。从前在家乡七八月的夜晚在庭院里纳凉的时候,我最爱看天上密密麻麻的繁星。望着星天,我就会忘记一切,仿佛回到了母亲的怀里似的(shìde)。

三年前在南京我住的地方有一道后门,每晚我打开后门,便看见一个静寂的夜。下面是一片菜园,上面是星群密布的蓝天。星光在我们的肉眼里虽然微小,然而它使我们觉得光明无处不在。那时候我正在读一些天文学的书,也认得一些星星,好像它们就是我的朋友,它们常常在和我谈话一样。

如今在海上,每晚和繁星相对,我把它们认得很熟(shú)了。我躺在舱面上,仰望天空。深蓝色的天空里悬着无数半明半昧(mèi)的星。船在动,星也在动,它们是这样低,真是摇摇欲坠呢!渐渐地我的眼睛模糊(móhu)了,我好像看见无数萤火虫在我的周围飞舞。海上的夜是柔和的,是静寂的,是梦幻的。我望着许多认识的星,我仿佛看见它们在对我眨眼,我仿佛听见它们在小声说话。这时我忘记了一切。在星的怀抱中我微笑着,我沉睡着。我觉得自己是一个小孩子,现在睡在母亲的怀里了。

有一夜,那个在哥伦波上船的英国人指给我看天上的巨人。他用手指着://那四颗明亮的星是头,下面的几颗是身子,这几颗是手,那几颗是腿和脚,还有三颗星算是腰带。经他这一番指点,我果然看清楚了那个天上的巨人。看,那个巨人还在跑呢!

节选自巴金《繁星》

作品 11 号

钱塘江大潮,自古以来被称为天下奇观。农历八月十八是一年一度的观潮日。这一天早上,我们来到了海宁市的盐官镇,据说这里是观潮最好的地方。我们随着观潮的人群,登上了海塘大堤(dī)。宽阔的钱塘江横卧在眼前。江面很平静,越往东越宽,在雨后的阳光下,笼罩着一层蒙蒙的薄雾(bówù)。镇海古塔、中山亭和观潮台屹立(yìlì)在江边。远处,几座小山在云雾中若隐若现。江潮还没有来,海塘大堤上早已人山人海。大家昂首东望,等着,盼着。

午后一点左右,从远处传来隆隆的响声,好像闷(mèn)雷滚动。顿时人声鼎沸,有人告诉我们,潮来了!我们踮(diǎn)着脚往东望去,江面还是风平浪静,看不出有什么变化。过了一会儿,响声越来越大,只见东边水天相接的地方出现了一条白线,人群又沸腾起来。

那条白线很快地向我们移来(yí·lái),逐渐拉长,变粗,横贯江面。再近些,只见白浪翻滚,形成一堵两丈多高的水墙。浪潮越来越近,犹如千万匹白色战马齐头并进,浩浩荡荡地飞奔而来;那声音如同山崩地裂,好像大地都被震得颤动起来。

霎(shà)时,潮头奔腾西去,可是余波还在漫天卷地般涌来,江面上依旧风号(háo)浪吼。过了好久,钱塘江才恢复了//平静。看看堤下,江水已经涨了两丈来高了。

节选自赵宗成、朱明元《观潮》

扫码听作品

作品 12 号

我和几个孩子站在一片园子里,感受秋天的风。园子里长着几棵高大的梧桐树,我们的脚底下,铺了一层厚厚的梧桐叶。叶枯黄,脚踩在上面,嘎吱(gāzhī)嘎吱脆响。风还在一个劲儿地刮,吹打着树上可怜的几片叶子,那上面,就快成光秃秃的了。

我给孩子们上写作课,让孩子们描摹(miáomó)这秋天的风。以为他们一定会说寒冷、残酷和荒凉之类的,结果却出乎我的意料。

一个孩子说,秋天的风,像把大剪刀,它剪呀剪的,就把树上的叶子全剪光了。

扫码听作品

我赞许了这个比喻。有二月春风似剪刀之说,秋天的风,何尝不是一把剪刀呢?只不过,它剪出来的不是花红叶绿,而是败柳残荷。

剪完了,它让阳光来住,这个孩子突然接着说一句。他仰向我的小脸,被风吹着,像只通红的小苹果。我怔(zhèng)住,抬头看树,那上面,果真的,爬满阳光啊,每根枝条上都是。失与得,从来都是如此均衡,树在失去叶子的同时,却承接了满树的阳光。

一个孩子说,秋天的风,像个魔术师,它会变出好多好吃的,菱角(língjiao)呀,花生呀,苹果呀,葡萄呀。还有桂花,可以做桂花糕。我昨天吃了桂花糕,妈妈说,是风变出来的。

我笑了。小可爱,经你这么一说,秋天的风,还真是香的。我和孩//子们一起嗅(xiù),似乎就闻见了风的味道,像块蒸得热气腾腾(rèqì-téngténg)的桂花糕。

节选自丁立梅《孩子和秋风》

作品 13 号

扫码听作品

夕阳落山不久,西方的天空,还燃烧着一片橘(jú)红色的晚霞。大海,也被这霞光染成了红色,而且比天空的景色更要壮观。因为它是活动的,每当一排排波浪涌起的时候(shíhou),那映照在浪峰上的霞光,又红又亮,简直就像一片片霍霍燃烧着的火焰,闪烁着,消失了。而后面的一排,又闪烁着,滚动着,涌了过来。

天空的霞光渐渐地淡下去了,深红的颜色变成了绯红(fēihóng),绯红又变为浅红。最后,当这一切红光都消失了的时候,那突然显得高而远了的天空,则呈现(chéngxiàn)出一片肃穆的神色。最早出现的启明星,在这蓝色的天幕上闪烁起来了。它是那么大,那么亮,整个广漠的天幕上只有它在那里放射着令人注目的光辉,活像一盏悬挂在高空的明灯。

夜色加浓,苍空中的"明灯"越来越多了。而城市各处的真的灯火也次第亮了起来,尤其是围绕(wéirào)在海港周围山坡上的那一片灯光,从半空倒映在乌蓝的海面上,随着波浪,晃动着,闪烁着,像一串流动着的珍珠,和那一片片密布在苍穹(cāngqióng)里的星斗互相辉映,煞(shà)是好看。

在这幽美的夜色中,我踏着软绵绵(ruǎnmiánmián)的沙滩,沿着海边,慢慢地向前走去。海水,轻轻地抚摸着细软的沙滩,发出温柔的//唰唰声晚来的海风,清新而又凉爽。我的心里,有着说不出的兴奋(xīngfèn)和愉快。

夜风轻飘飘地吹拂着,空气中飘荡着一种大海和田禾相混合(hùnhé)的香味儿,柔软的沙滩上还残留着白天太阳炙晒(zhìshài)的余温。那些在各个工作岗位上劳动了一天的人们,三三两两地来到这软绵绵的沙滩上,他们浴着凉爽的海风,望着那缀满了星星的夜空,尽情地说笑,尽情地休憩(xiūqì)。

节选自峻青《海滨仲夏夜》

作品 14 号

生命在海洋里诞生绝不是偶然的,海洋的物理和化学性质,使它成为孕育(yùnyù)原始生命的摇篮。

我们知道,水是生物的重要组成部分,许多动物组织的含水量在百分之八十以上,而一些海洋生物的含水量高达百分之九十五。

扫码听作品

水是新陈代谢(xīnchén-dàixiè)的重要媒介(méijiè),没有它,体内的一系列生理和生物化学反应就无法进行,生命也就停止。因此,在短时期内动物缺水要比缺少食物更加危险。水对今天的生命是如此重要,它对脆弱的原始生命,更是举足轻重(jǔzú-qīngzhòng)了。生命在海洋里诞生,就不会有缺水之忧。

水是一种良好的溶剂。海洋中含有许多生命所必需的无机盐,如氯化钠(lǜhuànà)、氯化钾、碳酸盐、磷酸盐(línsuānyán),还有溶解氧,原始生命可以毫不费力地从中吸取它所需要的元素。

水具有很高的热容量,加之海洋浩大,任凭夏季烈日曝晒(pùshài),冬季寒风扫荡,它的温度变化却比较(bǐjiào)小。因此,巨大的海洋就像是天然的"温箱",是孕育原始生命的温床。

阳光虽然为(wéi)生命所必需,但是阳光中的紫外线却有扼杀(èshā)原始生命的危险。水能有效地吸收紫外线,因而(yīn'ér)又为(wèi)原始生命提供(tígōng)了天然的"屏障"(píngzhàng)。

这一切都是原始生命得以产生和发展的必要条件。//

节选自童裳亮《海洋与生命》

作品 15 号

在我国历史地理中,有三大都城密集区,它们是:关中盆地、洛阳盆地、北京小平原。其中每一个地区都曾诞生过四个以上大型王朝的都城。而关中盆地、洛阳盆地是前朝历史的两个都城密集区,正是它们构成了早期文明核心地带中最重要的内容。

为什么这个地带会成为华夏文明最先进的地区?这主要是由两个方面的条件促成的,一个是自然环境方面的,一个是人文环境方面的。

在自然环境方面,这里是我国温带季风气候带的南部,降雨、气温、土壤等条件都可以满足旱作(hànzuò)农业的需求。中国北方的古代农作物,主要是一年生的粟(sù)和黍(shǔ)。黄河中下游的自然环境为粟黍作物的种植和高产提供(tígōng)了得天独厚的条件。农业生产的发达,会促进整个社会经济的发展,从而推动社会的进步。

在人文环境方面,这里是南北方、东西方大交流的轴心地区。在最早的六大新石器文化分布形势图中可以看到,中原处于这些文化分布的中央地带。无论是考古发现还是历史传说,都有南北文化长距离交流、东西文化相互碰撞的证据。中原地区在空间上恰恰位居中心,成为信息最发达、眼界最宽广、活动最//繁忙、竞争最激烈的地方(dìfang)。正是这些活动,推动了各项人文事务的发展,文明的方方面面就是在处理各类事务的过程中被开创出来的。

节选自唐晓峰《华夏文明的发展和融合》

作品 16 号

于很多中国人而言,火车就是故乡。在中国人的心中,故乡的地位尤为重要,老家的意义非同寻常,所以,即便是坐过无数次火车,但印象最深刻的,或许还是返乡那一趟车。那一列列返乡的火车所停靠的站台边,熙攘(xīrǎng)的人流中,匆忙的脚步里,张望的目光下,涌动着的都是思乡的情绪。每一次看见返乡那趟火车,总觉得是那样可爱与亲切,仿佛看见了千里之外的故乡。上火车后,车启动的一刹那(chànà),在车轮与铁轨碰撞的"况且(kuàngqiě)"声中,思乡的情绪便陡然(dǒurán)在车厢里弥漫(mímàn)开来。你知道,它将驶向的,是你最熟悉也最温暖的故乡。再过几个或者十几

个小时,你就会回到故乡的怀抱。这般感受,相信在很多人的身上都曾发生过。尤其在春节、中秋等传统节日到来之际,亲人团聚的时刻,更为强烈。

　　火车是故乡,火车也是远方。速度的提升,铁路的延伸,让人们通过火车实现了向远方自由流动的梦想。今天的中国老百姓,坐着火车,可以去往九百六十多万平方公里土地上的天南地北,来到祖国东部的平原,到达祖国南方的海边,走进祖国西部的沙漠,踏上祖国北方的草原,去观三山五岳,去看大江大河……

　　火车与空//间有着密切的联系,与时间的关系也让人觉得颇有意思。那长长的车厢,仿佛一头连着中国的过去,一头连着中国的未来。

节选自舒翼《记忆像铁轨一样长》

作品 17 号

　　奶奶给我讲过这样一件事:有一次她去商店,走在她前面的一位阿姨推开沉重的大门,一直等到她跟上来才松开手。当奶奶向她道谢的时候,那位阿姨轻轻地说:"我的妈妈和您的年龄差不多,我希望她遇到这种时候,也有人为她开门。"听了这件事,我的心温暖了许久。

扫码听作品

　　一天,我陪患病的母亲去医院输液,年轻的护士为母亲扎了两针也没有扎进血管里(xuèguǎn·lǐ),眼见针眼处鼓起青包。我正要抱怨几句,一抬头看见了母亲平静的眼神——她正在注视着护士额头上密密的汗珠,我不禁(bùjīn)收住了涌到嘴边的话。只见母亲轻轻地对护士说:"不要紧,再来一次!"第三针果然成功了。那位护士终于长出了一口气,她连声说:"阿姨,真对不起。我是来实习的,这是我第一次给病人扎针,太紧张了。要不是您的鼓励,我真不敢给您扎了。"母亲用另一只手拉着我,平静地对护士说:"这是我的女儿,和你差不多大小,正在医科大学读书,她也将面对自己的第一个患者(huànzhě)。我真希望她第一次扎针的时候,也能得到患者的宽容和鼓励。"听了母亲的话,我的心里充满了温暖与幸福。

　　是啊,如果我们在生活中能将心比心,就会对老人生出一份//尊重,对孩子增加一份关爱,就会使人与人之间多一些宽容和理解。

节选自姜桂华《将心比心》

作品 18 号

晋祠(Jìncí)之美,在山,在树,在水。

这里的山,巍巍的,有如一道屏障;长长的,又如伸开的两臂,将晋祠拥在怀中。春日黄花满山,径(jìng)幽香远;秋来草木萧疏(xiāoshū),天高水清。无论什么时候拾级(shèjí)登山都会心旷神怡。

这里的树,以古老苍劲(cāngjìng)见长。有两棵老树:一棵是周柏(bǎi),另一棵是唐槐(huái)。那周柏,树干劲直(jìngzhí),树皮皱裂(zhòuliè),顶上挑(tiāo)着几根青青的疏枝,偃卧(yǎnwò)于石阶旁。那唐槐,老干粗大,虬枝(qiúzhī)盘屈,一簇簇(cù)柔条,绿叶如盖。还有水边殿外的松柏槐柳,无不显出苍劲(cāngjìng)的风骨。以造型奇特见长的,有的偃如(yǎnrú)老妪(yù)负水,有的挺如壮士托天,不一而足。圣母殿前的左扭柏,拔地而起,直冲云霄,它的树皮上的纹理一齐向左边拧去,一圈一圈,丝纹不乱,像地下旋起了一股烟,又似天上垂下了一根绳。晋祠在古木的荫护(yìnhù)下,显得分外(fènwài)幽静、典雅。

这里的水,多、清、静、柔。在园里信步,但见这里一泓(hóng)深潭,那里一条小渠。桥下有河,亭中有井,路边有溪。石间细流脉脉(mòmò),如线如缕;林中碧波闪闪,如锦如缎。这些水都来自"难老泉"。泉上有亭,亭上悬挂着清代著名学者傅山写的"难老泉"三个字。这么多的水长流不息,日日夜夜发出叮叮咚咚的响声。水的清澈真令人叫绝,无论//多深的水,只要光线好,游鱼碎石,历历可见。水的流势都不大,清清的微波,将长长的草蔓(màn)拉成一缕缕的丝,铺在河底,挂在岸边,合着那些金鱼、青苔以及石栏的倒影,织成一条条大飘带,穿亭绕榭(xiè),冉冉不绝。当年李白来到这里,曾赞叹说:"晋祠流水如碧玉。"当你沿着流水去观赏那亭台楼阁时,也许会这样问:这几百间建筑怕都是在水上漂着的吧!

节选自梁衡《晋祠》

作品 19 号

人们常常把人与自然对立起来,宣称要征服自然。殊不知在大自然面前,人类永远只是一个天真幼稚的孩童,只是大自然机体上普通的一部分,正像一株小草只是她的普通一部分一样。

如果说自然的智慧是大海,那么,人类的智慧就只是大海中的一个小水滴,虽然这个水滴也能映照大海,但毕竟不是大海,可是,人们竟然不自量力地宣称要用这滴水来代替大海。

看着人类这种狂妄(kuángwàng)的表现,大自然一定会窃笑(qièxiào)——就像母亲面对无知的孩子那样的笑。人类的作品飞上了太空,打开了一个个微观世界,于是人类沾沾(zhānzhān)自喜,以为揭开了大自然的秘密。可是,在自然看来,人类上下翻飞的这片巨大空间,不过是咫(zhǐ)尺之间而已,就如同鲲鹏(kūnpéng)看待斥鷃(chìyàn)一般,只是蓬蒿(pénghāo)之间罢了。即使从人类自身智慧发展史的角度看,人类也没有理由过分自傲:人类的知识与其祖先相比诚然有了极大的进步,似乎有嘲笑古人的资本;可是,殊不知对于后人而言我们也是古人,一万年以后的人们也同样会嘲笑今天的我们,也许在他们看来,我们的科学观念还幼稚得很,我们的航天器在他们眼中不过是个非常简单的//儿童玩具。

节选自严春友《敬畏自然》

作品 20 号

舞台上的幕布拉开了,音乐奏起来了。演员们踩着音乐的拍子,以庄重而有节奏的步法走到灯光前面来了。灯光射在他们五颜六色的服装和头饰上,一片金碧辉煌的彩霞。

扫码听作品

当女主角穆桂英以轻盈而矫健的步子出场的时候,这个平静的海面陡然(dǒurán)动荡起来了,它上面卷起了一阵暴风雨;观众像触了电似的迅即对这位女英雄报以雷鸣般的掌声。她开始唱了。她圆润的歌喉在夜空中颤动(chàndòng),听起来辽远而又切近,柔和而又铿锵(kēngqiāng)。戏词像珠子似的从她的一笑一颦(pín)中,从她优雅的"水袖"中,从她婀娜(ēnuó)的身段中,一粒一粒地滚下来,滴在地上,溅到空中,落进每一个人的心里,引起一片深远的回音。这回音听不见,却淹没了刚才涌起的那一阵热烈的掌声。

观众像着了魔一样,忽然变得鸦雀无声。他们看得入了神。他们的感情和舞台上女主角的感情融在了一起。女主角的歌舞渐渐进入高潮。观众的情感也渐渐进入高潮。潮在涨。没有谁能控制住它。这个一度平静下来的人海忽然又动荡起来了。戏就在这时候要到达顶点。我们的女主角在这时候就像一朵盛开的鲜花,观众想把这朵鲜花捧在手里,不让//它消逝。他们不约而同地从座位上立起来,像潮水一样,涌到我们这位艺术家面前。舞台已经失去了界限,整个的剧场成了一个庞大的舞台。

我们这位艺术家是谁呢?他就是梅兰芳同志。半个世纪的舞台生涯过去了,六十六岁的高龄,仍然能创造出这样富有朝气的美丽形象,表现出这样充沛(chōngpèi)的青春活力,这不能不说是奇迹。这奇迹的产生是必然的,因为我们拥有这样热情的观众和这样热情的艺术家。

节选自叶君健《看戏》

作品 21 号

扫码听作品

十年,在历史上不过是一瞬间(shùnjiān)。只要稍加注意,人们就会发现:在这一瞬间里,各种事物都悄悄经历了自己的千变万化。

这次重新访日,我处处感到亲切和熟悉(shú·xī),也在许多方面发觉了日本的变化。就拿奈良(Nàiliáng)的一个角落来说吧,我重游了为(wèi)之感受很深的唐招提寺,在寺内各处匆匆走了一遍,庭院依旧,但意想不到还看到了一些新的东西(dōngxi)。其中之一,就是近几年从中国移植来的"友谊之莲"。

在存放鉴真遗像的那个院子(yuànzi)里,几株中国莲昂然挺立,翠绿的宽大荷叶正迎风而舞,显得十分愉快(yúkuài)。开花的季节已过,荷花朵朵已变为莲蓬(liánpeng)累累(léiléi)。莲子(liánzǐ)的颜色正在由青转紫,看来已经成熟了。

我禁不住(jīn·bùzhù)想:"因"已转化为"果"。

中国的莲花开在日本,日本的樱花开在中国,这不是偶然。我希望这样一种盛况延续不衰。在这些日子(rìzi)里,我看到了不少多年不见的老朋友,又结识(jiéshí)了一些新朋友。大家喜欢涉及的话题之一,就是古长安和古奈良。那还用得着(yòngdezháo)问吗,朋友们缅怀(miǎnhuái)过去,正是瞩望(zhǔwàng)未来。瞩目于未来的人们必将获得未来。我不例外,也希望一个美好的未来。为了(wèile)中日人民之间的友谊,我将不会浪费今后生命的每一瞬间。//

节选自严文井《莲花和樱花》

作品 22 号

我打猎归来,沿着花园的林阴(línyīn)路走着。狗跑在我前边。突然,狗放慢脚步,蹑足潜行(nièzú-qiánxíng),好像嗅(xiù)到了前边有什么野物。

我顺着林阴路望去,看见了一只嘴边还带黄色、头上生着柔毛的小麻雀(máquè)。风猛烈地吹打着林阴路上的白桦树(báihuàshù),麻雀从巢里跌落下来,呆呆地伏在地上,孤立无援地张开两只羽毛还未丰满的小翅膀。

扫码听作品

我的狗慢慢向它靠近。忽然,从附近一棵树上飞下一只黑胸脯(xiōngpú)的老麻雀,像一颗石子(shízǐ)似的(shìde)落到狗的跟前。老麻雀全身倒竖(dàoshù)着羽毛,惊恐万状,发出绝望、凄惨的叫声,接着向露出(lòuchū)牙齿、大张着的狗嘴扑去。

老麻雀是猛扑下来救护幼雀的。它用身体掩护着自己的幼儿(yòu'ér)……但它整个小小的身体因恐怖而战栗(zhànlì)着,它小小的声音也变得粗暴嘶哑,它在牺牲自己!

在它看来,狗该是多么庞大的怪物啊!然而它还是不能站在自己高高的、安全的树枝上……一种比它的理智更强烈的力量,使它从那儿扑下身来。

我的狗站住了,向后退了退……看来,它也感到了这种力量(lì·liàng)。

我赶紧唤住惊慌失措的狗,然后我怀着崇敬(chóngjìng)的心情,走开了。

是啊,请不要见笑。我崇敬那只小小的、英勇的鸟儿(niǎo'ér),我崇敬它那种爱的冲动和力量。

爱,我//想,比死和死的恐惧更强大。只有依靠它,依靠这种爱,生命才能维持下去,发展下去。

节选自[俄]伊凡·谢尔盖耶维奇·屠格涅夫《麻雀》,巴金译

作品 23 号

在浩瀚无垠(wúyín)的沙漠里,有一片美丽的绿洲,绿洲里藏着一颗闪光的珍珠。这颗珍珠就是敦煌莫高窟。它坐落在我国甘肃省敦煌市三危山和鸣沙山的怀抱中。

鸣沙山东麓(dōnglù)是平均高度为十七米的崖壁。在一千六百多米长的崖壁上,凿(záo)有大小洞窟七百余个,形成了规

扫码听作品

模宏伟的石窟群。其中四百九十二个洞窟中,共有彩色塑像(sùxiàng)两千一百余尊,各种壁画共四万五千多平方米。

莫高窟是我国古代无数艺术匠师留给人类的珍贵文化遗产。莫高窟的彩塑,每一尊都是一件精美的艺术品。最大的有九层楼那么高,最小的还不如一个手掌大。这些彩塑个性鲜明,神态各异。有慈眉善目的菩萨(pú·sà),有威风凛凛(wēifēng—lǐnlǐn)的天王,还有强壮勇猛的力士……

莫高窟壁画的内容丰富多彩,有的是描绘古代劳动人民打猎、捕鱼、耕田、收割的情景,有的是描绘人们奏乐、舞蹈、演杂技的场面,还有的是描绘大自然的美丽风光。其中最引人注目的是飞天。壁画上的飞天,有的臂挎花篮,采摘鲜花;有的反弹琵琶(pí·pá),轻拨银弦;有的倒悬身子(shēnzi),自天而降;有的彩带飘拂,漫天遨游(áoyóu);有的舒展着双臂,翩翩起舞(piānpiān-qǐwǔ)。看着这些精美动人的壁画,就像走进了//灿烂辉煌的艺术殿堂。

莫高窟里还有一个面积(miànjī)不大的洞窟——藏经洞。洞里曾藏有我国古代的各种经卷、文书、帛画(bóhuà)、刺绣、铜像等共六万多件。由于清朝政府腐败无能,大量珍贵的文物被外国强盗掠走。仅存的部分经卷,现在陈列于北京故宫等处。

莫高窟是举世闻名的艺术宝库。这里的每一尊彩塑、每一幅壁画、每一件文物,都是中国古代人民智慧的结晶。

节选自《莫高窟》

扫码听作品

作品 24 号

森林涵养水源,保持水土,防止水旱灾害的作用非常大。据专家测算,一片十万亩面积的森林,相当于一个两百万立方米的水库,这正如农谚所说的:"山上多栽树,等于修水库。雨多它能吞,雨少它能吐(tǔ)。"

说起森林的功劳,那还多得很。它除了(chúle)为人类提供(tígōng)木材及许多种生产、生活的原料之外,在维护生态环境方面也是功劳卓著(zhuózhù),它用另一种"能吞能吐"的特殊功能孕育了人类。因为地球在形成之初,大气中的二氧化碳(èryǎnghuàtàn)含量很高,氧气很少,气温也高,生物是难以生存的。大约在四亿年之前,陆地才产生了森林。森林慢慢将大气中的二氧化碳吸收,同时吐出新鲜氧气,调节气温:这才具备了人类生存的条件,地球上才最终有了人类。

森林,是地球生态系统的主体,是大自然的总调度室(diàodùshì),是地球的绿色之肺。森林维护地球生态环境的这种"能吞能吐"的特殊功能是其他任何物体都不能取代的。然而,由于地球上的燃烧物增多,二氧化碳的排放量急剧增加,使得地球生态环境急剧恶化,主要表现为全球气候(qìhòu)变暖,水分蒸发加快,改变了气流的循环,使气候变化加剧,从而引发热浪、飓风(jùfēng)、暴雨、洪涝及干旱。

为了//使地球的这个"能吞能吐"的绿色之肺恢复健壮,以改善生态环境,抑制全球变暖,减少水旱等自然灾害,我们应该大力造林、护林,使每一座荒山都绿起来。

节选自《"能吞能吐"的森林》

作品 25 号

中国没有人不爱荷花的。可我们楼前池塘中独独缺少荷花。每次看到或想到,总觉得是一块心病。有人从湖北来,带来了洪湖的几颗莲子,外壳呈黑色,极硬。据说,如果埋在淤泥(yūní)中,能够千年不烂。我用铁锤在莲子上砸开了一条缝,让莲芽能够破壳(pòké)而出,不至永远埋在泥中。把五六颗敲破的莲子投入池塘中,下面就是听天由命了。

扫码听作品

这样一来,我每天就多了一件工作:到池塘边上去看上几次。心里总是希望,忽然有一天,"小荷才露(lù)尖尖角",有翠绿的莲叶长出水面。可是,事与愿违(wéi),投下去的第一年,一直到秋凉落叶,水面上也没有出现什么东西。但是到了第三年,却忽然出了奇迹。有一天,我忽然发现,在我投莲子的地方长出了几个圆圆的绿叶,虽然颜色极惹人喜爱,但是却细弱单薄(dānbó),可怜巴巴地平卧在水面上,像水浮莲的叶子一样。

真正的奇迹出现在第四年上。到了一般荷花长叶的时候,在去年飘浮着五六个叶片的地方,一夜之间,突然长出了一大片绿叶,叶片扩张的速度,范围的扩大,都是惊人地快。几天之内,池塘内不小一部分,已经全为绿叶所覆盖。而且原来平卧在水面上的像是水浮莲一样的//叶片,不知道是从哪里聚集来了力量,有一些竟然跃出了水面,长成了亭亭的荷叶。这样一来,我心中的疑云一扫而光:池塘中生长的真正是洪湖莲花的子孙了。我心中狂喜,这几年总算是没有白等。

节选自季羡林《清塘荷韵》

作品 26 号

扫码听作品

在原始社会里,文字还没有创造出来,却先有了歌谣一类的东西。这也就是文艺。

文字创造出来以后,人就用它把所见所闻所想所感的一切记录下来。一首歌谣,不但口头唱,还要刻呀,漆呀,把它保留在什么东西上。这样,文艺和文字就并了家。

后来纸和笔普遍地使用了,而且(érqiě)发明了印刷术。凡是需要记录下来的东西,要多少份就可以有多少份。于是所谓文艺,从外表说,就是一篇稿子,一部书,就是许多文字的集合体。

文字是一道桥梁,通过了这一道桥梁,读者才和作者会面。不但会面,并且了解作者的心情,和作者的心情相契合。

就作者的方面说,文艺的创作决不是随便取许多文字来集合在一起。作者着手(zhuóshǒu)创作,必然对于人生先有所见,先有所感。他把这些所见所感写出来,不作抽象的分析,而作具体的描写,不作刻板的记载,而作想象的安排。他准备写的不是普通的论说文、记叙文;他准备写的是文艺。他动手写,不但选择那些最适当的文字,让它们集合起来,还要审查那些写下来的文字,看有没有应当修改或是增减的。总之,作者想做到的是:写下来的文字正好传达出他的所见所感。

就读者的//方面说,读者看到的是写在纸面或者印在纸面的文字,但是看到文字并不是他们的目的。他们要通过文字去接触(jiēchù)作者的所见所感。

节选自叶圣陶《驱遣我们的想象》

作品 27 号

扫码听作品

语言,也就是说话,好像是极其稀松平常的事儿。可是仔细想想,实在是一件了不起的大事。正是因为(yīn·wèi)说话跟吃饭、走路一样的平常,人们才不去想它究竟是怎么回事儿。其实这三件事儿都是极不平常的,都是使人类不同于别的动物的特征。

记得在小学里读书的时候,班上有一位"能文"的大师兄,在一篇作文的开头写下这么两句:"鹦鹉能言,不离于禽;猩猩能言,不离于兽。"我们看了都非常佩服。后来知道这两句是有来历的,只是字句有些出入。又过了若干年,才知道这两句话都有问题。鹦鹉能学人说话,可只是作为现成的公式来说,不会加以变化。只有人们说话是从具体情况出发,情况一变,话也跟着变。

西方学者拿黑猩猩做实验,它们能学会极其有限的一点儿符号语言,可是学不会把它变成有声语言。人类语言之所以能够"随机应(yìng)变",在于一方面能把语音分析成若干音素,又把这些音素组合成音节,再把音节连缀(liánzhuì)起来。另一方面,又能分析外界事物及其变化,形成无数的"意念",一一配以语音,然后综合运用,表达各种复杂的意思。一句话,人类语言的特点就在于能用变化无穷的语音,表达变化无穷的//意义。这是任何其他动物办不到的。

节选自吕叔湘《人类的语言》

作品 28 号

父亲喜欢下象棋。那一年,我大学回家度假,父亲教我下棋。

扫码听作品

我们俩摆好棋,父亲让我先走三步,可不到三分钟,三下五除二,我的兵将损失大半,棋盘上空荡荡的,只剩下老帅、士和一车(jū)两卒在孤军奋战。我还不肯罢休,可是已无力回天,眼睁睁看着父亲"将(jiāng)军",我输了。

我不服气,摆棋再下。几次交锋,基本上都是不到十分钟我就败下阵来。我不禁(bùjīn)有些泄气。父亲对我说:"你初学下棋,输是正常的。但是你要知道输在什么地方;否则,你就是再下上十年,也还是输。"

"我知道,输在棋艺上。我技术上不如你,没经验。"

"这只是次要因素,不是最重要的。"

"那最重要的是什么?"我奇怪地问。

"最重要的是你的心态不对。你不珍惜你的棋子。"

"怎么不珍惜呀?我每走一步,都想半天。"我不服气地说。

"那是后来,开始你是这样吗?我给你计算过,你三分之二的棋子是在前三分之一的时间内丢失的。这期间你走棋不假思索(bùjiǎ-sīsuǒ),拿起来就走,失了也不觉得可惜。因为你觉得棋子很多,失一两个不算什么。"

我看看父亲,不好意思地低下头。"后三分之二的时间,你又犯了相反的错误:对棋子过于珍惜,每走一步,都思前想后,患(huàn)得患失,一个棋也不想失,//结果一个一个都失去了。"

节选自林夕《人生如下棋》

作品29号

扫码听作品

仲夏(zhòngxià),朋友相邀游十渡。在城里住久了,一旦进入山水之间,竟有一种生命复苏的快感。

下车后,我们舍弃了大路,挑选了一条半隐半现在庄稼地里的小径,弯弯绕绕地来到了十渡渡口。夕阳下的拒马河慷慨地撒(sǎ)出一片散金(sǎnjīn)碎玉,对我们表示欢迎。

岸边山崖上刀斧痕犹存的崎岖(qíqū)小道,高低凸凹(tū'āo),虽没有"难于上青天"的险恶,却也有踏空了滚到拒马河洗澡的风险。狭窄处只能手扶岩石贴壁而行。当"东坡草堂"几个红漆大字赫然(hèrán)出现在前方岩壁时,一座镶嵌(xiāngqiàn)在岩崖间的石砌茅草屋同时跃进眼底。草屋被几级石梯托得高高的,屋下俯瞰(fǔkàn)着一湾河水,屋前顺山势辟出了一片空地,算是院落吧!右侧有一小小的蘑菇形的凉亭,内设石桌石凳,亭顶褐黄色的茅草像流苏般向下垂泻,把现实和童话串(chuàn)成了一体。草屋的构思者最精彩的一笔,是设在院落边沿的柴门(cháimén)和篱笆,走近这儿,便有了"花径不曾缘客扫,蓬(péng)门今始为君开"的意思。

当我们重登凉亭时,远处的蝙蝠(biānfú)山已在夜色下化为剪影,好像就要展翅扑来。拒马河趁人们看不清它的容貌时豁开(huōkāi)了嗓门儿韵味十足地唱呢!偶有不安分的小鱼儿和青蛙蹦跳//成声,像是为了强化这夜曲的节奏。此时,只觉世间唯有水声和我,就连偶尔从远处赶来歇脚的晚风,也悄(qiǎo)无声息。

当我渐渐被夜的凝重与深邃(shēnsuì)所融蚀(róngshí),一缕新的思绪涌动时,对岸沙滩上燃起了篝火(gōuhuǒ),那鲜亮的火光,使夜色有了躁动感。篝火四周,人影绰约(chuòyuē),如歌似舞。朋友说,那是北京的大学生们,结伴来这儿度周末的。遥望那明灭无定的火光,想象着篝火映照的青春年华,也是一种意想不到的乐趣。

节选自刘延《十渡游趣》

作品30号

在闽(mǐn)西南和粤(yuè)东北的崇山峻岭(chóngshānjùnlǐng)中,点缀着数以千计的圆形围屋或土楼,这就是被誉为"世界民居奇葩(pā)"的客家民居。

扫码听作品

客家人是古代从中原繁盛的地区迁到南方的。他们的居住地大多在偏僻(piānpì)、边远的山区,为了防备盗匪(dàofěi)的骚扰(sāorǎo)和当地人的排挤,便建造了营垒式住宅,在土中掺(chān)石灰,用糯米饭、鸡蛋清作黏(nián)合剂,以竹片、木条作筋骨,夯筑(hāngzhù)起墙厚一米,高十五米以上的土楼。它们大多为三至六层楼,一百至二百多间房屋如橘瓣(júbàn)状排列,布局均匀,宏伟壮观。大部分土楼有两三百年甚至五六百年的历史,经受无数次地震撼动(hàndòng)、风雨侵蚀以及炮火攻击而安然无恙(yàng),显示了传统建筑文化的魅力。

客家先民崇尚圆形,认为圆是吉祥、幸福和安宁的象征。土楼围成圆形的房屋均按八卦布局排列,卦与卦之间设有防火墙,整齐划一(huàyī)。

客家人在治家、处事(chǔshì)、待人、立身等方面,无不体现出明显的文化特征。比如,许多房屋大门上刻着这样的正楷对联:"承前祖德勤和俭,启后子孙读与耕",表现了先辈希望子孙和睦相处、勤俭持家的愿望。楼内房间大小一模(mú)一样,他们不分贫富、贵贱,每户人家平等地分到底层至高层各//一间房。各层房屋的用途惊人地统一,底层是厨房兼饭堂,二层当贮仓(zhùcāng),三层以上作卧室,两三百人聚居一楼,秩序井然,毫不混乱(hùnluàn)。土楼内所保留的民俗文化,让人感受到中华传统文化的深厚久远。

节选自张宇生《世界民居奇葩》

作品31号

我国的建筑,从古代的宫殿到近代的一般住房,绝大部分(bùfen)是对称(duìchèn)的,左边怎么样,右边也怎么样。苏州园林可绝不讲究(jiǎng·jiū)对称,好像故意避免似的(shìde)。东边有了一个亭子或者一道回廊,西边决不会来一个同样的亭子或者一道同样的回廊。这是为什么?我想,用图画来比方(bǐfang),对称的建筑是图案画,不是美术画,而园林是美术画,美术画要求自然之趣,是不讲究对称的。

扫码听作品

苏州园林里都有假山和池沼(chízhǎo)。

假山的堆叠,可以说是一项艺术而不仅是技术。或者是重峦叠嶂(chóngluán-diézhàng),或者是几座小山配合着竹子花木,全在乎(zàihu)设计者和匠师们生平多阅历,胸中有丘壑(qiūhè),才能使游览者攀登的时候忘却苏州城市,只觉得身在山间。

至于池沼,大多引用活水。有些园林池沼宽敞(kuān·chǎng),就把池沼作为全园的中心,其他景物配合着布置。水面假如成河道模样(múyàng),往往安排桥梁。假如安排两座以上的桥梁,那就一座一个样,决不雷同。

池沼或河道的边沿很少砌齐整(qízhěng)的石岸,总是高低屈曲任其自然。还在那儿(nàr)布置几块玲珑的石头(shítou),或者种些花草。这也是为了取得从各个角度看都成一幅画的效果。池沼里养着金鱼或各色鲤鱼,夏秋季节荷花或睡莲开//放,游览者看"鱼戏莲叶间",又是入画的一景。

节选自叶圣陶《苏州园林》

作品 32 号

扫码听作品

　　泰山极顶看日出,历来被描绘成十分壮观的奇景。有人说:登泰山而看不到日出,就像一出大戏没有戏眼,味儿(wèir)终究有点(diǎnr)寡淡。

　　我去爬山那天,正赶上个难得的好天,万里长空,云彩(yúncai)丝儿都不见,素常烟雾腾腾的山头,显得眉目分明。同伴们都欣喜地说:"明天早晨准可以看见日出了。"我也是抱着这种想头(xiǎngtou),爬上山去。

　　一路从山脚往上爬,细看山景,我觉得挂在眼前的不是五岳独尊的泰山,却像一幅规模惊人的青绿山水画,从下面倒(dào)展开来。在画卷中最先露出(lòuchū)的是山根底那座明朝建筑岱宗坊(Dàizōngfāng),慢慢地便现出王母池、斗母宫(Dǒumǔgōng)、经石峪。山是一层比一层深,一叠比一叠奇,层层叠叠,不知还会有多深多奇。万山丛中,时而点染着极其工细的人物。王母池旁的吕祖殿里有不少尊明塑(sù),塑着吕洞宾等一些人,姿态神情是那样有生气,你看了,不禁(bùjīn)会脱口赞叹说:"活啦。"

　　画卷继续展开,绿阴森森的柏洞露面(lòumiàn)不太久,便来到对松山。两面奇峰对峙(duìzhì)着,满山峰都是奇形怪状的老松,年纪怕都有上千岁了,颜色竟那么浓,浓得好像要流下来似的。来到这儿你不妨权当(quándàng)一次画里的写意人物,坐在路旁的对松亭里,看看山色,听听流//水和松涛。一时间,我又觉得自己不仅是在看画卷,却又像是在零零乱乱翻着一卷历史稿本。

节选自杨朔《泰山极顶》

作品 33 号

扫码听作品

在太空的黑幕上,地球就像站在宇宙舞台中央那位最美的大明星,浑身散发出夺人心魄的彩色的、明亮的光芒,她披着浅蓝色的纱裙和白色的飘带,如同天上的仙女缓缓飞行。

地理知识告诉我,地球上大部分地区覆盖(fùgài)着海洋,我果然看到了大片蔚蓝色的海水,浩瀚的海洋骄傲地披露(pīlù)着广阔壮观的全貌,我还看到了黄绿相间(xiāngjiàn)的陆地,连绵的山脉纵横其间;我看到我们平时所说的天空,大气层中飘浮着片片雪白的云彩(yúncai),那么轻柔,那么曼妙,在阳光普照下,仿佛贴在地面上一样。海洋、陆地、白云,它们呈现在飞船下面,缓缓驶来,又缓缓离去。

我知道自己还是在轨道上飞行,并没有完全脱离地球的怀抱,冲向宇宙的深处,然而(rán'ér)这也足以让我震撼了,我并不能看清宇宙中众多的星球,因为实际上它们离我们的距离非常遥远,很多都是以光年计算。正因为如此,我觉得宇宙的广袤(guǎngmào)真实地摆在我的眼前,即便作为中华民族第一个飞天的人我已经跑到离地球表面四百公里的空间,可以称为太空人了,但是实际上在浩瀚的宇宙面前,我仅像一粒尘埃(chén'āi)。

虽然独自在太空飞行,但我想到了此刻千万//中国人翘首以待(qiáoshǒu-yǐdài),我不是一个人在飞,我是代表所有中国人,甚至人类来到了太空。我看到的一切证明了中国航天技术的成功,我认为我的心情一定要表达一下,就拿出太空笔,在工作日志背面写了一句话:"为了人类的和平与进步,中国人来到太空了。"以此来表达一个中国人的骄傲和自豪。

节选自杨利伟《天地九重》

作品 34 号

扫码听作品

最使我难忘的,是我小学时候的女教师蔡芸芝(Cài-Yúnzhī)先生。

现在回想起来,她那时有十八九岁。右嘴角边有榆钱大小一块黑痣(hēizhì)。在我的记忆里,她是一个温柔和美丽的人。

她从来不打骂我们。仅仅有一次,她的教鞭好像要落下来(xià·lái),我用石板一迎,教鞭轻轻地敲在石板边上,大伙笑了,她也笑了。我用儿童的狡猾的眼光察觉,她爱我们,并没有存心要打的意思。孩子们是多么善于观察这一点啊。

在课外的时候,她教我们跳舞,我现在还记得她把我扮成女孩子表演跳舞的情景。

在假日里,她把我们带到她的家里和女朋友的家里。在她的女朋友的园子里,她还让我们观察蜜蜂;也是在那时候,我认识了蜂王,并且平生第一次吃了蜂蜜。

她爱诗,并且爱用歌唱的音调教我们读诗。直到现在我还记得她读诗的音调,还能背诵她教我们的诗:

圆天盖着大海,

黑水托着孤舟,

远看不见山,

那天边只有云头,

也看不见树,

那水上只有海鸥……

今天想来,她对我的接近文学和爱好文学,是有着多么有益的影响!

像这样的教师,我们怎么会不喜欢她,怎么会不愿意和她亲近呢?我们见了她不由得就围上去。即使她写字的时候,我//们也默默地看着她,连她握铅笔的姿势都急于模仿。

节选自魏巍《我的老师》

作品 35 号

扫码听作品

我喜欢出发。

凡是到达了的地方,都属于昨天。哪怕那山再青,那水再秀,那风再温柔。太深的流连便成了一种羁绊(jībàn),绊住的不仅有双脚,还有未来。

怎么能不喜欢出发呢?没见过大山的巍峨(wēi'é),真是遗憾;见了大山的巍峨没见过大海的浩瀚(hàohàn),仍然遗憾;见了大海的浩瀚没见过大漠的广袤(guǎngmào),依旧遗憾;见了大漠的广袤没见过森林的神秘,还是遗憾。世界上有不绝的风景,我有不老的心情。

我自然知道,大山有坎坷(kǎnkě),大海有浪涛,大漠有风沙,森林有猛兽。即便这样,我依然喜欢(xǐhuan)。

打破生活的平静便是另一番景致,一种属于年轻的景致。真庆幸,我还没有老。即便真老了又怎么样,不是有句话叫老当益壮吗?

于是,我还想从大山那里学习深刻,我还想从大海那里学习勇敢,我还想从大漠那里学习沉着,我还想从森林那里学习机敏。我想学着品味一种缤纷的人生。

人能走多远?这话不是要问两脚而是要问志向。人能攀多高?这事不是要问双手而是要问意志。于是,我想用青春的热血(rèxuè)给自己树起一个高远的目标。不仅是为了争取一种光荣,更是为了追求一种境界。目标实现了,便是光荣;目标实现不了,人生也会因//这一路风雨跋涉(báshè)变得丰富而充实;在我看来,这就是不虚此生。

是的,我喜欢出发,愿你也喜欢。

节选自汪国真《我喜欢出发》

作品 36 号

乡下(xiāngxia)人家总爱在屋前搭一瓜架,或种南瓜,或种丝瓜,让那些瓜藤攀上棚架,爬上屋檐。当花儿落了的时候,藤上便结(jiē)出了青的、红的瓜,它们一个个挂在房前,衬着那长长的藤,绿绿的叶。青、红的瓜,碧绿的藤和叶,构成了一道别有风趣的装饰,比那高楼门前蹲着一对石狮子或是竖着两根大旗杆,可爱多了。

扫码听作品

有些人家(rénjiā),还在门前的场地上种几株花,芍药,凤仙,鸡冠花,大丽菊,它们依着时令,顺序开放,朴素中带着几分华丽,显出一派独特的农家风光。还有些人家,在屋后种几十枝竹,绿的叶,青的竿,投下一片浓浓的绿荫。几场春雨过后,到那里走走,你常常会看见许多鲜嫩的笋(sǔn),成群地从土里探出头来。

鸡,乡下人家照例总要养几只的。从他们的房前屋后走过,你肯定会瞧见一只母鸡,率领一群小鸡,在竹林中觅食;或是瞧见耸(sǒng)着尾巴的雄鸡,在场地上大踏步地走来走去。

他们的屋后倘若有一条小河,那么在石桥旁边,在绿树荫(yīn)下,你会见到一群鸭子游戏水中,不时地把头扎(zhā)到水下去觅食。即使附近的石头上有妇女在捣衣(dǎoyī),它们也从不吃惊。

若是在夏天的傍晚出去散步,你常常会瞧见乡下人家吃晚饭//的情景。他们把桌椅饭菜搬到门前,天高地阔地吃起来。天边的红霞,向晚的微风,头上飞过的归巢的鸟儿,都是他们的好友。它们和乡下人家一起,绘成了一幅自然、和谐的田园风景画。

节选自陈醉云《乡下人家》

作品 37 号

扫码听作品

我们的船渐渐地逼近榕树了。我有机会看清它的真面目:是一棵大树,有数不清的丫枝,枝上又生根,有许多根一直垂到地上,伸进泥土里。一部分树枝垂到水面,从远处看,就像一棵大树斜躺在水面上一样。

现在正是枝繁叶茂的时节。这棵榕树好像在把它的全部生命力展示给我们看。那么多的绿叶,一簇(cù)堆在另一簇的上面,不留一点儿缝隙(fèngxì)。翠绿的颜色明亮地在我们的眼前闪耀,似乎每一片树叶上都有一个新的生命在颤动,这美丽的南国的树!

船在树下泊(bó)了片刻,岸上很湿,我们没有上去。朋友说这里是"鸟的天堂",有许多鸟在这棵树上做窝,农民不许人去捉它们。我仿佛(fǎngfú)听见几只鸟扑翅的声音,但是等到我的眼睛注意地看那里时,我却看不见一只鸟的影子。只有无数的树根立在地上,像许多根木桩。地是湿的,大概涨潮时河水常常冲上岸去。"鸟的天堂"里没有一只鸟,我这样想到。船开了,一个朋友拨着船,缓缓地流到河中间去。

第二天,我们划着船到一个朋友的家乡去,就是那个有山有塔的地方(dìfang)。从学校出发,我们又经过那"鸟的天堂"。

这一次是在早晨,阳光照在水面上,也照在树梢上。一切都//显得非常光明。我们的船也在树下泊了片刻。

起初四周围非常清静。后来忽然起了一声鸟叫。我们把手一拍,便看见一只大鸟飞了起来,接着又看见第二只,第三只。我们继续拍掌,很快地这个树林就变得很热闹了。到处都是鸟声,到处都是鸟影。大的,小的,花的,黑的,有的站在枝上叫,有的飞起来,在扑翅膀。

节选自巴金《鸟的天堂》

作品38号

两百多年前,科学家做了一次实验。他们在一间屋子里横七竖八地拉了许多绳子,绳子上系着许多铃铛(língdang),然后把蝙蝠(biānfú)的眼睛(yǎnjing)蒙上,让它在屋子里飞。蝙蝠飞了几个钟头,铃铛一个也没响,那么多的绳子,它一根也没碰着(pèngzháo)。

扫码听作品

科学家又做了两次实验:一次把蝙蝠的耳朵(ěrduo)塞上,一次把蝙蝠的嘴封住,让它在屋子里飞。蝙蝠就像没头苍蝇似的到处乱撞,挂在绳子上的铃铛响个不停。

三次实验的结果证明,蝙蝠夜里飞行,靠的不是眼睛,而是靠嘴和耳朵配合起来探路的。

后来,科学家经过反复研究,终于揭开了蝙蝠能在夜里飞行的秘密。它一边飞,一边从嘴里发出超声波。而这种声音,人的耳朵是听不见的,蝙蝠的耳朵却能听见。超声波向前传播时,遇到障碍(zhàng'ài)物就反射回来,传到蝙蝠的耳朵里,它就立刻改变飞行的方向。

知道蝙蝠在夜里如何飞行,你猜到飞机夜间飞行的秘密了吗?现代飞机上安装了雷达,雷达的工作原理与蝙蝠探路类似。雷达通过天线发出无线电波,无线电波遇到障碍物就反射回来,被雷达接收到,显示在荧光屏上。从雷达的荧光屏上,驾驶员能够清楚地看到前方有没有障碍物,所//以飞机飞行就更安全了。

节选自郭锦媛《夜间飞行的秘密》

作品39号

北宋时候(shíhou),有位画家叫张择端。他画了一幅名扬中外的画《清明上河图》。这幅画长五百二十八厘米,高二十四点八厘米,画的是北宋都城汴梁(Biànliáng)热闹的场面。这幅画已经有八百多年的历史了,现在还完整地保存在北京的故宫博物院里。

扫码听作品

张择端画这幅画的时候,下了很大的功夫。光是画上的人物,就有五百多个:有从乡下来的农民,有撑船(chēngchuán)的船工,有做各种买卖的生意人,有留着长胡子的道士(dàoshi),有走江湖的医生,有摆小摊的摊贩,有官吏和读书人,三百六十行,哪一行的人都画在上面了。

画上的街市可热闹了。街上有挂着各种招牌的店铺、作坊(zuōfang)、酒楼、茶馆(cháguǎnr),走在街上的,是来来往往、形态各异的人:有的骑着马,有的挑着担,有的赶着毛驴,有的推着独轮车,有的悠闲地在街上溜达(liūda)。画面上的这些人,有的不到一寸,有的甚至只有黄豆那么大。别看画上的人小,每个人在干什么,都能看得清清楚楚。

最有意思的是桥北头的情景:一个人骑着马,正往桥下走。因为人太多,眼看就要碰上对面来的一乘(shèng)轿子。就在这个紧急时刻,那个牧马人一下子拽住(zhuàizhù)了马笼头(lóngtou),这才没碰上那乘轿子。不过,这么一来,倒把马右边的//两头小毛驴吓得又踢又跳。站在桥栏杆边欣赏风景的人,被小毛驴惊扰(jīngrǎo)了,连忙回过头来赶小毛驴。你看,张择端画的画,是多么传神啊!

《清明上河图》使我们看到了八百年以前的古都风貌,看到了当时普通老百姓的生活场景。

节选自滕明道《一幅名扬中外的画》

作品 40 号

扫码听作品

二〇〇〇年,中国第一个以科学家名字命名的股票"隆平高科"上市。八年后,名誉董事长袁隆平所持有的股份以市值计算已经过亿。从此,袁隆平又多了个"首富科学家"的名号。而他身边的学生(xuésheng)和工作人员,却很难把这位老人和"富翁"联系起来。

"他哪里有富人的样子。"袁隆平的学生们笑着议论。在学生们的印象里,袁老师永远黑黑瘦瘦,穿一件软塌塌(ruǎntātā)的衬衣。在一次会议上,袁隆平坦言:"不错,我身价二〇〇八年就一千零八亿了,可我真的有那么多钱吗?没有。我现在就是靠每个月六千多元的工资生活,已经很满足了。我今天穿的衣服就五十块钱,但我喜欢的还是昨天穿的那件十五块钱的衬衫,穿着很精神(jīngshen)。"袁隆平认为,"一个人的时间和精力是有限的,如果老想着享受,哪有心思(xīnsi)搞科研?搞科学研究就是要淡泊名利,踏实做人"。

在工作人员眼中,袁隆平其实就是一位身板硬朗(yìnglang)的"人民农学家","老人下田从不要人搀扶(chānfú),拿起套鞋,脚一蹬就走"。袁隆平说:"我有八十岁的年龄(niánlíng),五十多岁的身体,三十多岁的心态,二十多岁的肌肉弹性。"袁隆平的业余生活非常丰富,钓鱼、打排球、听音乐……他说,就是喜欢这些//不花钱的平民项目。

二〇一〇年九月,袁隆平度过了他的八十岁生日。当时,他许了个愿:到九十岁时,要实现亩产一千公斤!如果全球百分之五十的稻田种植杂交水稻,每年可增产一点五亿吨粮食,可多养活四亿到五亿人口。

节选自刘畅《一粒种子造福世界》

作品 41 号

北京的颐和园是个美丽的大公园。

进了颐和园的大门,绕过大殿,就来到有名的长廊。绿漆的柱子,红漆的栏杆,一眼望不到头。这条长廊有七百多米长,分成二百七十三间。每一间的横槛上(héngjiàn·shàng)都有五彩的画,画着人物、花草、风景,几千幅画没有哪两幅是相同的。长廊两旁栽满了花木,这一种花还没谢,那一种花又开了。微风从左边的昆明湖上吹来,使人神清气爽。

走完长廊,就来到了万寿山脚下。抬头一看,一座八角宝塔形的三层建筑耸立(sǒnglì)在半山腰上,黄色的琉璃瓦闪闪发光。那就是佛香阁。下面的一排排金碧辉煌的宫殿,就是排云殿。

登上万寿山,站在佛香阁的前面向下望,颐和园的景色大半收在眼底。葱郁的树丛,掩映着黄的绿的琉璃瓦屋顶和朱红的宫墙。正前面,昆明湖静得像一面镜子,绿得像一块碧玉。游船、画舫(huàfǎng)在湖面慢慢地滑过,几乎不留一点儿痕迹。向东远眺(yuǎntiào),隐隐约约可以望见几座古老的城楼和城里的白塔。

从万寿山下来,就是昆明湖。昆明湖围着长长的堤岸(dī'àn),堤上有好几座式样不同的石桥,两岸栽着数不清的垂柳。湖中心有个小岛,远远望去,岛上一片葱绿,树丛中露出宫殿的一角。//游人走过长长的石桥,就可以去小岛上玩。这座石桥有十七个桥洞,叫十七孔桥。桥栏杆上有上百根石柱,柱子上都雕刻着小狮子。这么多的狮子,姿态不一,没有哪两只是相同的。

颐和园到处有美丽的景色,说也说不尽,希望你有机会去细细游赏。

节选自袁鹰《颐和园》

作品 42 号

一谈到读书,我的话就多了!

我自从会认字后不到几年,就开始读书。倒不是四岁时读母亲给我的商务印书馆出版的国文教科书第一册的"天、地、日、月、山、水、土、木"以后的那几册,而是七岁时开始自己读的"话说天下大势,分久必合,合久必分……"的《三国演义》。

那时,我的舅父杨子敬先生每天晚饭后必给我们几个表兄妹讲一段《三国演义》,我听得津津有味,什么"宴桃园豪杰三结义,斩(zhǎn)黄巾英雄首立功",真是好听极了。但是他讲了半个钟头,就停下去干他的公事了。我只好带着对于故事下文的无限悬念,在母亲的催促下,含泪上床。

此后,我决定咬了牙,拿起一本《三国演义》来,自己一知半解地读了下去,居然越看越懂,虽然字音都读得不对,比如把"凯"念作"岂",把"诸"念作"者"之类,因为我只学过那个字一半部分。

谈到《三国演义》,我第一次读到关羽死了,哭了一场(yīcháng),把书丢下了。第二次再读到诸葛亮死了,又哭了一场,又把书丢下了,最后忘了是什么时候才把全书读到"分久必合"的结局。

这时我同时还看了母亲针线笸箩(pǒluo)里常放着的那几本《聊斋志异》,聊斋故事是短篇的,可以随时拿起放下,又是文言的,这对于我的//作文课很有帮助,因为老师曾在我的作文本上批着"柳州风骨,长吉清才"的句子,其实我那时还没有读过柳宗元和李贺的文章,只因那时的作文,都是用文言写的。

书看多了,从中也得到一个体会,物怕比,人怕比,书也怕比,"不比不知道,一比吓一跳"。

因此,某年的六一国际儿童节,有个儿童刊物要我给儿童写几句指导读书的话,我只写了九个字,就是:

读书好,多读书,读好书。

节选自冰心《忆读书》

作品 43 号

徐霞客是明朝末年的一位奇人。他用双脚,一步一步地走遍了半个中国大陆,游览过许多名山大川,经历过许多奇人异事。他把游历的观察和研究记录下来,写成了《徐霞客游记》这本千古奇书。

当时的读书人,都忙着追求科举功名,抱着"十年寒窗无人问,一举成名天下知"的观念,埋头于经书之中。徐霞客却卓尔不群,醉心于古今史籍(shǐjí)及地志、山海图经的收集和研读。他发现此类书籍很少,记述简略且(qiě)多有相互矛盾之处,于是他立下雄心壮志,要走遍天下,亲自考察。

此后三十多年,他与长风为伍,云雾为伴,行程九万里,历尽千辛万苦,获得了大量第一手考察资料。徐霞客日间攀险峰,涉危涧,晚上就是再疲劳,也一定录下当日见闻。即使荒野露宿,栖身洞穴(dòngxué),也要"燃松拾穗(suì),走笔为记"。

徐霞客的时代,没有火车,没有汽车,没有飞机,他所去的许多地方连道路都没有,加上明朝末年治安不好,盗匪(dàofěi)横行,长途旅行是非常艰苦又非常危险的事。

有一次,他和三个同伴到西南地区,沿路考察石灰岩地形和长江源流。走了二十天,一个同伴难耐旅途劳顿,不辞而别。到了衡阳附近又遭遇土匪抢劫,财物尽失,还险//些被杀害。好不容易到了南宁,另一个同伴不幸病死,徐霞客忍痛继续西行。到了大理,最后一个同伴也因为吃不了苦,偷偷地走了,还带走了他仅存的行囊。但是,他还是坚持目标,继续他的研究工作,最后找到了答案,推翻历史上的错误(cuò·wù),证明长江的源流不是岷江(mínjiāng)而是金沙江。

节选自《阅读大地的徐霞客》

作品 44 号

造纸术的发明,是中国对世界文明的伟大贡献之一。

早在几千年前,我们的祖先就创造了文字。可那时候还没有纸,要记录一件事情,就用刀把文字刻在龟甲和兽骨上,或者把文字铸刻(zhùkè)在青铜器上。后来,人们又把文字写在竹片和木片上。这些竹片、木片用绳子穿起来,就成了一册书。但是,这种书很笨重,阅读、携带、保存都很不方便。古时候用"学富五车"形容一个人学问高,是因为书多的时候需要用车来拉。再后来,有了蚕丝织成的帛(bó),就可以在帛上写字了。帛比竹片、木片轻便,但是价钱(jià·qián)太贵,只有少数人能用,不能普及。

扫码听作品

人们用蚕茧(cánjiǎn)制作丝绵时发现,盛放蚕茧的篾席上,会留下一层薄片(báopiàn),可用于书写。考古学家发现,在两千多年前的西汉时代,人们已经懂得了用麻来造纸。但麻纸比较粗糙(cūcāo),不便书写。

　　大约在一千九百年前的东汉时代,有个叫蔡伦的人,吸收了人们长期积累的经验,改进了造纸术。他把树皮、麻头、稻草、破布等原料剪碎或切断,浸在水里捣烂成浆;再把浆捞出来晒干,就成了一种既轻便又好用的纸。用这种方法造的纸,原料容易得到,可以大量制造,价格又便宜(piányi),能满足多数人的需要,所//以这种造纸方法就传承下来了。

　　我国的造纸术首先传到邻近的朝鲜半岛和日本,后来又传到阿拉伯世界和欧洲,极大地促进了人类社会的进步和文化的发展,影响了全世界。

节选自《纸的发明》

作品 45 号

扫码听作品

　　中国的第一大岛、台湾省的主岛台湾,位于中国大陆架的东南方,地处东海和南海之间,隔着台湾海峡和大陆相望。天气晴朗的时候,站在福建沿海较高的地方,就可以隐隐约约地望见岛上的高山和云朵。

　　台湾岛形状狭长,从东到西,最宽处只有一百四十多公里;由南至北,最长的地方约有三百九十多公里。地形像一个纺织用的梭子。

　　台湾岛上的山脉纵贯南北,中间的中央山脉犹如全岛的脊梁(jǐ·liáng)。西部为海拔近四千米的玉山山脉,是中国东部的最高峰。全岛约有三分之一的地方是平地,其余为山地。岛内有缎带般的瀑布,蓝宝石似的(shìde)湖泊(húpō),四季常青的森林和果园,自然景色十分优美。西南部的阿里山和日月潭,台北市郊的大屯山风景区,都是闻名世界的游览胜地。

　　台湾岛地处(dìchǔ)热带和温带之间,四面环海,雨水充足,气温受到海洋的调剂(tiáojì),冬暖夏凉,四季如春,这给水稻和果木生长提供了优越的条件。水稻、甘蔗、樟脑是台湾的"三宝"。岛上还盛产鲜果和鱼虾。

　　台湾岛还是一个闻名世界的"蝴蝶王国"。岛上的蝴蝶共有四百多个品种,其中有不少是世界稀有的珍贵品种。岛上还有不少鸟语花香的蝴//蝶谷,岛上居民利用蝴蝶制作的标本和艺术品,远销许多国家。

节选自《中国的宝岛——台湾》

作品 46 号

对于中国的牛,我有着一种特别尊敬的感情。

留给我印象最深的,要算在田垄(tiánlǒng)上的一次"相遇"。

扫码听作品

一群朋友郊游,我领头在狭窄(xiázhǎi)的阡陌(qiānmò)上走,怎料迎面来了几头耕牛,狭道容不下人和牛,终有一方要让路。它们还没有走近,我们已经预计斗不过畜牲(chùsheng),恐怕难免踩到田地泥水里,弄得鞋袜又泥又湿了。正踟蹰(chíchú)的时候,带头的一头牛,在离我们不远的地方停下来,抬起头看看,稍迟疑一下,就自动走下田去。一队耕牛,全跟着它离开阡陌,从我们身边经过。

我们都呆了,回过头来,看着深褐色的牛队,在路的尽头消失,忽然觉得自己受了很大的恩惠。

中国的牛,永远沉默地为人做着沉重的工作。在大地上,在晨光或烈日下,它拖着沉重的犁,低头一步又一步,拖出了身后一列又一列松土,好让人们下种(zhǒng)。等到满地金黄或农闲时候,它可能还得担当搬运负重的工作;或终日绕着石磨,朝同一方向,走不计程的路。

在它沉默的劳动中,人便得到应得的收成。

那时候,也许,它可以松一肩重担,站在树下,吃几口嫩草。偶尔摇摇尾巴,摆摆耳朵,赶走飞附身上的苍蝇,已经算是它最闲适的生活了。

中国的牛,没有成群奔跑的习//惯,永远沉沉实实的,默默地工作,平心静气。这就是中国的牛!

节选自(香港)小思《中国的牛》

作品 47 号

扫码听作品

石拱桥的桥洞成弧形,就像虹。古代神话里说,雨后彩虹是"人间天上的桥",通过彩虹就能上天。我国的诗人爱把拱桥比作虹,说拱桥是"卧虹""飞虹",把水上拱桥形容为"长虹卧波"。

我国的石拱桥有悠久的历史。《水经注》里提到的"旅人桥",大约建成于公元二八二年,可能是有记载(jìzǎi)的最早的石拱桥了。我国的石拱桥几乎到处都有。这些桥大小不一,形式多样,有许多是惊人的杰作。其中最著名的当推河北省赵县的赵州桥。

赵州桥非常雄伟,全长五十点八二米。桥的设计完全合乎科学原理,施工技术更是巧妙绝伦。全桥只有一个大拱,长达三十七点四米,在当时可算是世界上最长的石拱。桥洞不是普通半圆形,而是像一张弓,因而大拱上面的道路没有陡坡(dǒupō),便于车马上下。大拱的两肩上,各有两个小拱。这个创造性的设计,不但节约了石料,减轻了桥身的重量,而且在河水暴涨(bàozhǎng)的时候,还可以增加桥洞的过水量,减轻洪水对桥身的冲击。同时,拱上加拱,桥身也更美观。大拱由二十八道拱圈拼成,就像这么多同样形状的弓合拢在一起,做成一个弧形的桥洞。每道拱圈都能独立支撑上面的重量,一道坏了,其//他各道不致受到影响。全桥结构匀称(yúnchèn),和四周景色配合得十分和谐;桥上的石栏石板也雕刻得古朴美观。赵州桥高度的技术水平和不朽的艺术价值,充分显示了我国劳动人民的智慧和力量。

节选自茅以升《中国石拱桥》

作品 48 号

扫码听作品

不管我的梦想能否成为事实,说出来总是好玩儿的:

春天,我将要住在杭州。二十年前,旧历的二月初,在西湖我看见了嫩柳与菜花,碧浪与翠竹。由我看到的那点儿春光,已经(yǐjīng)可以断定,杭州的春天必定会教(jiào)人整天生活在诗与图画之中。所以,春天我的家应当是在杭州。

夏天,我想青城山应当算作最理想的地方。在那里,我虽然只住过十天,可是它的幽静已拴住了我的心灵。在我所看见过的山水中,只有这里没有使我失望。到处都是绿,目之所及,那片淡而光润的绿色都在轻轻地颤动,仿佛要流入空中与心中似的。这个绿色会像音乐,涤清(díqīng)了心中的万虑。

秋天一定要住北平。天堂是什么样子,我不知道,但是从我的生活经验去判断,北平之秋便是天堂。论天气,不冷不热。论吃的,苹果、梨、柿子、枣儿、葡萄,每样都有若干种。论花草,菊花种类之多,花式之奇,可以甲天下。西山有红叶可见,北海可以划船——虽然荷花已残,荷叶可还有一片清香。衣食住行,在北平的秋天,是没有一项不使人满意的。

冬天,我还没有(méi·yǒu)打好主意(zhǔyi),成都或者相当的合适,虽然并不怎样和暖,可是为了水仙,素心腊梅,各色的茶花,仿佛就受一点儿寒//冷,也颇值得去了。昆明的花也多,而且天气比成都好,可是旧书铺与精美而便宜(piányi)的小吃远不及成都那么多。好吧,就暂(zàn)这么规定:冬天不住成都便住昆明吧。

节选自老舍《住的梦》

作品 49 号

在北京市东城区著名的天坛公园东侧,有一片占地面积(miànjī)近二十万平方米的建筑区域,大大小小的十余栋训练馆坐落其间。这里就是国家体育总局训练局。许多我们耳熟能详的中国体育明星都曾在这里挥汗如雨,刻苦练习。

扫码听作品

中国女排的一天就是在这里开始的。

清晨八点钟,女排队员们早已集合完毕,准备开始一天的训练。主教练郎平坐在场外长椅上,目不转睛地注视着跟随助理教练们做热身运动的队员们,她身边的座位上则横七竖八地堆放着女排姑娘们的各式用品:水、护具、背包(bēibāo),以及各种外行人叫不出名字的东西。不远的墙上悬挂着一面鲜艳的国旗,国旗两侧是"顽强拼搏"和"为国争光"两条红底黄字的横幅,格外醒目。

"走下领奖台,一切从零开始"十一个大字,和国旗遥遥相望,姑娘们训练之余偶尔一瞥(piē)就能看到。只要进入这个训练馆,过去的鲜花、掌声与荣耀皆成为历史,所有人都只是最普通的女排队员。曾经的辉煌、骄傲、胜利,在踏入这间场馆的瞬间全部归零。

踢球跑、垫球跑、夹(jiā)球跑……这些对普通人而言和杂技差不多//的项目是女排队员们必须熟练掌握的基本技能。接下来的任务是小比赛。郎平将队员们分为几组,每一组由一名教练监督,最快完成任务的小组会得到一面小红旗。

看着这些年轻的姑娘们在自己的眼前来来去去,郎平的思绪常飘回到三十多年前。那时风华正茂的她是中国女排的主攻手,她和队友们也曾在这间训练馆里夜以继日地并肩备战。三十多年来,这间训练馆从内到外都发生了很大的变化:原本粗糙的地面变成了光滑的地板,训练用的仪器越来越先进,中国女排的团队中甚至还出现了几张陌生的外国面孔……但时光荏苒(rěnrǎn),不变的是这支队伍对排球的热爱和"顽强拼搏,为国争光"的初心。

节选自宋元明《走下领奖台,一切从零开始》

作品 50 号

扫码听作品

在一次名人访问中,被问及上个世纪最重要的发明是什么时,有人说是电脑,有人说是汽车,等等。但新加坡的一位知名人士却说是冷气机。他解释,如果没有冷气,热带地区如东南亚国家,就不可能有很高的生产力,就不可能达到今天的生活水准。他的回答实事求是,有理有据。

看了上述报道,我突发奇想:为什么没有记者问:"二十世纪最糟糕的发明是什么?"其实二〇〇二年十月中旬,英国的一家报纸就评出了"人类最糟糕的发明"。获此"殊荣"的,就是人们每天大量使用的塑料(sùliào)袋。

诞生于上个世纪三十年代的塑料袋,其家族包括用塑料制成的快餐饭盒、包装纸、餐用杯盘、饮料瓶、酸奶杯、雪糕杯等。这些废弃物形成的垃圾(lājī),数量多、体积大、重量轻、不降解(jiàngjiě),给治理工作带来很多技术难题和社会问题。

比如,散落(sànluò)在田间、路边及草丛中的塑料餐盒,一旦被牲畜(shēngchù)吞食,就会危及健康甚至导致死亡。填埋废弃塑料袋、塑料餐盒的土地,不能生长庄稼和树木,造成土地板结,而焚烧(fénshāo)处理这些塑料垃圾,则会释放出多种化学有毒气体,其中一种称为二噁(è)英的化合物,毒性极大。

此外,在生产塑料袋、塑料餐盒的过//程中使用的氟利昂(fúlì'áng),对人体免疫系统和生态环境造成的破坏也极为严重。

节选自林光如《最糟糕的发明》

参考文献

[1] 国家语委普通话与文字应用培训测试中心.普通话水平测试实施纲要[M].北京:语文出版社,2022.

[2] 黄伯荣,廖序东.现代汉语[M].6版.北京:高等教育出版社,2017.

[3] 沈阳,郭锐.现代汉语[M].北京:高等教育出版社,2014.

[4] 邵敬敏.现代汉语通论[M].3版.上海:上海教育出版社,2016.

[5] 游汝杰.汉语方言学教程[M].上海:上海教育出版社,2004.

[6] 林焘,王理嘉著,王韫佳,王理嘉增订.语音学教程[M](增订版).北京:北京大学出版社,2013.

[7] 中国传媒大学播音主持艺术学院.播音主持语音与发声[M].北京:中国传媒大学出版社,2014.

[8] 中国传媒大学播音主持艺术学院.播音主持创作基础[M].北京:中国传媒大学出版社,2015.

[9] 宋欣桥.普通话语音训练教程[M].长春:吉林人民出版社,1993.

[10] 吴洁敏.新编普通话教程[M].杭州:浙江大学出版社,2021.

[11] 邓天杰.普通话教程[M].北京:清华大学出版社,2008.

[12] 罗常培,王均.普通语音学纲要[M].北京:商务印书馆,2002.

[13] 王璐,吴洁茹.语音发声[M].4版.北京:中国传媒大学出版社,2020.

[14] 张颂.中国播音学[M].北京:中国传媒大学出版社,2003.

[15] 焦立为,冉启斌,石锋.二十世纪的中国语音学[M].海南:书海出版社,2004.

[16] 国家语言文字工作委员会,郭熙.中国语言生活状况报告(2023)[M].北京:商务印书馆,2023.

[17] 教育部语言文字信息管理司.语言文字规范手册[M].北京:商务印书馆,2016.

[18] 中国社会科学院语言研究所词典编辑室.现代汉语词典[M].7版.北京:商务印书馆,2016.

[19] 国家语言文字工作委员会.新中国语言文字事业70年纪事.北京:语

文出版社,2019.

[20] 冯希哲,敬晓庆,孙振田.中国传统文化概要[M].3版.北京:中国人民大学出版社,2016.

[21] 宗白华.美学散步[M].上海:上海人民出版社,1981.

[22] 张颂.朗读美学[M].北京:中国传媒大学出版社,2010.

[23] 薛猛.审美情趣原理与养成综论[M].北京:光明日报出版社,2023.

[24] 廖声武.节目主持人教程[M].3版.北京:中国人民大学出版社,2015.

[25] 吴洪林.主持艺术[M].上海:上海三联书店,2007.

[26] 赵慧英,王杨.视听语言[M].北京:北京大学出版社,2016.

[27] 刘广徽,金晓达.汉语普通话语音图解课本[M].北京:北京语言大学出版社,2010.

[28] 高贵武.出镜报道与新闻主持[M].北京:中国传媒大学出版社,2012.

[29] 马克斯·范梅南.教学机智:教育智慧的意蕴[M].李树英,译.北京:教育科学出版社,2001.

后　记

　　语言是文化传承的重要媒介,"前人所以垂后,后人所以识古"。随着时代的发展,尤其是全媒体的"超语"时代,语言不仅指语言文字,也指其他有同样功能的符号系统。如此复杂的语言现象,使普通话在理解、应用和推广方面,面临着越来越多的机遇和挑战。当前,中国教育在为党育人、为国育才的目标指引下,营造立德树人"生态圈",强化教育强国,持续发力办好人民满意的教育。这离不开语言的传播、表达与浸润功能,更离不开普通话的奠基、规范和凝聚作用。

　　2022年教育部、国家语委印发《关于加强高等学校服务国家通用语言文字高质量推广普及的若干意见》,强调学生应具有"一种能力两种意识",即语言文字应用能力和自觉规范使用国家通用语言文字的意识、自觉传承弘扬中华优秀语言文化的意识,将其纳入了人才培养方案,明确学生语言文字应用能力及标准并纳入毕业要求。

　　贯彻落实教育部、国家语委相关要求,积极践行国家意志是我们的初心。本教程力求在普通话的科学化、标准化、信息化方面进行梳理和探究,既立足客观规律,又遵循民族审美情趣;既试图进行工具理性的勾勒,又努力推进情感与精神的共鸣。据此,本书描摹了普通话与新时代发展的关系,积极营造立德树人的生态圈;概要论述了普通话语音的概念、属性和功能;全面介绍了普通话语音系统,从整体性角度说明声、韵、调的内涵、要求及关系;开展了普通话语音辩读,立足实践需求和能力养成,从细节和方法着手,建设学习、实践支架,力求帮助学生重组能力体系;阐释了有声语言表达的规律及要求,从普通话朗读和即兴表达的技巧性、艺术性出发,将民族美、意蕴美和音韵美融合其中,推动学生用普通话语音表现情感和精神世界,促进民族情感认同,铸牢中华民族共同体意识。

　　我们可以通过学习与实践提升普通话能力水平,但不应将普通话仅仅视为外在的工具,而应将其视为中华民族优秀语言传统和时代社会发展的伴生者,融合在中华文化的血液中。普通话学习也绝不仅仅是念字出声的过程,而是不断体验和感悟的过程。使用本教程时,希望读者既能掌握关键能力,从点点滴滴入手坚持练习,又能习得必备品格,在学习和生活中加深思考、持续发展;既能有显性成果的收获,又能品味出有声语言的魅力,甚至以此照亮自己的精神世界。鼓励读者用普通话叩响新世界新时代的大门,引领读者去浏览、感动和认同,帮助读者自然和自由地表达自我、共鸣他人,这是我们努力的方向和动力,不懈、不止。

　　本书由团队协作完成。全书框架设计以及第一章(薛猛),第二章(赵慧英、刘璐),第三章(薛猛、刘璐),第四章(刘璐),第五章(赵慧英),薛猛进行了全书统稿。所附音频朗读部分由薛猛、赵慧英完成,所附微课由薛猛录制。

　　诚挚感谢国家语言文字推广基地(辽宁师范大学)、辽宁师范大学文学院和大连理工大学出版社的大力支持,感谢邵婉编辑、朱诗宇编辑的往来沟通与专精付出。

　　学无止境,力有不逮。疏漏之处在所难免,还望方家指正、读者海涵。